# 小学生数学思维发展研究

小学生数学思维发展研究课题组 著

成员:徐文彬 彭 亮 谢春艳 任利平 高宇轩

陕西师范大学出版总社

图书代号　JY23N1765

**图书在版编目（CIP）数据**

小学生数学思维发展研究 / 小学生数学思维发展研究课题组著. —西安：陕西师范大学出版总社有限公司，2023.9

ISBN 978-7-5695-3436-8

I. ①小… II. ①小… III. ①小学数学课—教学研究 IV. ①G623.502

中国国家版本馆 CIP 数据核字（2023）第 004132 号

## 小学生数学思维发展研究
XIAOXUESHENG SHUXUE SIWEI FAZHAN YANJIU
小学生数学思维发展研究课题组　著

| | |
|---|---|
| 责任编辑 | 王东升 |
| 责任校对 | 钱　栩 |
| 封面设计 | 田　雪 |
| 出版发行 | 陕西师范大学出版总社 |
| | （西安市长安南路 199 号　邮编 710062） |
| 网　　址 | http://www.snupg.com |
| 经　　销 | 新华书店 |
| 印　　刷 | 西安报业传媒集团 |
| 开　　本 | 787 mm × 1092 mm　1/16 |
| 印　　张 | 17.25 |
| 字　　数 | 398 千 |
| 版　　次 | 2023 年 9 月第 1 版 |
| 印　　次 | 2023 年 9 月第 1 次印刷 |
| 书　　号 | ISBN 978-7-5695-3436-8 |
| 定　　价 | 70.00 元 |

若发现印装质量问题，请与本社高等教育出版中心联系。
电话：（029）85303622

# 前　言

党的二十大报告提出：全面提高人才自主培养质量，着力造就拔尖创新人才。

数学在现代科技发展中具有举足轻重的地位，人类的每一次技术进步都离不开数学，数学的发展也推动了现代科技的创新发展。数学人才的培养是非常艰难的，小学数学教育则是数学人才培养的开始，提高小学数学的教育质量具有极其重要意义。正因此，研究小学生数学思维发展对提升小学数学教育的质量至关重要。

在部分一线教师看来，我们关于小学生数学思维发展研究的结果可能是他们的教学常识，换言之，他们在多年的工作中熟知我们所获的研究结果，由此，他们会疑问：为何聚焦于这些常识开展所谓的研究？这些研究对小学数学教学有什么切实的意义和价值？

显然，这些疑问与实证研究范式有一定的关联。但是，我们暂且不论研究范式和实践存在之间的关系，而是聚焦于这些部分教师所熟知的常识为何需要研究，为何值得研究，以及研究如何指导或改善教学实践等层面上。

了解学生是成功开展教学的前提。一线教师有着丰富的教育经验，这些经验存留于日常的教学当中，传递于师徒结对的教师专业发展过程当中，但却容易遗失。因此，在小学数学教学实践中，学生的数学思维发展很多时候只是仅仅停留于口耳相传的境况中。一方面，此种状况导致新教师需要花费较长的时间来摸索学生在特定学习内容上的学习心理——这无疑有碍于新教师开展课堂教学。与此同时，师范生在校学习期间也较难接触到学生学习心理的知识，导致其在走进工作岗位时，对于学生数学学习的理解依然停留于抽象和模糊的层面——这无疑也阻碍了其快速适应小学数学教学工作。另一方面，开展小学生数学思维发展的实证研究却能够帮助我们弄清其数学思维发展的核心和关键之处，这是教师累积教学经验时可能会遗漏的地方。换言之，缺少严格的实证研究，教师对学生思维发展的了解大多局限在学生较易出错的地方，至于在这一数学内容学习中最为核心和关键之处的数学思维发展情况可能关注的不够。譬如，以分数"部分与整体"的意义为例，学生在理解"整体"这一核心要义时，其思维发展到底是怎么样的？如果不通过实证研究，教师通过教学经验大致可以判断出学生理解"整体"存在困难，但这一困难在不同的年级有没有不同？在不同的年龄段的差异是什么？等等。而这些只依据教师的教学经验可能都是无法回答的。因此，教师在开展进一步的教学过程中一定会局限于自己的教学经验，而这势必可能会导致教学不断的、简单的重复，学生不断地犯"同样的"错误。我们只能期待富有教学艺术和教学智慧的名师出现，为学生拨开迷雾，为教师打开一扇窗。但是，这些名师的出现可谓可遇不可求。

学生数学思维发展的研究能够为教学改革提供理论依据，这是小学生数学思维发展的实证研究为何值得研究的根本原由。目前，多数的小学数学课堂教学改革依据时下流行的观念，试图通过这些观念来改善当下的小学数学教学。但是，我们在开展小学数学课堂教学改革时，却往往忽视了学生数学思维发展能不能接受这一课堂教学改革的问题。教师在面对一种新的课堂教学改革时最担心的是，学生的数学思维发展估计跟不上，学生无法达到这一改革所要达到的要求。然而，此种忧虑多数依据教师个人的主观教学经验，没有真正的依据学生数学思维发展的实然状况，导致教学改革无法依循证据进行，只能停留在经验的摸索中。教育循证研究是教育理论联系实践的较好的方式，①而小学生数学思维发展的实证研究无疑能很好地提供甚至完善这些证据。进一步而言，在当下深化课堂教学改革的背景下，诸如小学生数学思维发展的实证研究能够为其提供必要的支撑。譬如，某位教师需要整合小学阶段分数内容的学习，若我们开展了小学生分数学习心理的实证研究，那么教师就可能会认识到学生在理解"整体"的困难之所在，如此，教师就可能会在整合中需要重点思考如何帮助学生理解"整体"。综上，小学生数学思维发展的实证研究能够改进教师的知识结构，完善教师对学生的理解且切实推进课堂教学的改革。这是其研究独有的意义和价值。

理论到实践本身是一条极为困难的路。虽然我们认识了很多关于学生数学思维发展的现象，并进一步深入认识了学生的数学思维发展，但教学是复杂的，这就需要我们通过日常的教学设计，将小学生数学思维发展的规律应用于教学设计中，并通过相应的评价方式来评测这一融入的效果。因此，我们研究团队开发了"小学数学单元整体教学设计"，将学生数学思维发展的相关认识有机融入教学设计当中，以期变革和改善当下小学数学的教学设计。这是小学生数学思维发展指导和改善教学实践的一种方式。这一方式的核心在于将小学生数学思维发展的结果作为教师课堂教学设计的依据。在当下多数教学设计中，教师缺少将小学生数学思维发展情况作为重要的参考。一方面，部分有经验教师认为自己已然了解小学生的数学学习，因而其教学设计内隐了其对小学生的了解；另一方面，部分教师可能没有意识到小学生数学思维发展对于教学设计的意义和价值。但是，教学设计如欲走向更加合理和科学，小学生数学思维发展的实证研究就能为其提供实在的证据。这也是小学生数学思维发展研究走向小学教学实践的重要路径。

本书主要从"数与代数""图形与几何""统计与概率"三个方面出发，探索小学生数学思维发展的情况，每一部分相对独立，且遵从实证研究的规范，即按照"研究问题""文献述评""研究设计""研究结果与分析""结论与讨论"等环节来呈现研究过程。其中，在"研究问题"中，我们从研究缘起出发，阐述研究小学生不同领域数学思维发展的必要性，进而提出本研究需要解决的研究问题，并在此基础上阐述这些问题的研究意义；"文献述评"主要从不同领域的研究出发，梳理国内外相关研究，并在此基

---

① 徐文彬，彭亮. 循证教育的方法论考查[J]. 教育研究与实验，2013（10）：73-78.

础上评述已有研究，进而为后续研究框架的确立奠定基础；"研究设计"重点介绍调查问卷的编制，这其中，我们将依据"文献述评"中相关文献，构建研究框架，并在此基础上编制问卷，进而通过试测调整问卷以形成最终的问卷；"研究结果与分析"将对调查问卷数据进行分析，通过统计分析手段展现研究所获结果；"结论与讨论"将在研究结果的基础上，就小学生数学思维发展与教师的课堂教学提供一些建议，以期改进小学数学课堂教学。

本书三个部分在体例结构上基本是一致的，但各自内容上却有少许的差异。其中，"代数思维"和"几何推理"研究某种程度上隶属于纵向研究，即试图了解小学生的"代数思维"和"几何推理"在整个小学6年的变化情况，因时间和研究对象选取的问题，我们最终以小学六年级学生的"代数思维"和"几何推理"的情况来反映小学生在这两个方面的纵向发展和变化情况。"统计思维"隶属于横向研究，即试图了解不同学生在"统计思维"上的发展变化情况，因疫情的影响，我们最终以3—5年级学生作为研究对象来研究小学生"统计思维"的发展变化情况及其差异。

本书是集体合作研究的成果，其中，徐文彬教授是整个研究理论的构建者，其参与设计并确立了"代数思维"和"几何推理"领域学生思维发展的研究框架，进而分别指导南京师范大学硕士研究生谢春艳完成"小学生代数思维发展的实证研究"，南京师范大学硕士研究生任利平完成"小学生几何推理发展的实证研究"；彭亮博士参与设计并确立"统计思维"发展的研究框架，进而指导南京晓庄学院本科毕业生高宇轩完成"小学生统计思维发展的实证研究"。三个研究分别独立开展，最终由彭亮博士统稿，徐文彬教授审校。

小学生数学思维发展是一个十分复杂的领域，我们在研究过程中所设计的框架可能依然存在问题，恳请方家里手批评指正！

是为序。

"小学生数学思维发展研究"课题组

2020年8月26日

# 目　　录

## 第一部分　数与代数篇

### 第一章　问题提出·································································· 3
　　第一节　研究缘起·································································· 3
　　第二节　研究问题·································································· 5
　　第三节　研究意义·································································· 5

### 第二章　文献述评·································································· 7
　　第一节　国内中小学代数推理研究的现状······························· 7
　　第二节　国外中小学代数推理研究的现状······························· 10
　　第三节　启发与借鉴······························································ 15

### 第三章　研究设计·································································· 17
　　第一节　代数推理的内涵、类型及其能力发展水平················· 17
　　第二节　研究对象································································· 24
　　第三节　问卷编制································································· 25
　　第四节　数据搜集································································· 28

### 第四章　研究结果与分析······················································ 29
　　第一节　三所学校学生代数推理能力发展的总体差异············· 29
　　第二节　学生在"广义算术"中展开代数推理的具体表现········ 30
　　第三节　学生在"函数思维"中展开代数推理的具体表现········ 40
　　第四节　学生在"建模语言"中展开代数推理的具体表现········ 45

~1~

## 第五章　研究结论与讨论 ························································· 47
### 第一节　研究结论 ···························································· 47
### 第二节　研究讨论 ···························································· 49

## 第一部分附录 ··········································································· 63
### 附录一　小学数学课程中学生代数推理能力发展水平双向细目表···· 63
### 附录二　小学生代数推理能力发展测试问卷 ···················· 71

# 第二部分　图形与几何篇

## 第六章　问题提出 ······································································ 77
### 第一节　研究缘起 ···························································· 78
### 第二节　研究问题 ···························································· 79
### 第三节　研究意义 ···························································· 80

## 第七章　文献述评 ······································································ 83
### 第一节　几何推理研究概述 ············································ 83
### 第二节　几何推理能力的研究理论 ································ 86
### 第三节　几何推理能力的现状研究 ································ 87
### 第四节　学生几何推理能力发展的培养研究···················· 89
### 第五节　启发与借鉴 ························································ 90

## 第八章　研究设计 ······································································ 93
### 第一节　几何推理的内涵、类型与水平························· 93
### 第二节　研究对象 ···························································· 99
### 第三节　问卷编制 ···························································· 99
### 第四节　数据搜集 ···························································· 105

## 第九章　研究结果与分析 ·························································· 107
### 第一节　三所学校学生几何推理能力发展的总体差异······· 107
### 第二节　学生几何推理水平上的推理能力的具体表现······· 109
### 第三节　学生几何推理类型上的推理能力的具体表现······· 111

第四节　学生几何学习内容上的推理能力的具体表现 ················ 113

## 第十章　研究结论与讨论 ················ 121
　　第一节　研究结论 ················ 121
　　第二节　研究讨论 ················ 134

## 第二部分附录 ················ 143
　　附录一　六年级学生几何推理能力发展测试问卷 ················ 143

# 第三部分　统计与概率篇

## 第十一章问题提出 ················ 153
　　第一节　研究缘起 ················ 153
　　第二节　研究问题 ················ 155
　　第三节　研究意义 ················ 156

## 第十二章文献述评 ················ 159
　　第一节　统计素养的研究现状 ················ 159
　　第二节　启发与借鉴 ················ 179

## 第十三章研究设计 ················ 181
　　第一节　研究对象 ················ 181
　　第二节　研究思路 ················ 181
　　第三节　研究工具 ················ 182
　　第四节　数据搜集 ················ 195

## 第十四章研究结果与分析 ················ 197
　　第一节　小学生统计素养学习进阶的总体状况 ················ 197
　　第二节　小学生统计素养学习进阶的发展趋势 ················ 205
　　第三节　小学生统计素养学习进阶的性别差异 ················ 210
　　第四节　研究发现概述 ················ 215

## 第十五章　研究结论与讨论 ················ 221
　　第一节　教师的教 ················ 221

第二节　学生的学……………………………………………………224
**第三部分附录**……………………………………………………………227
　　附录一　小学生统计素养学习进阶的预研究访谈提纲（1年级）……227
　　附录二　小学生统计素养学习进阶的预研究问卷（2、3年级）………230
　　附录三　小学生统计素养学习进阶的预研究问卷（第二学段）………233
　　附录四　小学生统计素养学习进阶的正式问卷（2、3年级）…………238
　　附录五　小学生统计素养学习进阶的正式问卷（第二学段）…………241
　　附录六　学生访谈提纲………………………………………………245
　　附录七　教师访谈提纲………………………………………………245
　　附录八　小学生统计素养学习进阶的正式问卷评分标准……………246
**参考文献**…………………………………………………………………249
**后记**………………………………………………………………………265

# 第一部分

## 数与代数篇

# 第一章 问题提出

本章将主要介绍本项研究的缘由，主要包括"数学核心素养"促进学生发展的期待、"数与代数"教学改革的需要、"代数推理"研究现状的启发，研究的具体问题，以及研究意义。

## 第一节 研究缘起

学习"数与代数"的实质应该是认识、理解、掌握和运用代数思维（其中，算数思维是其基础，并有待发展至代数思维），而学生代数思维发展层次的高低则体现在其代数推理能力的水平上。因此，对小学生代数推理能力进行研究定将有力、高效地推动学生"数与代数"的学习，以及教师教学质量的提升。

### 一、"数学核心素养"促进学生发展的期待

自新课改以来，2014年《教育部关于全面深化课程改革，落实立德树人根本任务的意见》中所提出的"核心素养体系"研究应该是为全面发展素质教育做准备的。高中数学核心素养确定了"数学抽象、逻辑推理、数学建模、数学运算、直观想象、数据分析"六个方面。因此，培养学生具有一定的推理能力应该是数学素养的基本要求。

此外，课程要求由"双基"转变至"四基"和"四能"，由此可见，数学学科以数学思维培养为先是对课程改革诉求的实际满足，其不再单纯地要求教会学生知识与技能，而是要让学生在数学基本思想的领悟中形成和发展数学核心素养。《义务教育数学课程标准（2011年版）》中也指出学生要"在参与观察、实验、猜想、证明、综合实践等数学活动中，发展合情推理能力和演绎推理能力，清晰地表达自己的想法。"其实，2022年新颁布的《义务教育数学课程标准》更是强调了这一点："会用数学的思维思考现实世界"，"在义务教育阶段，数学思维主要表现为：运算能力、推理意识或推理能力"。因此，如何有逻辑地思考，是教师数学教学与学生数学学习过程中的关键问题。

## 二、"数与代数"教学改革的需求

在我国小学数学课程中，相较于"图形与几何""统计与概率""综合与实践"三个部分，"数与代数"内容占了较大比例，但此部分内容对于发展推理能力的作用常被忽视，在内容安排上也出现了算术与代数两部分割裂的问题。由此，学生在经历小学阶段的数学学习后，到中学阶段却不能较好地掌握代数知识，尤其在代数推理中存在一定的认知难度，包括对代数语言的不适应，对代数结构与关系的理解有困难，符号意义的不连续与思维方向的转变等。因此，在小学算术教学中渗透早期代数推理，关注学生代数学习的前后连贯，已成为"数与代数"教学改革的迫切需求。已有研究表明，可通过深入挖掘算术背后所潜藏的代数特性，鼓励学生进行代数推理，帮助学生适应更高年级代数知识的正式学习，而此类研究在我国仍处于思考与探索阶段。

其他国家的中小学数学课程同样把代数内容放置在核心地位，而真正关注到代数教学的重要性，尤其是注重培养低年级学生的代数思维，是在2000年之后，表现在各国的政策文件以及国际教育会议中。比如，澳大利亚"早期代数工作组"在国际数学教育委员会专题会议上的出现；全美数学教师理事会（NCTM）关于"为每个人的代数"（algebra for everyone）报告的提出等都表明，代数的基本思想和方法可为每个人提供不同的学习方式，低年级可以为高年级的代数学习做好准备，同样，因为代数作为体现数量间关系或结构的一般化工具，代数思维中培养代数推理能力，是代数教学的核心问题。进而，"早期代数"的实际行动已引发了更多数学教育者关注代数思维的教学研究。

## 三、"代数推理"研究现状的启发

自新课改以来，随着对数学学科核心素养的期待不断增加，我国数学教育领域中针对数学推理的研究文献数量在逐步增多，但有关代数推理的研究文献数量很少，多在代数思维与代数素养的研究中提及代数推理的内容，而且这些研究文献主要由一线教师贡献，小学教师主要关注的是学生从算术思维向代数思维的发展，强调学生能够探索发现数的规律以及合理展开数的运算；中学教师所关注的主要是代数推理题在考试中的分布特点以及如何解题，以上这些研究整体上反映出，我国教师主要将推理作为技能的训练，而缺少对推理素养的思考。相比较而言，国外研究要早于国内，研究成果也较为成熟，更加明确地回答了"什么是代数推理"的问题，在教学实验中，其对代数推理教学的实效开展进行分析判断，并首先从教师自身的学科素养上为代数推理教学提供助力。

此外，我们研究团队在一线教学听课的过程中，发现在小学数学的课堂教学里实际蕴含着大量代数推理的影子。在第一学段中，学生主要是积累了有关数的认识、数的基本运算的掌握；那么，在第二学段中，学生所学习的"数与代数"内容，则可以以第一学段的知识内容为锚点，实现知识的类比推广，包括数系的丰富、运算范围的拓展，由此对某些数学概念进行说明、对数学的性质和规律进行探究，这是一般化的体现；在结构和关系的认识中，则出现了有关等式、方程、函数等代数知识，其形式表达的过程体现了关系性思维的推理过程，涉及合情推理与演绎推理的综合运用。综上，"代数推理"需要作为一种数学课程中的教学内容给予进一步的理论探索和实践验证。代数推理能力的培养经历了数字到符号的运算转换、特殊到一般的思想转换、程序到结构的认知转变等，给予学生充分的运用代数知识的自由，能够学会分析特征、概括特征并展开符号化的意义建构。

## 第二节 研究问题

本项研究拟解决的关键问题是：小学生代数推理的发展情况。依据代数推理的内涵和小学生所学内容，其具体包括以下几个方面的问题：

①小学生分析性代数推理能力的发展水平。
②小学生创造性代数推理能力的发展水平。
③小学生实践性代数推理能力的发展水平。
④小学生在代数推理能力上的学校差异。
⑤学生分别在不同的"早期代数"内容中使用代数推理的结构水平情况。

由此，通过上述调查研究结果的统计、分析与讨论，判断并确定影响有效实施小学数学代数推理教学的可能因素。

## 第三节 研究意义

本项研究将既有利于进一步深化代数推理的理论基础与事实依据，又有利于促进小学数学教师对代数推理的合理认识，更有利于教师帮助学生通过代数学习来学会数学思维。

### 一、有利于进一步深化代数推理的理论基础与事实依据

目前，我国对小学数学推理的研究多集中于对"合情推理"等的教材分析与教学现状调查，旨在培养小学生的合情推理能力，这是从逻辑学意义出发确定的数学推理研究中的研究对象，此类研究关注到学生的数学推理能力，但与学科某一知识领域的联系相对不够紧密。在数学学习中，不同知识领域的思考方式所选择的推理方式是不同的，因此，本研究将在借鉴代数推理已有研究成果基础上，具体探讨代数推理的内涵、形式、基本过程和能力发展水平，丰富数学推理在代数知识内容中的意义与价值，深化代数推

理的理论基础。此外，研究将从课程标准和教材分析与教学实际情况考察两方面出发，具体探讨代数推理在课程与教学中的呈现方式，以获取对代数推理比较直观的认识，深化代数推理的事实依据。

## 二、有利于促进小学数学教师对代数推理的合理认识

一方面，小学数学教师可能常囿于小学生思维方式单一、小学数学内容简单以及推理思想复杂的认识之中，于是认为小学数学"数与代数"内容领域中"代数推理"的渗透欠缺考虑。另一方面，在数学教育领域中，相比教学技能的掌握，大多数小学数学教师在自己的教学活动中会比较缺乏"数学味"，学科素养表现不足。因此，本研究将首先对数学课程标准与教材中的相关内容进行分析，然后再调查学生与教师对代数推理内容的实际学习与教学情况，这不仅有利于激发研究者与一线教师对培养小学生代数推理能力的关注，也将有助于教师形成关于小学数学课程中代数推理的正确、合理的数学教育观。

## 三、有利于教师帮助学生通过代数学习来学会数学思维

"代数推理"研究既关注小学数学课程中学生思维方式的转变与推理品质的培养，也关注教师在教学策略与知识处理方式上的变化。通过小学数学课程中代数推理教学实践策略的提出，为教师代数推理教学提供适当的启发，教师能够在"数与代数"这一具体数学知识内容中关注学生代数推理能力培养的连续性和针对性，从而拓展数学思维发展的深度与广度。

# 第二章 文献述评

本章将系统地梳理国内外中小学代数推理研究的已有研究成果，并对其进行评述，以为本研究确定坚实的学术基础。

## 第一节 国内中小学代数推理研究的现状

自2013年起，代数推理研究已引发我国较多的关注，但真正明确地以"代数推理"为主题的研究仍比较少，多是作为发展代数思维与代数素养的一部分而有所提及。总体而言，我国中小学代数推理研究内容可以大致分为四个部分：代数推理的理论研究、代数推理的认知分析、运用代数推理和代数思维解决问题、数学课程与教学中的代数推理与代数思维。限于本项研究的具体问题，本节聚焦于学生代数推理的认知研究现状。

在代数推理研究中，许多研究者关注代数思维对代数推理的发展，并把代数推理作为衡量代数素养的一个重要要素。以下根据"代数思维""代数素养"中对"代数推理"的讨论，从代数推理的认知发展、认知层次以及认知困境等三个方面进行文献梳理和分析。

### 一、代数推理的认知发展

代数推理的认知发展，涉及算术思维与代数思维关系的探讨，此间研究者多以数学概念的二重性理论、概念教学APOS理论以及皮亚杰的认知发展阶段理论作为研究的理论基础，普遍认为在代数教学中，要避免学生仅仅将代数作为一种符号操作，而应该让学生明白代数的意义以实现概念学习中各层次的认知与过渡，而且在此过程中，学生也要学会"非正规解释"到"正规化、形式化解释"的过渡。[①]因此，小学代数推理教学中，学生可以经历"说理"的阶段以关注到符号意义的重要性，算术思维到代数思维的发展也体现了经由算术、数值推理到数量关系推理的过程。

除了上述理论借鉴之外，有研究者具体对算术思维和代数思维的区别作出解释，可

---

[①] 王芬. 初中学生代数入门学习困难与对策研究[D]. 上海：华东师范大学，2010. 李慧. 初一代数思维形成的教学实践与研究[D]. 苏州：苏州大学，2011. 阳彦兰. 七年级学生早期代数思想的发展研究[D]. 成都：四川师范大学，2013.

发现代数思维体现了有关代数符号和关系的数学推理。徐文彬认为"算术主要是由程序思维来刻画的，体现确切结果的获得；而代数思维则是由关系或结构来描述的，体现关系与结构的关联"。①郑毓信指出，算术思维到代数思维是从数字到符号、从特殊到一般、从程序到结构，而渗透"代数思维"的基本教学途径主要包括：通过提出猜想与检验猜想实现一般化；对结构的感知；以及对符号（包括文字符号与具体数字）的有意操作。②因此，代数思维具有培养学生推理能力的作用，一方面，代数思维体现出符号意义下数的知识提升到了一般化水平，数的运算与式的运算有直接的类比关系；③另一方面，代数思维体现出代数运算本身是严格的演绎推理，基于运算律或运算法则进行推演④。当然，于小学生而言，字母符号不是表达代数思维或代数推理的必要或充分条件，如文字叙述、图形、手势等形式均可用于表征关系。除此以外，准变量思维或数值推理，也是渗透代数推理的一个重要部分，其是"变化的数"及其关系的思维。⑤

鲍建生对代数思维的特征做了进一步总结，据此我们能够更好地发现代数推理与代数思维的联系。"从思维形式看，代数思维是一种基于规则的推理"，符号运算间规则推理成为代数主要研究对象。"其次，代数是一种句法导向的形式操作"，成就同一水平的同一对象表征间的转化。最后，代数思维能力是一种纯粹的数学能力，代数推理只能依据代数的规则。从工具来看，代数思维是一种推理技能。"⑥由其阐述可知，代数推理与代数思维的发展应该是相辅相成的，代数推理是代数思维中关键的一部分，关乎符号关系的分析。

## 二、代数推理的认知层次

代数推理认知层次分析主要体现在两个方面。一方面，代数推理作为代数素养的其中一个构成要素分布在一个认知层次。梁策力从概念理解与简单技能、联系与应用、推理与问题解决三个水平层次考察了学生的代数素养表现，并对其展开定量和质性分析。⑦栾慧英则从内容领域、认知表现和情感态度三个维度设计了八年级学生代数素养测评框架，根据数学课程标准对学生代数内容掌握水平的不同要求，把认知维度划分为三个层次：理解、应用和推理，并根据具体的代数内容给出推理表现。⑧

另一方面，代数推理作为代数思维的一种思维形式，考察的是代数推理本身有哪些层次，在这一测评中有些研究借鉴了 SOLO 分类理论。SOLO 分类理论的基础是比格斯

---

① 徐文彬. 试论算术中的代数思维：准变量表达式 [J]. 学科教育，2003（11）：6-10，24.
② 郑毓信. 高观点指导下的小学数学教学 [J]. 小学数学教育，2014（12）：3-6.
③ 史炳星. 从算术到代数 [J]. 数学教育学报，2004（02）：79-81. 郑毓信. 算术与代数的区别与联系 [J]. 小学教学研究，2011（19）：11-14.
④ 金晶. "数与代数"教学中如何培养学生的推理能力 [J]. 数学教学研究，2011，30（10）：64-67.
⑤ 徐文彬. 如何在算术教学中也教授代数思维 [J]. 江苏教育，2013（33）：16-17.
⑥ 鲍建生，周超. 数学学习的心理基础与过程 [M]. 上海：上海教育出版社，2009：328-329.
⑦ 梁策力. 六年级学生数与代数素养测量与评价研究 [D]. 重庆：西南大学，2015.
⑧ 栾慧英. 八年级学生代数素养现状测评研究 [D]. 新乡：河南师范大学，2016.

和其同事所观察到的不同学科的不同层次的学生学习结果的结构，以此根据学生在某一具体问题时的具体反馈，以"看出"思维的组织方式并进而判断其所处的层次水平。方静、刘晓艺等在研究中直接利用 SOLO 分类理论来编制试卷的测试题和分析测试结果①；桂德怀则参照 PISA 和 TIMSS 的评价理论以及 SOLO 分类理论，根据访谈与问卷的结果和代数素养评价模型，对每一种思维方式的水平进行重新划分为"前结构、单点结构、多点结构、线性结构、网状结构、立体结构、拓展结构水平"。②

SOLO 分类理论反映出代数推理以思维组织方式来分析认知层次；在代数推理研究中，仍可见代数推理的测评借助代数内容的理解水平来反映代数推理或代数思维的发展过程，此类研究常以"用字母表示数、代数式、方程"举例，不同的代数内容有不同的测评要求。比如，王中慧考察六年级学生在应用题解题中所体现出的思维变化过程，将学生代数思维发展分为四个维度：依赖于算术思维、游离于算术和代数思维之间、初级代数思维、相对熟练运用代数思维③；或者从对关系的关注和表述、对符号的理解与表达、问题解决中代数思维参与的可能来进行代数思维测评④。

### 三、代数推理的认知困境

前面所提及的代数其抽象程度较高，学生往往在处理代数思维或代数推理中的关系要素时存在认知难度，具体表现为认知内容以及运用过程中的困难。譬如，学生对代数的抽象性和形式化不适应，对变量概念和用字母表示数存在理解困难；不能熟练地运用代数的符号表征系统和形式规则，文字语言与符号语言转化困难，会出现程序性错误或概念规则的辨别错误；对学生而言，理解代数结构最为困难；再者不连续的符号意义，扩充的运算客体，思维逆向到顺向的转变都造成学生代数学习的困难⑤。其中周颖娴进一步将学生从算术思维过渡到代数思维的主要障碍分为认知型障碍、表象型障碍、联系型障碍、构造型障碍和转换型障碍⑥。

总的来看，研究者多是从学生的错误回答中分析总结学生在算术中理解代数推理存在的问题，而导致这些问题产生的原因主要体现在代数内容的理解难度上，为此还需找到影响代数推理的其他原因。比如，代数推理方式、思路分析、说理表述能力等，并通过代数推理的锻炼来帮助学生促进代数思维的发展，丰富问题情境以激发代数推理的尝试，借助关系性思维的形成、符号表征能力的发展以及准变量思维以培养代数推理能力。

---

① 方静. SOLO 理论在初一代数式教学中的应用［D］. 杭州：杭州师范大学，2015. 刘晓艺. 5—7 年级学生用字母表示数的理解水平的调查研究［D］. 长春：东北师范大学，2015.

② 桂德怀. 中学生代数素养内涵与评价研究［D］. 上海：华东师范大学，2011.

③ 王中慧. 代数思维在六年级应用题教学中的研究［D］. 上海：上海师范大学，2013.

④ 陈小燕. 小学数学教学中培育中年级学生代数思维的研究［D］. 南京：南京师范大学，2018.

⑤ 壮惠铃，孙玲. 从算术思维到代数思维［J］. 小学教学研究，2006（3）：24-26. 杨翠丽. 初中生代数学习的认知建构研究［D］. 上海：华东师范大学，2018. 王芬. 初中学生代数入门学习困难与对策研究［D］. 上海：华东师范大学，2010.

⑥ 周颖娴. 初一学生从算术思维过渡到代数思维中的困难分析［D］. 苏州：苏州大学，2009.

## 第二节 国外中小学代数推理研究的现状

自 2000 年以来,国外的中小学代数推理研究基本表现出平稳发展的态势。具体而言,2010 年之前以会议论文及研究报告居多,"代数推理"主题常常会出现在数学教育研究、数学教育心理学研究等国际会议上;2010 年之后期刊论文数量逐步增加,会议论文数量基本持平,"代数推理"仍然是国际会议中关心的问题,与此同时,更多数学教育者对"代数推理"的数学教育实践展开行动干预,并形成调查研究结论。总之,国外中小学代数推理研究主要分为代数推理的理论研究、代数推理的认知分析以及代数推理的发展策略三个部分。

但是,通过广泛阅读外文文献资料可发现,许多研究者选择先追问算术与代数、算术思维与代数思维的区别与关联,然后关注学生在代数推理方面的认知情况,继而探讨其发展策略的研究思路。因此,具体而言,已有相关研究主要涉及代数推理的认知内容、认知层次、认知困境,以及发展策略等四个方面。

### 一、代数推理的认知内容

在代数推理研究中,所选取的代数推理认知内容主要有两种划分结果。一是研究者多关注学生的学习进程或轨迹,提出了代数的"核心概念",并以此作为代数思维实践的教学任务序列。"核心概念"主要有①等价、表达式、方程和不等式,②广义算术,③泛函思维,④变量,⑤比例推理[1]。譬如,表 2-1 就呈现了"乔治亚数学与科学行动"(Georgia Initiative in Mathematics and Science,简称 GIMS)中按照学段所给出的代数"Big Ideas"(仅附上小学数学中代数的核心概念、技能与思想)。[2] 具体而言,在代数推理学习中,每一学习阶段的核心思想保持一致,一般化、关系、结构的理解仍是代数学习的本质,发生改变的主要是认知对象范围的扩大以及认知阶段目标的发展。此外,代数推理内容的学习主要以理解等价关系、理解乘法思维、发现乘法推理与加法推理的区别为主,大致由于等价关系是代数结构进行转化的依据,而乘法是其他运算规律理解的基本概念。熟悉以上代数课程的基本内容,可以更好地建立起小学与初中代数内容的联系。其实,算术与代数并非完全割裂的两部分,因此,"如何在算术中教代数"就体现了对代数思维和代数推理的关注。

---

[1] FONGER N L, STEPHENS A, BLANTON M, et al. A Learning Progressions Approach to Early Algebra Research and Practice [C]. 37th annual meeting of the North American Chapter of the International Group for the Psychology of Mathematics Education, 2015.

[2] 鲍建生,周超. 数学学习的心理基础与过程 [M]. 上海:上海教育出版社,2009:310-311.

二是研究者从代数推理能力要求出发,结合完整的代数推理过程以确定认知内容。哈珀(Harper,1987)在调查研究中业已证实学生在代数学习时,对一些问题的回答依次对应每一阶段的代数方法,"修辞代数 → 半符号代数 → 符号代数"。[1]有研究者提出"战略代数推理"的定义,关注学生的战略能力及自适应推理,并提出五大能力的代数学习内容:①阅读和解释文本,理解问题陈述中的故事情节(背景);②确定数量和它们之间的关系(识别数量、发现关系);③使用数量之间关系的代数表示(生成表示、解释表示);④精确执行计算和程序并检查结果的合理性;⑤提供令人信服的解释。[2]以上内容也基本概括了多数研究中代数推理测试或代数推理教学的过程,代数推理支持学生有机会掌握一种代数的方法来解决问题,在证明推理、使用多种表示的过程中以识别结构和关系。

表 2-1 小学代数中的"Big Ideas"(GIMS,1996)

| 水平 | 代数 |
| --- | --- |
| 小学低年级 | 在数学符号和数学的想法之间建立联系;<br>减法和加法及其关系;<br>建立运算的意义;<br>确认、扩展并构建模式;<br>使用变量和开句去表达各种关系 |
| 小学高年级 | 将数系扩展到分数、小数和整数;<br>将代数的思想与几何的表征联系起来;<br>将乘法与加法、排列和笛卡尔积联系起来;<br>将除法和减法以及乘法联系起来;<br>确认并描述数学的关系及函数;<br>探索使用变量和开句来表达各种关系;<br>用模型来表达数学的想法;<br>用表格、图形和口头的规则来描述情境和模式 |

## 二、代数推理的认知层次

在研究代数推理的认知层次时,大型测评项目中研究者乐意选择构建金字塔评价模型来进行测评。比如,美国国家数学科学教育研究中心所开展的基于情境中的数学的评价项目MIC,其评价维度主要包括数学领域(数、几何、代数、统计和概率)、数学思维和理解的三个水平(再现、联系和数学化)、期待学生反映的程度(不规范—规范)[3]。首先,在此类金字塔评价模型中,对代数的内容细化不够,仍不能充分地反映代数推理

---

[1] HARPER E. Ghosts of diophantus [J]. Educational Studies in Mathematics, 1987, 18(1): 75-90.

[2] LEPAK J R, WERNET J L W, AYIEKO R A. Capturing and characterizing students' strategic algebraic reasoning through cognitively demanding tasks with focus on representations [J]. The Journal of Mathematical Behavior, 2018, 50: 57-73.

[3] 张春莉. 小学生数学能力评价研究 [M]. 北京:人民教育出版社,2010:28-30.

的特征；其次，有些研究者选用 SOLO 模型来分析学生的代数认知层次，比如，琼斯等人的研究，将代数学习的四个重要方面（一般特征、模式、表征、变量）与 SOLO 模型反映的四个水平（前结构、单结构、多结构、关系）相结合①，最终确定学生代数推理学习的具体表现，但是，在同一个问题情境中往往不止体现代数学习的一个方面，代数推理能力的层次应该也体现在多个代数概念的建构水平中。在澳大利亚的 RMF II 项目中，代数推理根据 Rasch 分析所创建的项目层次结构被确定为八个区域以假设学生的学习进程，学生行为的描述源于对每个区域内项目的认知需求的考虑，此后教师可提供实例以符合一般规定。此测评方式与前两种测评方式的不同之处在于，它既能细化代数内容，确定代数推理的核心概念，又能基于核心概念的学习进展，给出每一阶段的层次水平，这在一定程度上能够帮助学习者识别出在代数推理学习进程中的位置，并能基于即时的学习体验，以便学习者在下一步的学习中找到联系。

### 三、认知困境

研究者多通过问卷测试与访谈的结果以发现影响学生之间代数推理差异的因素，进而对学生在代数推理上的认知困境做出具体判断。主要体现在以下三个方面：①从学生自身来说，主要体现在年龄、性别以及认知风格等方面，研究者认为学生学习模式的使用应该有所不同②；②从代数问题的设置来说，主要包括问题的难易程度、问题的类型、未知数量在问题中的位置、问题的语言表达以及有趣的问题情境等；③③从学生的解题过程来说，主要包括对已有知识的迁移、计算技巧的掌握、问题的求解策略等方面④。究其根本原因，主要是学生对代数的抽象性和形式化不适应，不能熟练运用代数的符号表征系统和形式规则⑤。代数结构的出现，对习惯于完成具体化操作的大多数学生而言是比较陌生的，他们无法观察到整体对象，譬如，解方程时习惯使用逆运算而非先观察到方程的整体平衡关系。

---

① 鲍建生，周超. 数学学习的心理基础与过程 [M]. 上海：上海教育出版社，2009：336-338.

② INDRASWARI N F, BUDAYASA I K, EKAWATI R. Algebraic reasoning in solving mathematical problem based on learning style [J]. Journal of Physics: Conference Series, 2018, 947: 012061.

③ WALKINGTON C, PETROSINO A, SHERMAN M. Supporting Algebraic Reasoning through Personalized Story Scenarios: How Situational Understanding Mediates Performance [J]. Mathematical Thinking and Learning, 2013, 15 (2): 89-120. NATHAN M J, KOEDINGER K R. Teachers, and Researchers, Beliefs about the Development of Algebraic Reasoning [J]. Journal for Research in Mathematics Education, 2000, 31 (2): 168-190.

④ POWELL S R, FUCHS L S. Does Early Algebraic Reasoning Differ as a Function of Students' Difficulty with Calculations versus Word Problems? [J]. Learning Disabilities Research & Practice, 2014, 29 (3): 106-116. ANA S, ANDREJA B, ANDRIJA V, et al. Development of abstract mathematical reasoning: the case of algebra [J]. Frontiers in Human Neuroscience, 2014 (8): 679.

⑤ 鲍建生，周超. 数学学习的心理基础与过程 [M]. 上海：上海教育出版社，2009：339.

## 四、代数推理的发展策略

通过上述代数推理认知维度的分析可知，发展代数推理需要遵循学科规律、认知规律以及教学规律，因此，在发展代数推理的过程中，"早期代数"、教师专业发展、教学策略的提出可能有助于学生收获较好的学习代数推理的效果。

### （一）"早期代数"

在算术中教代数，能够有效地渗透代数推理，这是"早期代数"的主要观点，而提前被渗透代数内容和思想的学生能够更合理地进行推理。此观点在卡普特·利维的NCISLA研究项目"在小学发展代数推理的概念"①中得以证实。那么"早期代数"中如何进行代数推理的渗透呢？针对这一问题，不同国家所采用的理解数量关系的方法各不相同。美国研究者建议教师可以利用四则运算中的逆运算和重复运算，在小学课堂的算术推理中使用多种表征方式；②澳大利亚研究者则在计算中提到了"皮特的算法"，它是指在计算"32－5"这一算式时，不是直接地加以计算得出答案，而是使用像"32＋5－10"这样的步骤来学习知识和培养推理能力；③同样地，新西兰学者则运用"学生数字运算的代数性质"来说明对"47＋25"这一算式的计算，不强调按常规的竖式计算方法求出答案，而是关注对数字间一般化关系的理解，如"47＋3＋25－3"，其也被解释为"准变量表达式"④。以上几种方式，不管是可逆性变换，还是借用多种语用表达，或者借用外部模型，它们都体现出"教学支架"的作用，即帮助学生降低代数推理的学习难度。

### （二）教师专业发展

在代数推理的发展策略中，国外研究非常重视教师在代数教学过程中的影响，包括教师对代数的看法和对教学方式的选择，以及对学生学习方法的了解等。⑤因此，代数推理的教学需要把握学生、教师与课程的整体联系。Bair & Rich 在研究中提及教师的数学教学知识，并给出具体的数学教学知识框架，数学教学知识 MKT 由两部分组成，分别是学科教学知识 PCK（教学知识 KCT、学生知识 KCS、课程知识 KCC）与学科关键

---

① CARPENTER T P, LEVI L. Developing Conceptions of Algebraic Reasoning in the Primary Grades [C]. Paper presented at the Annual Meeting of American Educational Association, Montreal, Canada, 2000.

② ORMOND C. Two key ways to establish some early algebraic ideas in primary classroom [J]. APMC, 2012, (17): 13-18.

③ 章勤琼，谭莉. 早期代数思维的培养：小学阶段"数与代数"教学的应有之义 [J]. 江苏教育，2013 (33): 7-9.

④ 张文宇，傅海伦. 新西兰小学运算能力项目的影响及启示 [J]. 外国中小学教育，2010 (5): 48-53.

⑤ TUNKS J, WELLER K. Changing practice, changing minds, from arithmetical to algebraic thinking: an application of the concerns-based adoption model (CBAM) [J]. Educational Studies in Mathematics, 2009, 72 (2): 161-183.

知识 SMK（通用内容知识 CCK、基础内容知识 HCK、专业内容知识 SCK）。[①]从此观点出发，此后对职前教师或在职教师的代数推理教学能力的分析，都会从教学内容知识与学科关键知识出发来对教师实施专业发展的干预，教师在代数推理教学实践中，需要完成"对代数概念的认识与关注—制定修改任务—开发课堂实践提供推理机会—开发数学实践支持代数推理"四个阶段[②]。

除了对代数推理教学提出要求，多数研究都会提及元认知指导以帮助教师更好地把握课堂。有研究者提出教师可通过自我提问来思考数学步骤，调节自身学习的能力，这会反过来影响代数推理。具体表现为：①知道该做什么（理解问题）；②寻找全局（联系问题）；③知道如何、何时和为什么做（战略问题）；④监测和评价这一进程（反思问题）。[③]因此，在代数推理教学研究中，既要对教师适应知识内容的有效性进行分析与评估，又要通过提升教师的提问艺术以优化自我调节，优化学生对学习过程的参与，并重视学生的观察能力、猜想能力和先验能力的培养。

（三）教学策略

在代数推理的教与学的过程中，研究者会从学习心理的角度，为增强学生的代数推理能力，提供一些教学建议。①确保学生具备学习新数学策略所必需的先验知识，在建模时教师可以使用"大声思考"的技巧指导学生具体的技能[④]。②理解图式理论培养代数思维。有研究者通过调查发现，学生是通过使用模式对口头表述和符号表征之间的关系进行识别和扩展的。[⑤]图式策略有助于学生运用结构和模型的思想来解决代数推理问题，形成互相沟通的代数图式。③培养学生的符号意识，代数推理需要学生实现具体问题情境与关系表达的转化，符号意识体现的也是学生进行分析、概括与推理的代数方法。④多元表征，是指"文字的、表格的、图形的和符号的，以及各种表征之间的灵活转换"[⑥]，学生可根据具体的代数内容或自己的操作能力进行恰当的选择，这体现了具体表示法在抽象序列中的应用，从而帮助学生理解数学符号和抽象方程是如何在具体层面上运行的，这为小学生提供了代数学习的便利。

---

[①] BAIR S L, RICH B S. Characterizing the Development of Specialized Mathematical Content Knowledge for Teaching in Algebraic Reasoning and Number Theory [J]. Mathematical Thinking & Learning, 2011, 13（4）: 292-321.

[②] HUNTER J. Teacher Actions to Facilitate Early Algebraic Reasoning [J]. Mathematics Education Research Group of Australasia, 2015.

[③] KRAMARSKI B. Promoting teachers' algebraic reasoning and self-regulation with metacognitive guidance [J]. Metacognition & Learning, 2008, 3（2）: 83-99.

[④] NAHAN M J, KOEDINGER K R. Teachers and Researchers Beliefs about the Development of Algebraic Reasoning [J]. Journal for Research in Mathematics Education, 2000, 31（2）: 168-190.

[⑤] STEELE D F, Johanning D I. A schematic - Theoretic view of problem solving and development of algebraic thinking [J]. Educational Studies in Mathematics, 2004, 57（1）: 65-90.

[⑥] CHOIKE J R. Teaching Strategies for Algebra for All [J]. Journal of Mathematics Teacher Education, 2000, 93（7）: 556-560.

在"早期代数"的学习中,因为学生的数学思维习惯尚未形成,教师在代数推理教学中发挥着关键的引领作用,所以内容知识的掌握、核心思想的理解以及基本教学技能的掌握,都是教师专业发展需要关注的基本培养方法。诚然,教师的引领可以把代数推理有效地呈现在学生面前,但仍需学生在代数推理教学中积极参与数学思考的活动,尤其是要保持课堂的"推测"氛围。因此,代数推理教学,是一个充分交流、展示、互动的交往沟通过程。

## 第三节 启发与借鉴

国内外中小学代数推理研究存在的共同之处有两点。首先,在代数思维与代数推理的认知分析上,基本都考虑到了认知内容、认知过程、认知层次及认知难度四个方面,这在研究中体现为都会考虑到对相关文本的分析以及代数推理测评框架的构建,并通过问卷调查的方式收集数据。其次,发展代数思维和代数推理的策略都会从内部与外部因素考虑对代数内容的调整、教学方式的多样化以及培养学生的学习动机等。不同之处有三个方面:①在研究对象上,国内研究仍以关注中学的代数推理能力较多,其次是小学高年级;国外研究较早提出"早期代数"的想法,比较关注小学。②在研究方法上,国外对小学阶段的代数思维和代数推理发展有较多的实证研究,并在研究中运用实验的方式进行数据收集,注重实验结果的论证以支撑论点;我国在数量不多的代数推理研究中仍以一线教师的实践研究为主,缺乏规范的理论研究与实证研究的支持。③在研究结果中,国内缺少对发展教师代数思维和代数推理的关注,对教师的要求多在教学手段上有所建议,专业素养上仍有待提供对策。整体而言,国外代数推理研究可为国内研究提供某些借鉴,因此,国内代数推理研究可以参考国外代数推理研究的发展路径,为国内代数推理的发展完善一些理论构想与实践反思。

针对国内教学实践的实际情况,本项研究将聚焦于小学生代数推理能力发展的现状,通过问卷调查探明我国小学生代数推理能力发展的基本概况,并以此为依据给小学数学教师教学提供现实的事实根据。

# 第三章　研究设计

本章将在理清代数推理的内涵、分类及其发展水平的基础上，确定研究对象，编制研究工具，并进行数据搜集。

## 第一节　代数推理的内涵、类型及其能力发展水平

从文献述评可知，目前我国关于代数推理的理解，主要是基于逻辑学对推理的分类来展开的。虽然代数推理作为数学推理的一种，符合一般推理的逻辑，但是，代数推理主要是从形式特征上予以讨论的数学推理。本节将以逻辑学的推理理论为依据，结合"早期代数"的具体内容，对代数推理进行形式描述、过程分析与能力水平划分，以为后续小学生代数推理问卷的编制奠定理论基础。

### 一、代数推理的内涵

代数推理是解决代数问题的一种推理，是指人们在代数观念系统作用下，能由若干数学条件，结合一定的数学知识、方法，按照某些规定了的法则，以寻求某些数学的或现实的问题情境的模式，推断某一数学对象的关系或结构的思维操作过程。①

具体来说，在代数推理过程中，代数观念的系统作用由代数内容决定。从国外研究者对代数的解释来看，代数的本体意义和功能意义是两种不同的视角，其所产生的对代数的理解也有所不同。本体意义上，研究者需要回答"代数是什么"的问题，从关键词

---

① ROSITA N T. Analysis of algebraic reasoning ability of cognitive style perspectives on field dependent field independent and gender [J]. Journal of Physics: Conference Series, 2018, 983: 012153. Indraswari N F, Budayasa I K, Ekawati R. Algebraic reasoning in solving mathematical problem based on learning style [J]. Journal of Physics: Conference Series, 2018, 947: 012061.

提炼可发现，代数主要包括算术的一般化、关系、结构、函数、模型等；[1]功能意义上，研究者需要回答"代数的作用有哪些"的问题，代数主要在概括描述、规则操作、问题解决程序中体现出特殊的代数思想和方法[2]。由此，代数推理是在这些代数知识的基础上，通过相关数学活动展开的，其仍采取一般的推理方式，如演绎推理与合情推理，只是相比几何推理、统计推理而言，它指向不同的推理目标。

代数推理作为代数思维的一部分，正是代数思维决定了相关代数活动的目标，使得代数推理带着目标选择一些论据、数据或经验来支持其所得的结论。与几何推理获得图形性质，展开图形关系网络内的关系演绎不同，与统计推理以样本数据对总体特征进行推断也不同，代数思维中的代数推理旨在从数学的或现实的问题情境寻求一些突显代数特有的关系或结构的结论，主要包括对等价关系和变化关系的发现与操作。比如，$x - 2(x - 1) = x - 2x + 2 = -x + 2 = 2 - x$，这一代数表达式的结构依次根据分配律、合并同类项及交换律而发生改变，但其本质仍是一样的。这是从已知的关系结构出发，按照代数规则对符号进行运算以变换结构，体现了等价关系中的处理。在此类数学活动中，推理虽转化为运算、演算的形式，但对学生运用运算算理的要求，就是演绎推理的体现。再如，小学数学中许多算术的材料可作为引导代数推理的基础，学生尝试找出规律以学会如何用符号进行表达和概括。在握手问题中，"全班 $n$ 个同学两两握手共要握几次（不能重复）？写出算式表示握手总次数。"通过计算多次结果，最终引导归纳出 $1 + 2 + … + (n - 1)$ 的计算公式，这是对变化关系的表示，说明了两个变量之间"其中一个变量变化，另一个变量随之改变"的过程。

## 二、代数推理的类型

代数推理作为代数思维的主要思维形式，是在对代数核心内容的理解与整合的基础上促进代数思维的发展，所以，可先通过了解代数思维的核心内容，以明确代数推理在其中发挥的作用，进而对代数推理进行分类。

关于代数内容的理解众说纷纭，而小学数学教育中的代数推理培养，与"早期代数"观念有关，"早期代数"中的"早期"是指学段的早期，"代数"是指学生的代数思维，尤其是指代数推理[3]。"早期代数"是立足于小学数学课程与教学的特点以发展儿童的

---

[1] KAPUT J J. Transforming Algebra from an Engine of Inequity to an Engine of Mathematical Power by "Algebrafying" the K-12 Curriculum [A]. In: National Council of Teachers of Mathematics & Mathematical Sciences Education Board 2000. The Nature and role of algebra in the K-14 curriculum: Proceedings of a National Symposium [C]. Washington, DC: National Research Council, National Academy Press, 1998: 25-26. NATHAN M J, KOEDINGER K R. Teachers and Researchers Beliefs about the Development of Algebraic Reasoning [J]. Journal for Research in Mathematics Education, 2000, 31 (2): 168-190.

[2] GODINO J D, CASTRO W F, AKE L P, et al. The Nature of Elementary Algebraic Reasoning [J]. Bolema-Mathematics Education Bulletin-boletim De Educação Matemática, 2012, 26 (42B): 483-511. KIERAN C. Learning and Teaching Mathematics [J]. Psychology Press Lid, 1997 (3): 136-137. 全美数学理事会. 美国学校数学教育的原则和标准 [M]. 蔡金法, 吴放, 李建华, 等译. 北京: 人民教育出版社, 2004.

[3] 曹一鸣, 王竹婷. 数学"核心思想"代数思维教学研究 [J]. 数学教育学报, 2007 (1): 8-11.

代数思维，并非对初中阶段的代数知识或思想方法进行简单的"复制或迁移"。在小学数学的代数推理研究中，多数研究者主要选取了卡普特（James J. Kaput）及其团队的观点作为了解代数推理的途径。[①]因此，本文仍选取卡普特及其团队的论述以展开分析，并结合小学数学教材内容进行补充、完善。

"早期代数"内容主要分为三个部分：广义算术，函数思维以及建模语言。广义算术主要帮助学生建立数感和从结构上理解运算意义，可理解为"识别数与数之间的关系、对算式结构和运算性质进行归纳与判断、对算式进行运算和对方程进行转化和求解、基于量的推理等"，涉及数字、运算、等号、等式、方程、表达式和变量的概念。函数思维主要是指"能够找到两个变量之间的关系和规律，对具有规律的图形和数字问题进行代数化的表达"，也涉及方程、表达式和变量的概念，但与广义算术不同，其更突出某种变化关系的解释，涉及协变、对应和变化的概念。建模语言则是指"对各种问题情境下包含的数学规则进行概括性表述，其中不乏对方程、不等式、函数、表格、图像等的使用"，上述所有这些概念均包含其中。[②]综上，代数思维的核心应是"一般化"，旨在获得一般化的概括和促进一般化的运用，初步表现为，借用分析的方式以表达或符号化不确定的量及其关系或结构，或以此展开运算。在小学数学课程和教学中，一般化的思想可能主要是重视学生的合情推理能力，学生可与已有的数学活动经验紧密联系，在代数学习过程中展开注意、猜测、表征、论证、一般化、验证等行为。而在演绎推理方式的应用上，对小学生的要求不会太高，主要有概念判断、关系判断、运算等活动。

由此可见，小学数学中代数推理的内容既有涉及一般化的概括，也有体现关系间的转化，还会出现借助数学方式解决现实问题等。因此，我们可能不能常规地利用逻辑学中的推理分类以解释代数推理，尤其是解释有关生活实际问题解决的这类情况。从已有研究来看，美国心理学家、数学教育家斯滕伯格对数学推理的分析或许能够较好地体现不同代数内容所涉及的推理类型，此分析主要是在斯滕伯格的思维三元理论的基础上延伸到数学教育领域的应用。其在几十年的教学中发现，在数学考试中取得好成绩的学生或许具有较好的分析推理技能，但却未能较好地学会如何解决创造性的或实践性的问题。所以，与分析性思维、创造性思维和实践性思维相对应，数学推理也应该包括这样三个推理类型。其中，分析性推理倾向于演绎式逻辑分析，创造性推理倾向于猜想与发现的活动过程，而实践性推理则意指在具体、真实的问题情境中，推断、策划解决问题

---

[①] 李静，刘志扬，宋乃庆. 基于多元表征发展代数思维的教学模式研究［J］. 西南师范大学学报（自然科学版），2011，36（3）：268-271. 孙思雨，孔企平. 早期代数：国际小学数学课程改革的新热点［J］. 小学数学教师，2019（06）：84-88. FONGER N L, STEPHENS A, BLANTON M, et al. A Learning Progressions Approach to Early Algebra Research and Practice［C］. 37th annual meeting of the North American Chapter of the International Group for the Psychology of Mathematics Education, 2015.

[②] KAPUT J J. What is algebra? What is algebraic reasoning?［A］. In: Kaput J, Carraher D W, Blanton M L. Algebra in the Early Grades［C］. New York: Lawrence Erlbaum Associates/National Council of Teachers of Mathematics, 2008: 5-17. CHIMONI M, PITTA-PANTAZI D, CHRISTOU C. Examining early algebraic thinking: insights from empirical data［J］. Educational Studies in Mathematics, 2018（98）: 57-76.

的办法。但是，分析性推理仍是数学推理的基本要素，因为它在一定程度上对后两者具有明显的促进和制约作用。①

具体来说，分析性推理在小学阶段的代数学习中体现的形式较为简单与单一。对于小学生而言，展开严格的演绎推理是比较困难的，其是追求"形式"的推理，相对创造性推理而言讲求严密性。因此，小学生常在熟悉的问题情境中较容易使用分析性推理，主要在广义算术中的"对算式结构和运算性质进行判断""对算式进行运算和对方程进行转化和求解"和"基于量的推理"三个方面体现较为明显。在"对算式结构和运算性质进行判断"时，若我们是利用已知的相关概念或关系规则对具体对象进行判断，则体现的是分析性推理。"对算式的运算和对方程的转化和求解"，会按照一定的代数法则进行数学运算，本质上可以理解为基于算理的推理过程，只是算理作为演绎推理的"大前提"，而我们却并未明确指出。就小学教育阶段而言，"基于量的推理"是指基于已知的数量关系列出具体算式进行作答，这一环节体现了对多个数量之间关系的推理能力。此间所有的数量关系都可由加法模型"部分＋部分＝整体"予以推演，比如，从四则运算的互逆关系来看，就可以得出"整体－部分＝部分"这一数量关系；另从乘除法的意义来看，我们可知乘法能够以加法来予以解释，除法则可通过减法来予以解释，所以，新生成的乘除法式子是由加法模型逐步推演而来的变式。②当然，需要注意的是，代数推理中基于量的推理仍以顺向思考为主要特征，就是将某些未知量作为好像已知的来处理时所带来的思考问题的便利。

再看创造性推理，其主要体现在"识别数与数之间的关系""对算式结构和运算性质进行归纳"，以及"找到两个变量之间的关系和规律"等的数学活动中，推理在这些代数内容中的作用即是帮助学习者处理相对陌生的问题情境，所获得的结论其实是从许多已知的具体实例中概括出来的。在"识别数与数之间的关系"时，或者是在许多具体的数字中获取数的性质；或者通过找出两类不同对象之间的类似之处从而产生一定的联想，比如，在学习"分数的基本性质"时，我们或许会想到分数与除法之间的关系，类比除法有商不变的规律，猜测分数中可能同样存在类似的某种规律。在"对算式结构和运算性质进行归纳"，以及"找到两个变量之间的关系和规律"时，归纳推理是主要的推理形式，试图从特例的分析以识别共性，进而引出普遍性的结论，此结论主要是对有关算式结构或数量关系的理解。其中，基于对小学生思维能力的考虑，"对运算性质的归纳"所基于的特例往往可能涉及学生以具体的数值计算来进行验证，"找到两个变量之间的关系和规律"所基于的特例则是通过化归的方式利用具有一定规律的序列来逐步进行表征概括。

最后，实践性推理主要体现在代数内容的"建模语言"中，建模活动可反映人们将所学应用于实践中所发生的推理行为。然而，在解决真正的实际问题时，我们可能无法

---

① 宁连华. 数学推理的本质和功能及其能力培养［J］. 数学教育学报，2003（3）：42-45.
② 彭亮，徐文彬. 例析模型思想在小学数学教学中的运用［J］. 南京晓庄学院学报，2018，34（4）：13-16.

轻易地从情境中将数学问题"剥离"出来，甚至，这样真实的情境会对我们解决问题产生某些干扰。① 由此，与简单的文字题或应用题不同，在这样的问题解决过程中，建模语言的实践性推理的意味更浓。从亚里士多德对实践推理的解释来看，其是有关"条件"到"行动"的决策过程，体现的是在某种问题情境下带着"最优化"的观念决定选择何种策略。其中，在这种复杂的、开放的实际问题情境中，默会知识起到了重要的作用，反映了实践性推理受到解答者的智力成熟发展状况的影响，还受人们的个人经验、偏好、价值观等的影响。实践性推理突出了分析性推理和创造性推理两种推理方式的综合。比如，在现实情境中提出数学问题后，初步确定数学模型的过程主要体现了创造性推理，可从"目标"出发推测所需条件及关系，也可由同类问题启发模型建立。而后，当要利用模型求解结果，并将模型回到原情境检验进行反复修改时，是对初设模型进行分析、评价与判断，体现了分析性推理，以追求更为精细化的概括陈述。

因此，联系代数内容中推理应用的分析，代数推理的类型可概括为表 3-1。

表 3-1 代数推理的类型

| | 代数推理 | 相应的代数内容 |
|---|---|---|
| 分析性推理 | 演绎推理 | 对算式结构和运算性质进行判断；<br>对算式进行运算和对方程进行转化和求解；<br>基于量的推理等 |
| 创造性推理 | 归纳推理<br>（完全归纳推理、不完全归纳推理）<br>类比推理 | 识别数与数之间的关系；<br>对算式结构和运算性质进行归纳；<br>找到两个变量之间的关系和规律 |
| 实践性推理 | 演绎推理与合情推理（归纳推理与类比推理）的综合运用 | 对各种问题情境下包含的数学规则进行概括性表述 |

### 三、代数推理能力的发展水平

如果说代数推理是在给定相关数学条件的情况下，按照一定的推理规则，获得体现代数特征的新的结论的过程，那么，代数推理能力则是反映人们利用数学条件，运用推理规则，完成代数推理任务所体现出来的综合素质。之所以提出代数推理能力，以及接下来将对代数推理能力的发展水平进行划分，主要是因为培养学生的推理能力，一直被看作是数学教学的"专长"，而为了能让推理能力在数学课堂教学中"看得见"，需要具体明确与代数推理有关的学习活动与学习层次，从而以此作为教学的出发点，而非将学生固定在某一推理阶段。

在选择划分代数推理能力发展水平的依据时发现，已有研究主要采取两类评判方

---

① 杨玉东，陈敏. 情境如何撬动了学生的数学核心素养：数学课堂教学中任务设计的视角[J]. 小学数学教师，2016（Z1）：21-26.

式，一种是"三维度架构"的模型，以 PISA 模型（情境、内容和过程维度）为例，其将学生的数学思维划分为三个层次，代表了数学任务的三个难度水平，其中问题情境和学科内容知识密切联系，但主要还是以考察学生的基本素养为指向，所以，对推理能力的考察更多是对某些技能上的运用情况的掌握，可以是关注解决问题时推理的次数；另一种是基于皮亚杰的发展阶段理论的 SOLO 模型，划分出认知发展的五种功能方式，并将每种功能方式下学生的思维水平由低到高分成五个结构层次，主要是用于学生解决具体问题的评价，而且以考查知识点的组合运用情况为主。①从这两种方式的考察对象来看，对于代数推理能力的分析更适合采用 SOLO 模型。这主要是因为代数推理能力与一般推理能力不同，其并非只关注推理技能，而是关注由代数特征而来的推理的运用，因此，必不可少地要从"代数"本身出发回应推理的价值。再者，SOLO 模型的焦点关注在学生回答问题的"质"上，而且，在思维过程中，知识与过程技能是紧紧融合在一起的，同样地，代数推理作为一种思维操作过程，关注的并非学生完成推理任务的结果，而是完成推理任务的进展活动，而且推理中内容与形式紧紧融合。进一步来说，SOLO 模型是从能力、思维操作、一致性与闭合、应答结构等四个方面来区分学生的回答的水平②，这与代数推理能力的综合素质要求是不谋而合的。在代数推理过程中，前提条件的注意、选择及关系描述与 SOLO 模型中的"能力"和"应答结构"相对应，推理方式的选用与"思维操作"相对应，前后逻辑的一致、一般化（关系或结构）的发现与"一致性与闭合"相对应。上述内部结构的相似性为 SOLO 模型在代数推理能力发展水平中的迁移使用提供了较好的参考。

具体来看，在 SOLO 模型中，比格斯首先按照人的思维发展方向——具体到抽象，将认知进展分为五种功能方式（感觉运动、形象、具体符号、形式和后形式方式），然后，基于学生学习的事实案例，确认每一种功能方式中，思维水平的五个结构层次常以"单点结构水平—多点结构水平—关联结构水平"的方式循环递进出现，而这一循环中未出现前结构水平和抽象扩展结构水平，是因为它们又分别是前一功能方式中关联结构水平和下一功能方式中的单点结构水平。③比如，小学数学思维的主要功能方式是具体符号方式，那么其前结构水平就是形象方式中的关联结构水平，抽象扩展水平就是形式方式中的单点结构水平。从这个学习循环的过程亦可以看出，小学数学课程与教学中，代数推理促进学生代数思维的发展，既要找到前一功能方式的支撑，又要与下一功能方式的发展相联系。

在 SOLO 模型中，代数思维水平的五个结构层次的具体含义可概述如下：

前结构水平——学习者将问题与回答不加区别地混在一起，不能抓住其中的联系，

---

① 喻平. 数学核心素养评价的一个框架 [J]. 数学教育学报, 2017, 26（2）: 19-23, 59. 田慧生, 孙智昌. 学业成就调查的原理与方法 [M]. 北京: 教育科学出版社, 2012: 228-238.

② 彼格斯, 科利斯. 学习质量评价: SOLO 分类理论（可观察的学习成果结构）[M]. 高凌飚, 张洪岩, 译. 北京: 人民教育出版社, 2010: 1-35.

③ 田慧生, 孙智昌. 学业成就调查的原理与方法 [M]. 北京: 教育科学出版社, 2012: 228-238.

反映为不能以有意义的方式回答问题，或把问题重复一遍，或被无关信息所干扰立即结束对问题的回答。

单点结构水平——学习者能够理清问题线索，回答问题时，只涉及题目中所提供材料的一个概念或素材，就很快得出结论，因此对于问题的回答可能很不一致。

多点结构水平——学习者关注到了题目中所提供材料的两个或多个概念或素材，但只是忠实地进行罗列，不具备将它们进行有机整合的能力，因此回答中未能体现这些材料之间的区别和联系。

关联结构水平——学习者关注到了题目中所提供材料的各个概念或素材，并能理清这些材料之间的相互关系，将它们进行有机整合，能够解决较为复杂的具体问题。

抽象扩展结构水平——学习者能对多种资料元素进行编码，理解已知的具体信息与抽象原理的关联，导出假设并将其应用到未知的情境，进行真正的合乎逻辑的演绎。[1]

从这五个结构水平可以看出，与简单评判学生回答问题的对或错不同，其重在考查学生收集信息、利用信息推理的完整过程，这对我们了解学生在推理中遇到的困难是有所帮助的。结合上述五个结构层次的含义，从代数推理的三种推理方式出发，表3-2初步给出了小学数学课程中学生代数推理能力发展水平的划分。需要特别指出的是，表3-2并未就前结构水平做出解释，其原因在于，学生若对某一问题做出前结构水平的回答，说明其"准备状态"不足，可能是原有知识缺乏、知识体系薄弱，或是学习动机本身不强，不愿对回答做出解释。

表3-2　小学数学课程中学生代数推理能力发展水平的初步划分

| 推理方式 | 发展水平 | 描述 |
| --- | --- | --- |
| 分析性推理 | 单点结构水平 | 能识别和了解数学对象的某个特征，可以套用一定的知识解决问题 |
| | 多点结构水平 | 能识别和了解数学对象的多个特征，可直观或有所模仿地逐步根据每个特征解决问题 |
| | 关联结构水平 | 整理掌握数学对象的多个特征间的内在联系，能够使用较为清晰的数学语言进行解释说明 |
| | 抽象扩展结构水平 | 能够适当地以已知的数学命题引导对不熟悉的或综合的问题的思考 |
| 创造性推理 | 单点结构水平 | 通过对一个对象的简单观察或计算等操作，从形式或运算程序上描述该对象的某个特征；就对象间的某个相似特征直接进行类比推理 |

---

[1] 彼格斯，科利斯. 学习质量评价：SOLO分类理论（可观察的学习成果结构）[M]. 高凌飚，张洪岩，译. 北京：人民教育出版社，2010：1-35.

表 3-2 续

| 推理方式 | 发展水平 | 描述 |
| --- | --- | --- |
| 创造性推理 | 多点结构水平 | 通过对几个对象的观察、分析与比较、联系与想象等，从形式或运算程序上得出几个对象的多个特征；就对象间的多个相似特征进行类比推理 |
| | 关联结构水平 | 能够对几个对象的多个特征进行抽象与概括，从整体特征上理清几个对象之间的内在联系，并以特殊情况来检验结论的合理性；理清特征之间的因果关系以确认对象间的类比 |
| | 抽象扩展结构水平 | — |
| 实践性推理 | 单点结构水平 | 关注的是问题中的某一个信息点，选择比较直观、简洁的方法解决问题 |
| | 多点结构水平 | 关注了问题中的两个或多个信息点，选择比较直观、简洁的方法解决问题 |
| | 关联结构水平 | 能够看到两个或多个信息点之间的相互联系，并根据对问题的理解选择解决办法 |
| | 抽象扩展结构水平 | 有序思考，分类讨论，较为全面地考虑问题，并能对原来的假设提出质疑 |

## 第二节　研究对象

本项研究关注的是小学生代数推理的发展情况。在准备进行调查研究时，六年级学生已完成五年半的数学课程学习，基本能够将小学阶段的多数内容纳入测试，所以，本研究拟选择六年级学生作为研究对象，由此可预估小学生在基本完成小学数学课程各阶段学习后其代数推理能力的发展水平。此外，考虑到与代数推理相关的内容主要分布在义务教育阶段的第二学段，代数推理注重学生思维活动的发生，需要他们能够较好地表述自己的思考过程，而六年级学生相对而言已具有一定的表达能力。

本调查研究采用方便抽样的方式选取样本，分别从南京、苏州和常州各选择一所学校。学校 A 是南京市偏处近郊的一所普通小学，学校 B 是苏州市县级市的一所城镇小学，学校 C 是常州市区的一所模范学校，依据对各学校的社会评价和日常成绩的了解，本调查将把它们分别作为发展中、发展一般、发展较好的三类小学的代表。考虑到三所学校班级数量的差异，其中，学校 A 的六年级只有三个平行班级，所以仅随机选取一个班的学生进行测试（45 人），学校 B 和学校 C 的六年级有五个及以上数量的平行班级，则分别随机选取六年级两个班的学生进行测试（98人，85人）。基于学校A、B、C分班均衡，基本可确认测试样本对总体有一定的代表性。

## 第三节 问卷编制

基于研究的需要，本研究的工具是《小学生代数推理能力发展的测试问卷》，具体可参见本研究的附录二，其编制过程如下。

### 一、学生测试问卷的构成情况

学生测试问卷的选题主要以教材分析结果为依据，对应广义算术、函数思维、建模语言三部分中的分支内容编制或选择测试题目，且每一题目都能有相应的推理方式与内容进行匹配，广义算术和函数思维均涉及分析性推理和创造性推理两种推理方式，建模语言主要为实践性推理。依此，测试问卷共设计了14道题目，包含25道小题，具体可参见表3-3。

表3-3 学生测试问卷考察内容细目表

| 推理方式 | 题目内容 | | | |
|---|---|---|---|---|
| | 广义算术 | 函数思维 | 建模语言 | 合计 |
| 分析性推理 | 1（1）（2）在百数表中识别数与数的关系；<br>2 说明解释"两个奇数的总和总是一个偶数"；<br>4（1）运用新定义的运算性质进行计算；<br>4（2）解释说明新定义的运算是否存在交换律；<br>5（1）（2）（3）（4）利用等式性质求解等式中未知数的值；<br>6（1）（2）利用等式性质用一个算式求解另一个算式的结果；<br>7 基于量的推理：和差问题、速度与时间问题；<br>8 基于量的推理：按比例分配问题；<br>9（1）（2）基于量的推理：两种事物搭配问题 | 12（2）利用找出的正比例关系，解决新的问题；<br>13（2）（3）利用找出的图形排列规律解决新的问题 | — | 18 |

表 3-3 续

| 推理方式 | 题目内容 | | | |
|---|---|---|---|---|
| | 广义算术 | 函数思维 | 建模语言 | 合计 |
| 创造性推理 | 1（1）（2）在百数表中识别数与数之间的关系；<br>2 说明解释"两个奇数的总和总是一个偶数"；<br>3 运算规律的发现；<br>4（2）解释说明新定义的运算是否存在交换律 | 10（1）（2）在一序列数字中发现规律，并用含字母的式子表示；<br>11 在一组列数字中发现规律，并用含字母的式子表示；<br>12（1）在实际问题中找出正比例关系；<br>13（1）寻找图形排列中的规律，并用含字母的式子表示 | — | 10 |
| 实践性推理 | — | — | 14（1-3）出于对不同运输条件的考虑，选择合适的运输方案 | 1 |
| 合计 | 16 | 8 | 1 | 29/25 |

说明：对问卷第1（1）（2）题、第2题与第4（2）题进行统计时，此四题为开放性回答，学生在对数学命题进行解释说明时，可能选择分析性推理，也可能选择创造性推理。因此，就推理方式而言，对题目进行了重复计数，于是"合计"一栏就出现两个不同的题目数量。

## 二、学生测试问卷的评分标准与程序

对学生测试问卷的评分，是基于教材分析所给出的"小学数学课程中学生代数推理能力发展水平双向细目表"（具体可参见本研究的附录一）而展开的，依据学生回答过程所体现的前结构水平、单点结构水平、多点结构水平、关联结构水平、抽象扩展结构水平，分别计为 0、1、2、3、4 分。

首先，需要说明的是，上述的 25 道小题中，12（2）、13（2）、13（3）虽然属于分析性推理，但它们与其他题目的分析性推理获得前提的途径不同。在这 3 个小题中，分析性推理的前提是从前面的创造性推理归纳得来，而其他属于分析性推理的小题是独立进行的，前提需要作答者对已学知识进行回想和联系。所以，将 12（2）与 12（1）合起来作为一个完整的思考过程参与评分，13（2）、13（3）与 13（1）合起来作为一个完整的思考过程参与评分，如若学生能够对 12（2）、13（2）、13（3）正确作答，则相当于在 12、13 题中达到这一思考过程的抽象扩展结构水平。整合完毕后，测试问卷按照 22 个题目进行评分。从每个题目中的学生回答可能达到的最高水平来看，测试问卷中有 1 题计 1 分，有 8 题每题计 3 分，有 11 题每题计 4 分。此外，考虑到 9（2）题比 9（1）题的解答需要多一步的数量关系处理，为作区分，将其计 6 分（关联结构水平、抽象结构水平分别对应 4，6 分）；因第 13 题在抽象扩展结构水平涉及两个小问，所以计 5 分。因此，测试结果最高可达 80 分。

其次，在实际评分过程中发现，学生的回答有时处在两个结构水平的过渡阶段，此时计分取两个结构水平分数的中间值。像这样过渡的情况，比如，在进行归纳推理时，从一个具体实例中发现单个性质或特征体现为"单点结构水平"，比较多个具体实例发现多个孤立的性质或特征体现为"多点结构水平"，那么，从一个具体实例中发现多个性质或特征，或比较多个具体实例中发现单个性质或特征，就体现为在"单点结构水平"与"多点结构水平"的过渡。再如，在"基于量的推理"的复杂应用题中，如果依次就多个数量关系给出回答，则表现为"多点结构水平"，如果是将多个数量关系整理为一个等量关系进行解答，表现为"关联结构水平"，那么，完成其中部分数量关系的整理，就归为"多点结构水平"与"关联结构水平"的过渡阶段等。

## 三、学生测试问卷的信效度分析

在正式测试之前，已于 B 学校随机选择一个班进行试测，发放问卷 47 份，回收问卷 47 份，有效问卷 43 份。测试完毕，数据处理使用的是 SPSS 21.0，采用 Cronbach's Alpha 系数法测得整个测试问卷的信度是 0.810（具体可见表 3-4）。

一份信度系数好的量表或问卷，Cronbach's Alpha 系数在 0.80 以上，0.70~0.80 之间算是可以接受的范围。因此，本测试问卷是可以接受的。

本测试问卷的编制主要是依据《课程标准》对代数推理的要求，从学生日常课堂教学练习、苏教版教材和学生常规使用的《数学补充习题》中选择测试题目的素材，然后依据澳大利亚的《数学推理问题与评估》进行提问方式和评价方式的修改与调整。整体而言，测试问卷的题目难度适中，有些题目甚至是学生已经做过的题目，因此，在回答过程中能够更好地让学生表述自己使用代数推理的思考过程。初步成型的问卷交由相关数学教育专家进行评估，经过反复修改和讨论，最终编制了本研究所使用的测试问卷。

表 3-4  学生测试问卷的 Cronbach's Alpha 系数

案例处理汇总

| 案例 | | N | % |
|---|---|---|---|
| | 有效 | 43 | 100.0 |
| | 已排除* | 0 | 0.0 |
| | 总计 | 43 | 100.0 |

*在此程序中基于所有变量的列表方式删除。

信度分析

| Cronbach's Alpha | 项数 |
|---|---|
| 0.810 | 22 |

## 第四节  数据搜集

根据学生测试问卷的结果,从各学校层次、各早期代数内容主题等方面分析学生的代数推理发展水平的差异,并结合学生回答的具体表现进行阐释,以对学生代数推理发展的总体情况及存在难点进行把握。其中,A 学校有效问卷 39 份,B 学校有效问卷 83 份,C 学校有效问卷 85 份,回收的有效问卷共计 207 份,学生测试问卷的总有效率为 90.79%。

# 第四章　研究结果与分析

本章将依据问卷调查所搜集到的数据，就三所学校学生的代数推理能力发展的总体差异，学生在"广义算术""函数思想""建模语言"中展开代数推理的具体表现进行分析与概括。

## 第一节　三所学校学生代数推理能力发展的总体差异

为初步考察小学生代数推理能力发展在学校层次上的差异，针对三所学校，就测试总分及各早期代数内容的测试分数分别进行了方差分析及差异检验，因子为学校，因变量为全测验和各部分测验（具体可参见表4-1和表4-2）。

表4-1　三所学校学生代数推理能力测试的平均成绩及标准差比较

| 学校（人数） | 全测验 | | 广义算术 | | 函数思维 | | 建模语言 | |
|---|---|---|---|---|---|---|---|---|
| | 平均值 | 标准差 | 平均值 | 标准差 | 平均值 | 标准差 | 平均值 | 标准差 |
| 学校A（39） | 41.62 | 10.46 | 29.49 | 7.70 | 9.77 | 3.46 | 2.36 | 0.81 |
| 学校B（83） | 34.90 | 9.88 | 23.90 | 7.54 | 9.17 | 3.81 | 1.80 | 1.20 |
| 学校C（85） | 49.38 | 10.47 | 34.96 | 7.69 | 11.66 | 3.45 | 2.76 | 0.60 |

正如表4-1所示，仅就平均成绩来看，在全测验和广义算术内容上，三所学校学生的代数推理能力表现以学校C为最佳，其次是学校A和学校B；在函数思维内容上，学校C要好于学校A和学校B，学校A与学校B差异不大，前者略好于后者；在建模语言上，学校B要差于学校C和学校A，学校C略好于学校A。

表 4-2　三所学校学生代数推理能力测试的方差分析及各对均数差异比较

| 组别 | 全测验 | | 广义算术 | | 函数思维 | | 建模语言 | |
|---|---|---|---|---|---|---|---|---|
| | 差异 | 显著性 | 差异 | 显著性 | 差异 | 显著性 | 差异 | 显著性 |
| 学校 A・B・C | 42.08 | $P<0.05$ | 44.12 | $P<0.05$ | 10.55 | $P<0.05$ | 23.47 | $P<0.05$ |
| 学校 A・B | | $P<0.05$ | | $P<0.05$ | | $P>0.05$ | | $P<0.05$ |
| 学校 A・C | | $P<0.05$ | | $P<0.05$ | | $P<0.05$ | | $P>0.05$ |
| 学校 B・C | | $P<0.05$ | | $P<0.05$ | | $P<0.05$ | | $P<0.05$ |

正如表 4-2所示，三所学校在全测验和各部分测验在 $p<0.05$ 水平上均有显著性差异。从对测试结果的事后分析来看，学校 C 在全测验和广义算术、函数思维内容中与其他两所学校均有显著性差异，在建模语言中与学校 A 未显示出显著性差异，而与学校 B 有显著性差异；学校 A 与学校 B 在全测验和广义算术、建模语言内容中呈现出显著性差异，在函数思维中未显示出显著性差异。

## 第二节　学生在"广义算术"中展开代数推理的具体表现

下面将从识别数与数之间的关系、对算式结构和运算性质的归纳与判断、对算式进行运算和对方程进行转化和求解、基于量的推理等方面，来分析学生在"广义算术"中展开代数推理的具体表现。

### 一、识别数与数之间的关系

总体而言，学生的代数推理能力在"识别数与数之间的关系"内容中处于单点至多点结构水平。其中，学生在测试题 2 上的代数推理表现要好于测试题 1（1）与 1（2），测试题 1（1）与测试题 1（2）是归纳总结百数表中的数与数之间的关系，测试题 2 是基于给出的命题"两个奇数的总和总是一个偶数"进行分析，所以，相对于给定命题由学生寻找实例进行解释和说明而言，让学生通过运算自主寻找数与数之间可能存在的某种恒等关系是比较困难的；另外，就各层次学校的学生在代数推理中的表现而言，C 学校的代数推理表现要好于另外两所学校，相比之下，其在单点结构水平的人数比例较低，而在多点至关联结构的过渡水平及以上的水平中均有分布（具体参见表 4-3）。

表 4-3 学生在"识别数与数之间的关系"中的代数推理能力发展水平

| | 测试题 1（1） | | | | 测试题 1（2） | | | | 测试题 2 | | | |
|---|---|---|---|---|---|---|---|---|---|---|---|---|
| | 分析性推理创造性推理发展水平 | | | | 分析性推理创造性推理发展水平 | | | | 分析性推理创造性推理发展水平 | | | |
| | A | B | C | 总占比/% | A | B | C | 总占比/% | A | B | C | 总占比/% |
| 前结构 | 17.9 | 16.9 | 8.2 | 13.5 | 20.5 | 30.1 | 3.5 | 17.4 | 15.4 | 27.7 | 7.1 | 16.9 |
| 单点结构 | 33.3 | 37.3 | 16.5 | 28.0 | 30.8 | 32.5 | 17.6 | 26.1 | 5.1 | 21.7 | 8.2 | 13.0 |
| 过渡 1 | 30.8 | 38.6 | 32.9 | 34.8 | 41.0 | 31.3 | 58.8 | 44.4 | 7.7 | 13.3 | 8.2 | 10.1 |
| 多点结构 | 2.6 | 3.6 | 1.2 | 2.4 | 2.6 | 1.2 | 3.5 | 2.4 | 33.3 | 21.7 | 29.4 | 27.1 |
| 过渡 2 | 15.4 | 3.6 | 30.6 | 16.9 | 5.1 | 4.8 | 8.2 | 6.3 | 7.7 | 10.8 | 8.2 | 9.2 |
| 关联结构 | 0 | 0 | 1.2 | 0.5 | 0 | 0 | 1.2 | 0.5 | 25.6 | 1.2 | 18.8 | 13.0 |
| 过渡 3 | 0 | 0 | 2.4 | 1.0 | 0 | 0 | 3.5 | 1.4 | 5.1 | 3.6 | 15.3 | 8.7 |
| 抽象扩展结构 | 0 | 0 | 7.1 | 2.9 | 0 | 0 | 3.5 | 1.4 | 0 | 0 | 4.7 | 1.9 |

具体来看，学生在测试题 1（1）与 1（2）中主要表现为单点结构水平和第一个过渡水平（即由单点结构向多点结构的过渡），两个测试题分别占比 62.8%、70.5%；另外，测试题 1（1）中有 16.9% 的学生表现为多点至关联结构水平。其中，单点结构水平中，学生的回答多为对数与数之间的静止或表面的特征进行描述，如"相邻、奇数或偶数、个位相同或十位相同"等；第一个过渡水平的回答其实与多点结构水平一致，只是学生观察的对象仅有一组，在此水平中，学生的回答体现了数与数之间的某种运算关系，但是只能在 3 个数或 4 个数中进行两两比较，如"后一个数比前一个数大 1、下面的数比上面的数大 10"等；至于 1（1）的第二个过渡水平（即由多点结构向关联结构的过渡）中，学生的回答在考虑数与数之间的某种运算关系时，3 个数均在关系之中，但是恒等关系的得到源于对一组观察对象的计算操作，如"选择 1、2、3 三个数，计算 (1+3)÷2 = 2，即左边的数与右边的数的和是中间数的 2 倍"，或"计算 (1+2+3)÷3 = 2，即中间的数是三个数的平均数"等。相比之下，1（2）的回答中，学生比较难发现"斜着的两个数和相等"这样的等价关系，在已有的第二个过渡水平中，学生的描述主要是"下面两个数的和比上面两个数的和多 20"或"右边两个数的和比左边两个数的和多 2"。由此可见，六年级学生在归纳总结百数表中数与数之间的关系时，仍表现为第一学段的学习要求，习惯于对选出的数从左往右地进行计算，而描述的恒等关系也与多少、倍数关系有关，由此或许可推测大多数小学生在自主探究数与数之间的等价关系上仍是程序化的；另外，学生在创造性推理过程中并不能考虑到对多个对象进行观察。

再来看测试题 2，在给定命题进行解释说明中，学生整体在多点结构水平和关联结构水平中的比例有所上升，其中 A 学校和 C 学校在多点结构水平以上的人数占到总体一半以上，分别为 71.7%、76.4%，B 学校仍主要分布在多点结构水平及以下。在此内容中，多点结构水平表现为：学生能够提出多个例子进行说明，但是会选取形式比较相同的实例，比如"$1+5=6$，$1+7=8$"或"$2+2=4$，$3+3=6$"；相比之下，关联结构水平中，学生能够分类讨论，既选取奇数不同的例子，也选取奇数相同的例子，还会用比较大的数进行举例。此外，C 学校有一部分学生能够达到第三个过渡水平（即由关联结构向抽象扩展结构的过渡），学生能够做出这样的表述，如"一个奇数减 1 是偶数，一个奇数加 1 是偶数，两个奇数加在一起，加 1 和减 1 后剩下的就是偶数"等。由此可见，在证明给定的命题时，多数六年级学生首先能够感知到创造性推理这一基本方式，学会举例说明，亦可推测，这一推理方式对于低学段学生来说也是可接受的。但是，在举例说明过程中，学生如何进行举例的能力需要进一步提升，以保证创造性推理的合理性与严谨性。

## 二、对算式结构和运算性质的归纳与判断

总体而言，学生的代数推理能力在"对算式结构和运算性质的归纳与判断"内容中处于单点至多点结构水平。其中，学生在测试题 3 上的代数推理表现要好于测试题 4（2），测试题 3 是归纳总结运算规律，判断算式结构，并用含字母的式子进行表示，测试题 4（2）是在定义的一种新的运算中对运算规律进行判断。虽然测试题 3 属于六年级的"分数乘法"内容，测试题 4（2）属于四年级的"运算律"内容，但是，相对于在已给的实例中观察交流发现，让学生读懂给出的一般化的新的运算方式以给出实例，并对规律进行判断有一定的挑战性。另外，就各层次学校的学生在代数推理中的表现而言，若学生面对的是比较熟悉的运算，C 学校的代数推理表现在用含字母的式子表示规律方面要好于另外两所学校；若学生面对的是新的运算方式，三所学校学生代数推理表现差异不大（具体可参见表 4-4）。

表 4-4  学生在"对算式结构和运算性质的归纳与判断"中的代数推理能力发展水平

|  | 测试题 3 | | | | 测试题 4（2） | | | |
|---|---|---|---|---|---|---|---|---|
|  | 创造性推理发展水平 | | | | 分析性推理、创造性推理发展水平 | | | |
|  | A | B | C | 总占比/% | A | B | C | 总占比/% |
| 前结构 | 10.3 | 15.7 | 1.2 | 8.7 | 43.6 | 62.7 | 41.2 | 50.2 |
| 单点结构 | 10.3 | 3.6 | 4.7 | 5.3 | 25.6 | 30.1 | 18.8 | 24.6 |
| 过渡 1 | 17.9 | 27.7 | 9.4 | 18.4 | 2.6 | 1.2 | 4.7 | 2.9 |
| 多点结构 | 7.7 | 18.1 | 7.1 | 11.6 | 0 | 0 | 0 | 0 |
| 过渡 2 | 15.4 | 2.4 | 4.7 | 5.8 | 0 | 0 | 0 | 0 |

表 4-4 续

| | 测试题 3 | | | | 测试题 4（2） | | | |
|---|---|---|---|---|---|---|---|---|
| | 创造性推理发展水平 | | | | 分析性推理、创造性推理发展水平 | | | |
| | A | B | C | 总占比/% | A | B | C | 总占比/% |
| 关联结构 | 0 | 6.0 | 4.7 | 4.3 | 0 | 0 | 0 | 0 |
| 过渡 3 | 28.2 | 25.3 | 35.3 | 30.0 | 12.8 | 3.6 | 14.1 | 9.7 |
| 抽象扩展结构 | 10.3 | 1.2 | 32.9 | 15.9 | 15.4 | 2.4 | 21.2 | 12.6 |

具体来看，测试题 3 在问题中呈现了两组算式，每组算式中有两个单独的式子，分别是两个分数相减与两个分数相乘，其中，前一个分数的分母比后一个分数的分母少 1，分子均为 1。从学生的回答来看，有接近一半的学生处在关联结构水平及以上，表现为能够用文字准确描述发现的规律，并能自己列举符合该规律的式子，但是对于大多数学生而言，字母主要是基于概括替代的意义进行使用；而剩下（即单点结构至第二个过渡水平）的有 41.1% 的学生能够基于给出的实例写出"类似"的例子，但在文字描述规律上表现为无意义重复或不准确的特点，如"前一个算式的得数正好是后一个算式的得数""分母互质、分子是 1 的两个分数相减或相乘的得数相同"等。此外，从学生的回答可以看出的一点是，根据发现的规律所写出的算式，大多还是独立的两个式子，对于等式结构的把握仍然不熟悉，这样的问题在用字母进行表示时同样存在，停留在第一学段学生分别计算再比较结果的观察习惯。

测试题 4（2）是定义了一种新的运算"$*$"，运算表现为 $a*b = (a+b) \times 2$。在对"$a*b$ 是否存在交换律？"进行判断时，由测试题 4（1）的结果可知，大多数学生（86%）能够按照给定的运算要求进行计算，但是在这部分学生中却有 36.2% 在对这样的符号算式进行交换律的判断时，往往无法联系交换律的本质进行思考，学生所给的理由大致如"$a+b$ 与 2 互相交换，结果不变""$(a+b) \times 2 = 2a+2b$，结果不变""只有加法和乘法有交换律，其他运算没有"等。由这些理由可知，学生在创造性推理中的类比推理能力较弱，无法准确理解交换律，并容易受到某种差异的影响。另外，余下的 49.8% 的学生，首先能够理解交换律的关键在于交换两个数的位置，然后其中有一半的学生是基于 4（1）给出的一组算式 $5*4$ 和 $4*5$ 的得数相同或另外举例说明，以确认该运算有交换律，另一半的学生则是能够直接从符号算式出发利用加法交换律推导得出该运算有交换律。的确，面对陌生的运算符号以探究规律，对于学生而言有一定的难度，表现在并不直接的对该运算符号进行观察，中间需要实现 $a*b$ 与 $(a+b) \times 2$ 的转换，或者学生本身也要意识到这两个算式的等价。

由此可见，参与测试的六年级学生中，至少有一半的学生在最初学习五个基本运算律时，可能比较囿于教材中已给出的符号算式，而且习惯于在类似的算式中运用规律进行简便计算，而对规律本身缺乏相对完整的认识，对于四年级及之后的学生而言，在进入"运算律"学习时可能存在同样的问题。

## 三、对算式进行运算和对方程进行转化和求解

总体而言，学生的代数推理能力在"对算式进行运算和对方程进行转化和求解"内容中处于多点结构水平和关联结构水平。其中，学生在测试题 5 和测试题 6 上的代数推理表现差异不大，至少有一半的学生处于多点结构水平。对算式进行运算包括测试题 4（1）与测试题 6；测试题 5 是对方程进行转化和求解。不管是算式还是方程求解，有 60%~70% 的学生比较习惯于一看到题目就展开从左往右的计算，容易忽略数学对象之间的联系，较少使用等价变形的策略。对于六年级学生来说理解等价关系是已经开始接触的内容，他们尚且不能有较好的分析关系的意识，那么，对于低学段学生来说，或许也较难意识到这一点。另外，就各层次学校的学生在代数推理中的表现而言，于"对算式进行运算"方面，三所学校的学生代数推理表现差异不大；而在"对方程进行转化和求解"方面，A 学校和 C 学校的学生代数推理表现均要好于 B 学校，A 学校与 C 学校之间差异不大（具体可参见表 4-5 和表 4-6）。

表 4-5　学生在"对算式进行运算"中的代数推理能力发展水平

| | 测试题 4（1） | | | | 测试题 6（1） | | | | 测试题 6（2） | | | |
| --- | --- | --- | --- | --- | --- | --- | --- | --- | --- | --- | --- | --- |
| | 分析性推理发展水平 | | | | 分析性推理发展水平 | | | | 分析性推理发展水平 | | | |
| | A | B | C | 总占比/% | A | B | C | 总占比/% | A | B | C | 总占比/% |
| 前结构 | 12.8 | 14.5 | 14.1 | 14.0 | 2.6 | 10.8 | 2.4 | 5.8 | 5.1 | 15.7 | 5.9 | 9.7 |
| 单点结构 | 87.2 | 85.5 | 85.9 | 86.0 | 2.6 | 0 | 7.1 | 3.4 | 0 | 3.6 | 7.1 | 4.3 |
| 过渡 1 | — | | | | | | | | | | | |
| 多点结构 | — | | | | 64.1 | 57.8 | 52.9 | 57.0 | 92.3 | 80.7 | 80.0 | 82.6 |
| 过渡 2 | — | | | | | | | | | | | |
| 关联结构 | — | | | | 30.8 | 31.3 | 32.9 | 31.9 | 2.6 | 0 | 4.7 | 2.4 |
| 过渡 3 | — | | | | 0 | 0 | 1.2 | 0.5 | 0 | 0 | 2.4 | 1.0 |
| 抽象扩展结构 | — | | | | 0 | 0 | 3.5 | 1.4 | 0 | 0 | 0 | 0 |

首先从"对算式进行运算"来看学生的代数推理表现。测试题 4（1）是按照给定的运算要求"$a*b=(a+b)\times 2$"，直接带入数字对 $5*4$ 和 $4*5$ 进行计算；测试题 6 是通过给出的符号算式"$\triangle+\triangle=4$"和"$\bigcirc-\triangle=3$"，以推导计算出另外相关联的两个符号算式"$\triangle+\triangle+6$""$\bigcirc+\triangle$"的结果。其中，测试题 6（1）需求解的符号算式"$\triangle+\triangle+6$"中只含有一个未知数，其所依据的推导算式只有一个，即"$\triangle+\triangle=4$"；测试题 6（2）需求解的符号算式"$\bigcirc+\triangle$"中含有两个未知符号，所依据的推导算式是题中给出的"$\triangle+\triangle=4$"和"$\bigcirc-\triangle=3$"两个算式。正如表 4-5 所示，测试题 4（1）

的完成率比较高，能够按照运算要求完成计算的学生占86%，剩下的14%的学生在回答中主要是将给定的运算要求理解成"乘法"，没有真正理解新的运算的意义。测试题6（1）和6（2）的完成率与测试题4（1）相差不多，处于单点结构水平的学生主要是在一般计算上存在错误，所以只完成了部分计算。但即使在计算中就完成率而言差别无几，但学生的代数推理过程有较大的差异。

集中观察测试题6（1）与6（2）中的多点结构水平与关联结构水平，这两个测试题在多点结构水平的占比从57%上升到82.6%，关联结构水平的占比从31.9%下降至2.4%，由此可见，学生在测试题6（1）中的代数推理表现其实要好于测试题6（2）。具体来看，在多点结构水平中，学生的代数推理表现为："从$\triangle+\triangle=4$计算得出$\triangle=2$，所以$\triangle+\triangle+6=2+2+6=10$"；"从$\bigcirc-\triangle=3$计算得出$\bigcirc=3+2=5$，所以$\bigcirc+\triangle=5+2=7$"。相比之下，关联结构水平中，学生能够事先避免求出$\triangle$和$\bigcirc$的具体数值，而对算式与算式之间进行观察，体现了等量代换的思想，如"由$\triangle+\triangle=4$可知$\triangle+\triangle+6=4+6=10$""由$\bigcirc-\triangle=3$可知$\bigcirc=3+\triangle$，所以$\bigcirc+\triangle=3+\triangle+\triangle=3+4=7$"。由此可以判断，较多的六年级学生在算式运算这样的分析性推理中，仍习惯于将每一符号背后的数值代入符号算式中完成计算，而在把握符号算式之间的联系时，对结构相对一致的符号算式比较容易产生联想，对结构不一致的符号算式难以只借用符号替代实现过渡性思考。那么，对于低学段学生而言，逐步完成计算或观察结构相对一致的符号算式，或许是他们能够产生的代数推理表现。再有，不管是多点结构水平还是关联结构水平中的回答，都能发现最后的计算过程仍表现为递等式的形式，在理解一个算式向另一个算式的变化上，只有少数的几个学生能够从等式性质出发观察等号（1）两边分别发生了什么变化，比如"等号左边的式子是由$\triangle+\triangle$增加了6到$\triangle+\triangle+6$，所以为了保持平衡，等号右边也应该是4增加6，那么$\triangle+\triangle+6=4+6$，$\triangle+\triangle+6=10$"；"等号左边的式子是由$\bigcirc-\triangle$增加了两个$\triangle$到$\bigcirc+\triangle$，所以为了保持平衡，等号右边也应该是3增加两个$\triangle$，那么$\bigcirc-\triangle+\triangle+\triangle=3+\triangle+\triangle$，$\bigcirc+\triangle=3+4$，$\bigcirc+\triangle=7$"，虽然在书写上可能表现为递等式的形式，但从学生的解释来看，其已经关注到了等号两边的相等关系。

从"对方程进行转化和求解"来看学生的代数推理表现。在测试题5中出现的方程形式是等号两边均是式子，题目的旨向便是希望学生能够观察左右两边式子的特点，在保持平衡的前提下，求出未知数的值。其中，从运算符号来看，测试题5（1）和5（2）与加法有关，测试题5（3）和5（4）与减法有关；从求解的未知数数量来看，测试题5（1）与5（3）是一个未知数，测试题5（2）与5（4）是两个未知数。下面将从这两个方面分别对学生在方程转化和求解中的代数推理表现进行分析。

正如表4-6所示，测试题5（1）、5（2）的完成率要略高于测试题5（3）、5（4）；前者分布在多点结构水平和关联结构水平的占比也要比后者多5%左右，在各层次的学校中同样如此，不过整体而言，在求解未知数过程中，方程涉及的运算是加法还是减法对学生影响不大。一方面可能是因为有近一半的学生主要表现为多点结构水平，即采用逆

表 4-6 学生在"对方程进行转化和求解"中的代数推理能力发展水平

| | 测试题 5（1） | | | | 测试题 5（2） | | | | 测试题 5（3） | | | | 测试题 5（4） | | | |
|---|---|---|---|---|---|---|---|---|---|---|---|---|---|---|---|---|
| | 分析性推理发展水平 | | | 总占比/% | 分析性推理发展水平 | | | 总占比/% | 分析性推理发展水平 | | | 总占比/% | 分析性推理发展水平 | | | 总占比/% |
| | A | B | C | | A | B | C | | A | B | C | | A | B | C | |
| 前结构 | 0 | 4.8 | 1.2 | 2.4 | 7.7 | 7.2 | 0 | 4.3 | 17.9 | 15.7 | 7.1 | 12.1 | 20.5 | 15.7 | 5.9 | 12.6 |
| 单点结构 | 2.6 | 0 | 0 | 0.5 | 2.6 | 4.8 | 2.4 | 3.4 | 0 | 1.2 | 0 | 0.5 | 2.6 | 3.6 | 2.4 | 2.9 |
| 过渡 1 | — | — | — | — | — | — | — | — | — | — | — | — | — | — | — | — |
| 多点结构 | 43.6 | 68.7 | 52.9 | 57.5 | 33.3 | 61.4 | 30.6 | 43.5 | 41.0 | 62.7 | 48.2 | 52.7 | 23.1 | 57.8 | 27.1 | 38.6 |
| 过渡 2 | — | — | — | — | 0 | 2.4 | 14.1 | 6.8 | — | — | — | — | 2.6 | 2.4 | 10.6 | 5.8 |
| 关联结构 | 53.8 | 26.5 | 45.9 | 39.6 | 56.4 | 24.1 | 52.9 | 42.0 | 41.0 | 20.5 | 44.7 | 34.8 | 51.3 | 20.5 | 54.1 | 40.1 |
| 过渡 3 | — | — | — | — | — | — | — | — | — | — | — | — | — | — | — | — |
| 抽象扩展结构 | — | — | — | — | — | — | — | — | — | — | — | — | — | — | — | — |

运算的方式以求解未知数的值，他们在加法和减法上的计算能力差别不大；另一方面，表现为关联结构水平的学生确实在理解加法或减法中部分与整体的关系上比较得当。但是，从学生前结构水平的回答来看，减法中出现的错误主要是无法理解减法中保持结果不变的情况下，被减数与减数应该同增或同减，加法中出现的错误主要是计算上的粗心导致，这一点同样不可忽视。

另外，求解未知数的数量亦是影响学生在方程转化或求解中的代数推理表现的一个因素。比较同等运算中的测试题 5（1）与 5（2）、5（3）与 5（4）可知，学生在多点结构水平的占比有所下降，而在关联结构水平上的占比有所上升，说明学生在求解一个未知数的过程中习惯采用逆运算的方式，如在测试题 5（1）中，学生看到方程"47 +（ ）= 71 + 57"，求解过程是"71 + 57 = 128，128－47 = 81"；又如在测试题 5（2）中，学生看到方程"（ ）－47 = 71－57"，求解过程是"71－57 = 14，14 + 47 = 61"。然而，当学生面临两个未知数的求解情况时，学生开始关注两边式子的相等关系，并尝试如何保持两边的平衡，具体表现有："等号右边的 57 比等号左边的 47 大 10，要使两边算式的结果相等，只要 47 加的那个数比 57 加的那个数大 10 就可以"，或是"等号左边的 47 比等号右边的 57 小 10，要使两边算式的结果相等，只要让 47 的被减数比 57 的被减数也小 10 就可以"；此外，即使有的学生暂时不能在算式之间进行比较，但能够较好地利用两个数相等的方式，反过来分别求出未知数，如"假设和（差）为 100，再分别用 100 减（加）47、100 减（加）57"，甚至也有学生在加法中联想到加法交换律，减法中想到"相同的两个数相减为 0"。由此可见，学生在合理运用两边的相等关系，对方程进行转化和求解时，有一定的代数推理能力，但是在自觉展开代数推理的意识上比较不足，而这对于小学生进入初中阶段学习求解稍复杂的方程而言是必要的。

## 四、基于量的推理

总体而言，学生的代数推理能力在"基于量的推理"内容中处于多点至关联结构水平。其中，测试题 7 是在稍复杂的数量关系中解决应用题，旨向学生能否"凝聚"问题情境中的多个数量关系，以形成一个包含题中所有条件的相等关系，求解一个未知量；测试题 8 是按比例进行分配的问题，涉及同类量之间的比，求解一个未知量；测试题 9（1）与 9（2）均是两个未知量的数量搭配问题，不同的是，前者提出的是两个未知量的比较型关系与总和关系，后者涉及两个未知量的两种总和关系，分别体现了等量代换和加减消元的代数思想。在这样的四个问题中，有近五分之三的学生能够对多个数量关系进行处理，完成问题的解答。尤其在测试题 8 与测试题 9（2）中，虽然测试题 8 中的比例形式是六年级下册的内容，被调查的学生还未正式学习比例；而测试题 9（2）中的两个总和关系并不能简单完成加减消元的任务，但学生仍然能够基于已有的学习经验完成解答。

另外，就各层次学校的学生在代数推理中的表现而言，若学生面对的是求解一个未知数的稍复杂的数量关系情境，如测试题 7 和 8，A 学校和 C 学校的代数推理表现要好于 B 学校，具体体现在单点或多点结构水平的学生比例有所减少，第二个过渡水平的学生比例有所增加，学生在整体把握多个数量关系的联系上有集中的趋势；而求解两个未知数的应用题中，C 学校的优势相比另外两个学校更为凸显，一方面表现在能够处理等量代换中的变化关系，另一方面表现在类比推理的能力较强，学生能够较好地观察、分析，易察觉 9（2）与 9（1）的共性（具体可参见表 4-7）。

首先，在测试题 7 中，涉及三个条件：“甲乙两地相距 495 千米”"一辆汽车从甲地往乙地已经行驶了 3 小时"和"剩下的路程比已经行驶的多 45 千米"，需求解的问题是"这辆汽车的平均速度"。这一问题与一般的应用题不同，学生需要先通过隐藏的"和差关系"找出已经行驶的路程进行过渡性思考。具体来看学生的实际回答情况，学生的前结构水平表现为顺应应用题的语言表述方式，从前往后地运用出现的条件，于是在这一问题中，他们的回答多为"495÷3"，简单地将其作为路程关系的问题而忽视了问题中的比较型关系；学生的单点结构水平表现为注意到了问题中的比较型关系，但在理解该关系上有一定的困难，他们的回答多为"495−45"后"÷3"，或是"495÷2"后"−45"，这两种回答中，学生对和的关系的处理忽视了某一数学对象的 2 倍关系。相比之下，在多点结构水平或关联结构水平中，学生能够较好地理清和差关系，并且学生在使用线段图表示数量关系上表现更佳，不过学生的解答同样集中表现为逆运算的过程，仅有少数的学生能够使用方程对问题进行解答。由此可推测，学生比较容易理解简单的数量关系，而在稍复杂的数量关系中，学会直观地画线段图能够帮助学生在代数推理上有较好的表现，但学生未能在代数推理中把握方程的价值，逆运算的操作的确会造成学生忽视某些隐藏的数量关系。

其次，测试题 8 给出了柠檬汁配方"3 杯糖，4 杯水，12 个柠檬"，体现了同类量之间的比，这在六年级上册学生已经有所认识。从学生给出的回答来看，有 76.8% 的学生能够理解糖、水与柠檬之间在份数上的倍数或分数关系，但是在回答过程中较少有学生用到比的形式。具体来看，50.2% 的学生处于单点结构水平与多点结构水平中，他们是基于比的意义解决按比例分配的问题，如"通过 3÷12 得出糖的数量占柠檬数量的 1/4，所以，一个柠檬需要 1/4 杯糖"，水与柠檬的关系亦是这样得出；而剩下的 26.6% 的学生处在多点结构水平之上，他们是基于比的性质解决按比例分配的问题，如"1 个柠檬是 12 个柠檬的 1/12，糖和水也要乘 1/12"。在学生未学习比例之前，解决此类问题主要是将比的关系转化为分数关系；而在比例中，学生相对能够体会到两个同类量之间的固定的比的关系。由此可见，学生在按比例分配的问题中，能够较好地表达同类量之间的分数关系，形成对代数对象的初步认识；另外，学生能够看到某个量在份数上发生的倍数变化，依此推算出另一个对等的量在份数上发生同样的倍数变化，可为学生进一步学习比例提供较好的认识基础，从而将同类量的两组或多组数据放置在一个相等关系中。

最后，比较分析测试题 9（1）与 9（2）。测试题 9（1）是教材中常见的有关两种事物的数量搭配问题，属于六年级的"问题解决策略"。在这一题中，有 76.8% 的学生处在关联结构水平，表现为学生能够利用假设策略，将题中的"1 条大船和 5 条小船"全部假设成"6 条大船"或"6 条小船"，然后根据条件"每条大船比每条小船多坐 2 人"，

表 4-7 "基于量的推理"中的学生代数推理能力发展水平

| | 测试题 7 | | | | 测试题 8 | | | | 测试题 9（1） | | | | 测试题 9（2） | | | |
|---|---|---|---|---|---|---|---|---|---|---|---|---|---|---|---|---|
| | 分析性推理发展水平 | | | 总占比/% | 分析性推理发展水平 | | | 总占比/% | 分析性推理发展水平 | | | 总占比/% | 分析性推理发展水平 | | | 总占比/% |
| | A | B | C | | A | B | C | | A | B | C | | A | B | C | |
| 前结构 | 10.3 | 37.3 | 4.7 | 18.8 | 23.1 | 36.1 | 10.6 | 23.2 | 12.8 | 24.1 | 3.5 | 13.5 | 48.7 | 68.7 | 28.2 | 48.3 |
| 单点结构 | 25.6 | 20.5 | 18.8 | 20.8 | 30.8 | 21.7 | 12.9 | 19.8 | 2.6 | 7.2 | 1.2 | 3.9 | 2.6 | 3.6 | 2.4 | 2.9 |
| 过渡 1 | — | | | | — | | | | — | | | | — | | | |
| 多点结构 | 28.2 | 28.9 | 31.8 | 30.0 | 20.5 | 31.3 | 34.1 | 30.4 | 0 | 0 | 0 | 0 | 0 | 0 | 0 | 0 |
| 过渡 2 | 30.8 | 9.6 | 36.5 | 24.6 | 17.9 | 9.9 | 30.6 | 19.8 | 7.7 | 2.4 | 3.5 | 3.9 | 23.1 | 3.6 | 5.9 | 8.2 |
| 关联结构 | 5.1 | 3.6 | 8.2 | 5.8 | 0 | 0 | 2.4 | 1.0 | 76.9 | 66.3 | 87.1 | 76.8 | 25.6 | 24.1 | 60.0 | 39.1 |
| 过渡 3 | — | | | | 7.7 | 1.2 | 9.4 | 5.8 | 0 | 0 | 4.7 | 1.9 | 0 | 0 | 2.4 | 1.0 |
| 抽象扩展结构 | — | | | | 0 | 0 | 0 | 0 | 0 | 0 | 0 | 0 | 0 | 0 | 1.2 | 0.5 |

对原来的学生数量"26个同学"进行相应的调整。在假设策略中，学生的操作体现了"等量代换"的代数思想，以代换减少列式解答中未知量的个数，只是这样的代换是将一个未知量替代成另一个未知量，并将替换后的差别反映在最后的总数上；而真正的"等量替换"具体表现为可以将某一关系看作一个整体以表示其中的一个未知量，比如"1条大船的人数 = 1条小船的人数 + 2，那么1条大船的人数 + 5条小船的人数 = 26，可表示为 (1条小船的人数 + 2) + 5条小船的人数 = 26"，但较少有学生能够将"1条小船的人数 + 2"看作一个整体运用在数量关系表示中。

测试题9（2）的设置主要是为了进一步分析学生对假设策略的意义是否有恰当的认识。相比测试题9（1），测试题9（2）仅有39.1%的学生处在关联结构水平，关联结构水平表现为学生能够通过"2条大船和1条小船需要220元"与"1条大船和2条小船需要200元"这两个条件，发现"可同时去掉一条大船和一条小船，以220 – 200 = 20元表示1条大船比1条小船多20元"，然后与测试题9（1）一样采用假设策略。另外，比较各层次学校的学生分别在9（1）与9（2）中的表现可见，A学校与B学校在关联结构水平上的学生人数占比大幅下降，不过从第二过渡水平来看，A学校有23.1%的学生能够发现9（2）与9（1）的共性，只是在得出"1条大船比1条小船多20元"后，容易受到存在的两个总和关系的干扰，在计算过程中出现错误；而C学校在解决这样的问题中，使用数量关系等式以观察题中的两个总和关系的表现更佳。综上所述，六年级学生在熟悉的数量搭配问题中虽然能够按照假设策略完成计算，但在实际教学过程中，学生可能对使用假设策略的目的缺乏深入的思考，他们在理解数量关系时并不善于借用直观图示或数量关系等式这样的方式，而这样的方式或许是他们在低学段就已使用的，但未能学以致用实现意义理解上的过渡。此外，他们的实际回答表明，"基于量的推理"中问题的文字表述会干扰他们对数学关系结构的理解。

## 第三节　学生在"函数思维"中展开代数推理的具体表现

下面将从数字规律问题、图形规律问题两方面，来分析学生在"函数思想"中展开代数推理的具体表现。

### 一、数字规律问题

总体而言，学生的代数推理能力在"数字规律问题"内容中处于多点结构水平和第二过渡水平。测试题10是分析序列数字中的排列规律，同样需要用字母正确表示该规律；测试题11是分析组列数字中两个数字间的运算程序规则，并能用字母正确表示该规律；测试题 12 是分析两个相关联的量之间的正比例关系，要求能够用式子表示它们之间的关系，并利用规律基于一个量的数值计算另一个量。其中，就达到关联结构水平的情况而言，即理解函数的运动变化关系并用字母进行表征而言，学生在测试题 11 上的代数推理表现要好于测试题 10 和 12。由此说明，相比于字母表示任意一个整数，理解字母表示连续的数对学生来说有一定的难度，这一点从测试题 10 与 12 的多点结构水平和第三过渡水平的占比情况亦可看出。另外，就各层次学校的学生在数字规律问题中代数推理的表现而言，C 学校的代数推理表现要好于另外两所学校，另外两所学校在表述函数关系上主要是对每一个观察的对象进行运算操作上的说明，概括能力不足（具体可参见表 4-8）。

具体来看，测试题 10 是要求学生找出每行数的排列规律，并用含字母的式子进行填空。题中所给的参考数字序列为 "1, 2, 3, 4, 5 $n$"，测试题 10（1）呈现的数字序列为 "2, 4, 6, 8, 10（ ）"；测试题 10（2）呈现的数字序列为 "1, 3, 5, 7, 9（ ）"。在这两个问题中，测试题 10（2）的前结构水平占比 20.3%，要高于测试题 10（1），这主要是因为有一部分的学生是基于与参考数字序列的比较来做出回答，由此，测试题 10（1）呈现的数字均为上一行数字的 2 倍，但测试题 10（2）呈现的数字与上一行数字比较时既未有固定的倍数关系，也未有固定的差值，这为学生带来概括上的困难。相比与参考数字序列进行比较，处于第二个过渡水平的学生回答，如 "第二行的所有数字是第一行的 2 倍，第三行的所有数字比第二行少 1"，基于这样的文字表述，或者通过列出所有的计算算式，学生给出了 $2n$ 与 $2n1$ 的字母表示。从前结构水平和第二过渡水平的学生回答比较来看，可推测，一方面，参考数列与数字排列的序号一样，可作为过渡帮助学生理解其他的数字序列规律，不过带来的局限是，学生对字母 $n$ 的认识仅停留在 "某个特定的未知数"；另一方面，学生在观察数与数之间的关系时，比较容易发现与某个确定的数值进行运算的关系，一旦运算的对象变为不确定的值，学生的概括能力就将下降。另外，需要特别关注的是学生在单点结构和多点结构上的表现，体现了连续递加的特点。单点结构水平，比如，学生会按照发现的 "每个数增加 2" 的特点，在测试题 10（1）与 10（2）中分别继续写出具体的数 "12" 或 "11"；而多点结构水平，比如，学生表示为 "$n+2$" 的形式。由此可以说明，学生对数字序列中的变化趋势是有所体会的，但是这还只是停留在操作层面，符合第一学段学生的行为表现，但对于六年级学生而言，他们在理解序列中数字与所在位置的关系上仍比较薄弱，未达到课程目标要求。

再来看测试题 11，呈现了四组对应数字，"1→2，4→20，7→56，8→72"，要求观察的每一组中左边的数与右边的数之间的关系。从前结构水平的学生占比情况来看，可再次证明测试题 10（2）的推测，当一个数通过某一运算得到另一个数时，学生无法将与之运算的不确定的值与本身进行比较。另外，在用字母表示规律上，学生于关联结构水平的占比要远高于测试题 10（1）与 10（2），进一步说明，学生对字母 $n$ 的认识仅停留在 "某个特定的未知数" 上。

表 4-8 "数字规律问题"中的学生代数推理能力发展水平

| | 测试题 10(1) | | | | 测试题 10(2) | | | | 测试题 11 | | | | 测试题 12 | | | |
| | 创造性推理发展水平 | | | | 创造性推理发展水平 | | | | 创造性推理 | | | | 创造性推理、分析性推理发展水平 | | | |
| | A | B | C | 总占比/% | A | B | C | 总占比/% | A | B | C | 总占比/% | A | B | C | 总占比/% |
|---|---|---|---|---|---|---|---|---|---|---|---|---|---|---|---|---|
| 前结构 | 10.3 | 12.0 | 7.1 | 9.7 | 28.2 | 22.9 | 14.1 | 20.3 | 28.2 | 41.0 | 17.6 | 29.0 | 10.3 | 18.1 | 4.7 | 11.1 |
| 单点结构 | 28.2 | 19.3 | 12.9 | 18.4 | 15.4 | 18.1 | 12.9 | 15.5 | 28.2 | 16.9 | 12.9 | 17.4 | 17.9 | 13.3 | 8.2 | 12.1 |
| 过渡 1 | — | — | — | | — | — | — | | — | — | — | | — | — | — | — |
| 多点结构 | 25.6 | 41.0 | 21.2 | 30.0 | 28.2 | 37.3 | 21.2 | 29.0 | 7.7 | 10.8 | 4.7 | 7.7 | 48.7 | 50.6 | 41.2 | 46.4 |
| 过渡 2 | 23.1 | 21.7 | 37.6 | 28.5 | 17.9 | 16.9 | 34.1 | 24.2 | 2.6 | 0 | 1.2 | 1.0 | 23.1 | 15.7 | 44.7 | 29.0 |
| 关联结构 | 12.8 | 6.0 | 21.2 | 13.5 | 10.3 | 4.8 | 17.6 | 11.1 | 33.3 | 31.3 | 63.5 | 44.9 | 0 | 2.4 | 1.2 | 1.4 |
| 过渡 3 | — | — | — | | — | — | — | | — | — | — | | 0 | 0 | 0 | 0 |
| 抽象扩展结构 | — | — | — | | — | — | — | | — | — | — | | 0 | 0 | 0 | 0 |

最后，测试题 12 是以表格的方式呈现了一辆汽车行驶时间和路程的多组数据。处在单点结构水平与多点结构水平的学生共计占比 58.5%，其中，单点结构水平中，学生的回答如"路程每小时增加 80 千米"，注意力主要集中于其中一个变量的变化；多点结构水平中，学生的回答如"速度是每小时 80 千米"，大多数学生通过列出算式的方式得出该结论。由此可见，有一半左右的学生将其看作一般的应用题进行解答，而在用式子表示它们之间的关系时，要么列出的是多个具体的数字算式，或者直接列出教材中的路程与速度公式，他们未能就变化关系进行说明。第二过渡水平中的学生回答如"该汽车的行驶速度始终不变"，并用"路程 = 时间 × 80，路程 ÷ 80 = 时间"这样的式子进行表示，体现关系中变与不变的量。但少有学生能够说明路程与时间之间的协变关系，而在计算"行驶 2.5 小时，行驶了多少千米？"中，学生对一一对应的关系理解可能仍停留在计算操作中，对连续的变化理解不够。不过，认识正比例关系是六年级下册的内容，在此之前，学生学习了归一问题，学会确定问题中的不变量。就学生的回答来看，他们基本掌握前面学习的知识，能够用文字描述某一确定的量，可作为理解某一个量固定后，另外两个量发生协调变化这样的函数关系的基础。

## 二、图形规律问题

总体而言，学生的代数推理能力在"图形规律问题"内容中处于关联结构水平及以上。就各层次学校的学生表现而言，A 学校和 C 学校的代数推理表现差异不大，主要是在对图形的整体特征进行判断上，有更多学生能够基于归纳总结的代数式给出解释；而 B 学校相对其他两所学校而言，单点结构和多点结构水平的学生所占比例要高一些。另外，与数字规律问题相比，学生在归纳总结图形规律的表现上更佳，有超过一半的学生能够"凝聚"操作，完成概括化的表达（具体可参见表 4-9）。

表 4-9 "图形规律问题"中的学生代数推理能力发展水平

|  | 测试题 13 ||||
|---|---|---|---|---|
|  | 分析性推理、创造性推理发展水平 ||||
|  | A | B | C | 总占比/% |
| 前结构 | 5.1 | 2.4 | 3.5 | 3.4 |
| 单点结构 | 5.1 | 10.8 | 8.2 | 8.7 |
| 过渡 1 | — | | | |
| 多点结构 | 20.5 | 33.7 | 15.3 | 23.7 |
| 过渡 2 | 5.1 | 1.2 | 5.9 | 3.9 |
| 关联结构 | 2.6 | 6.0 | 8.2 | 6.3 |
| 过渡 3 | 53.8 | 37.3 | 42.4 | 42.5 |
| 抽象扩展结构 | 7.7 | 8.4 | 16.5 | 11.6 |

具体来看，该题目的情境是安排座位，桌子是一个一个相连的正方形，每边坐一

个人。题中已经呈现了 1 张桌子、2 张桌子和 3 张桌子的座位情况，学生需要解决的问题依次有五个：4 张桌子能够坐下的人数、9 张桌子能够坐下的人数、$n$ 张桌子能够坐下的人数、40 个人需要安排的桌子数量、按照座位要求人数若是奇数是否可行。其中，学生在单点结构水平的表现为：画图或递加计算 4 张桌子能够坐下 10 个人；多点结构水平的表现为：画图或递加计算 4 张桌子能够坐下 10 个人，9 张桌子能够坐下 20 个人。由表 4-9 可知，有近 1/3 的学生处于单点和多点结构水平，他们均是通过画图或递加计算完成这两个具体项的解答，无法对图形中的变化规律进行概括。另外，在第二过渡水平中，学生表现为：4 张桌子的人数计算是通过画图或递加的方式，9 张桌子可尝试观察图形规律，运用规律进行计算，但无法用字母表示规律；在关联结构水平中，学生可完成图形规律的字母表征。结合关联结构水平及以上的学生占比（6.3%、42.5%、11.6%）来看，大多数学生在创造性推理上表现尚佳，但在灵活运用规律上遇到了困难。

进一步观察学生在第三过渡水平的表现，可分析学生的分析性推理情况。这一水平的学生占比 42.5%，学生的作答表现具体有三种，分别占比 4.8%、14.5% 和 23.2%。其中，第一种是学生完成字母表征 $2n+2$ 或 $4+2(n-1)$、$4n-2(n-1)$，在计算 40 个人需要的桌子数量时却采用逐步尝试的方式，直到代入的桌子数量能够算出人数是 40。第二种是学生同样完成字母表征，并能采用逆运算的方式或类似解方程的方式，对桌子数量进行解答，但无法对图形排列的整体特征进行判断；另外，需要说明的是，6.3% 处于关联结构水平的学生，之所以处在关联结构水平，就是因为利用代数式进行逆运算时产生了较多的计算误差，如利用 $2n+2$ 这一代数式时计算表现为"40÷2－2"，又如利用 $4+2(n-1)$ 或 $4n-2(n-1)$ 代数式时，学生在处理每一步运算时更容易产生混乱。第三种是学生完成了图形规律的归纳总结及字母表示，同样能够利用代数式计算得出 40 个人所需要的桌子数量，而在对图形排列的整体特征进行判断时，是通过直接观察已有的图形排列情况进行说明，无法就代数式给出人数的奇偶性的判断。这样看来，C 学校处在抽象扩展结构水平的学生在分析性推理上表现更佳，而较多的学生在早期代数内容中的分析性推理仅仅是按照确定的规则完成计算这样的任务，至于从一规则推导另一规则的能力还是很薄弱。

最后还要补充说明的是，前面所提及的学生貌似在图形规律的概括化表达上表现更佳，从学生在图形规律中给出的字母表征方式来看，相比 $4+2(n-1)$ 或 $4n-2(n-1)$，较多学生将题目的规律表示为 $2n+2$。据学生给出的理由可知，得出代数式 $4+2(n-1)$ 或 $4n-2(n-1)$，学生是根据题中"每增加 1 张桌子少 2 个人"这样的递推关系，这里的桌子数量起到了序号的作用，而他们更多基于情境的解读完成概括；不过，从学生在多点结构水平的占比来看，与序列数字规律一样，学生较少能对递推关系完成乘法运算。另外，学生写出 $2n+2$ 这样的表示，是图形规律中特有的，学生是依靠视觉直接对图形进行观察，超越了原本情境的意义，但能直接勾连两个变量之间的数学关系，即桌子数量与所对应的人数的关系，如有学生将图形的特征表述为"几张桌子就表示拼成长方形，其中最长的那一条边也就可以坐下几个人，长方形有 2 个最长边，就用桌子个数乘 2，再加上另外两边坐的 2 个人，就得出 $2n+2$"，在这里，几何直观对于"图形规律问题"的代数推理而言，其优势得到了发挥。

## 第四节 学生在"建模语言"中展开代数推理的具体表现

总体而言，学生的代数推理能力在"建模语言"内容中处于第二过渡水平。就各层次学校的学生的表现而言，三所学校在有序思考、分类讨论方面的表现均比较薄弱，学生整体的回答体现了封闭性的特点；而 B 学校有 28.9% 的学生无法做出回答，对这样的开放情境相对缺乏思考因果的能力，无法就问题情境对"怎样安排比较合适"做出解释（具体可参见表 4-10）。

表 4-10 "建模语言"中的学生代数推理能力发展水平

|  | 测试题 14 ||||
|---|---|---|---|---|
|  | 实践性推理发展水平 ||| 总占比/% |
|  | A | B | C |  |
| 前结构 | 7.7 | 28.9 | 0 | 13.0 |
| 单点结构 | 2.6 | 1.2 | 1.2 | 1.4 |
| 过渡 1 | — ||||
| 多点结构 | 2.6 | 6.0 | 3.5 | 4.3 |
| 过渡 2 | 76.9 | 56.6 | 70.6 | 66.2 |
| 关联结构 | 2.6 | 1.2 | 1.2 | 1.4 |
| 过渡 3 | 5.1 | 6.0 | 11.8 | 8.2 |
| 抽象扩展结构 | 2.6 | 0 | 11.8 | 5.3 |

具体来看，测试题 14 选自三年级的内容，提供了这样的情境"从农场运苹果到仓库储存，有一辆载重 2 吨的小货车、一辆载重 3 吨的大货车可以租用"，学生需要解决的问题是"如果运 13 吨苹果、11 吨苹果，怎样安排运输比较合适？"，此外学生还需补充考虑哪些因素可帮助进一步做出合适的安排。从学生的回答可见，大多数学生还是能够就"安排合适"做出自己的说明，如"装满不浪费""运的次数要少""大货车载重比小货车多，多安排大货车"等。但是，从第二过渡水平中学生的回答来看，学生在确定"合适"标准后，就直接给出了一种方案，而未可能就多种方案依次呈现，再以确定的"合适"标准进行筛选。比如，根据"装满不浪费"这一标准，许多学生直接给出"2×5 + 3 = 13 吨"或"13÷2 = 5 辆……3 吨"这样的计算，以给出"如果运 13 吨苹

果，安排5辆小货车、1辆大货车"的结论。但是，实际上，通过按顺序列举可见，若要满足"装满"这一要求，运13吨苹果既可以安排5辆小货车、1辆大货车，也可以安排2辆小货车、3辆大货车。处于第二过渡水平的学生，在分析"运11吨苹果"时表现为同样的解释过程。由此表现可知，大部分六年级学生在"建模语言"中的回答可能仅符合低学段的要求，完成了对问题的计算而非分析任务。

从表4-10中的第三过渡水平和抽象扩展水平情况来看，结合学生在前两个问题中的作答反应可推测，或许正是因为学生未能列举出所有的安排情况，所以，学生即使给出了新的考虑因素，也未能进一步做出解释。而在建模活动中综合考虑多个因素方面，C学校有约11.8%的学生能够基于前一个依据给出多种方案，并找到另一个依据作为判断是否合适的依据，如大多数学生最开始都会考虑到"装满不浪费"这一需求，而这部分学生在符合"装满"的两种方案中，还会基于"运的次数少"进一步推断"运13吨苹果安排2辆小货车、3辆大货车会更合适"。此外，C学校有11.8%的学生还能将实际情境中隐藏的相关因素考虑进来，如车速、租金、耗油量等，相比其他两个学校，C学校学生思考的开放性要更好，A学校和B学校的回答更多围绕"装满""租金"这两个需求。

# 第五章 研究结论与讨论

从上述调查结果来看，虽然学生对于"用字母表示数""简易方程""正比例和反比例"等这样的内容有所认识，但是在了解、掌握和运用过程中，仍主要停留在作为数学知识的价值上。小学数学是进入数学学习的基础性阶段，同时也会成为探究数学知识的萌芽阶段，所以，如何理解算术活动对代数推理的帮助，如何充分利用现有的数学课程资源，如何从学生的学习心理特征出发，为小学生代数推理能力的发展做准备，是本章主要探讨的内容。

## 第一节 研究结论

通过上述对问卷调查数据的分析与比较，以及结合"早期代数"具体内容的分析与比较，我们可以概括出以下三点结论。

### 一、小学生代数推理发展水平以多点结构、多点至关联结构的过渡水平为主

结合上述各早期代数内容中的分析来看，六年级学生代数推理的发展水平以多点结构、多点至关联结构的过渡水平为主。因此，对于大多数小学生而言，可推测他们的代数推理能力处于该水平及以下，而且在推理过程中程序性思维会预先占据学生的推理行为。譬如，在"广义算术"和"函数思维"的创造性推理中，若是观察数或图形之间的联系，学生会习惯于做出比较性的描述，得到一个确切的数值结果；而在观察算式间的联系时，对算式本身的结构关注较少，首先会从结果入手完成比较，所以能够准确地用字母表示规律的学生并不多。在"广义算术"和"函数思维"的分析性推理中，学生解决问题以结果导向为主，能够使用确定的或类似的计算程序或解题策略以解决问题，但对数学知识灵活运用的程度不高。在"建模语言"的实践性推理中，学生所表现出来的规划能力较弱，虽然能够理解题意并提出假设，但在执行关系时仍将其作为一个简单的应用题完成计算这一步骤。

此外，在对小学生的作答反应进行分析时，关注到了学生的实际回答并非完全与

SOLO 分类理论中的几个结构水平表现相吻合，他们在有些问题设置中还会表现为低一级水平向高一级水平的过渡。比如，多点结构向关联结构水平的过渡，学生在创造性推理过程中表现为能够从具体实例中说明观察对象的有关特征，但举证或解释逻辑不清，条理性需要提升；又如，分析性推理在这一过渡水平表现为能够整理问题中的量与量之间的关系，但结构意识薄弱，学生常用逆运算在关系的互相嵌套中完成拆解等。而为了帮助小学生增强代数推理能力，或许教师在教学中可以从学生这些已具备的经验入手，提供相应的变式题，开始引导学生关系性思维的培养。

## 二、小学生的代数推理实施有待规范

创造性推理是小学阶段代数推理中常有的推理方式。结合六年级学生在测试问卷中的作答情况而言，大多数学生在探索发现关系或规律时，能够有意识地展开创造性推理，自己举例来说明数学对象的相关特征，但是，在举证的异质性和丰富性上有所欠缺，观察的是单个对象的结果而非内在关系，这或许也是学生在每一阶段学习中未能意识到的问题。比如，测试题 2 中，学生在举例说明"两个奇数的和总是为偶数"时，有的学生举例"$1+3$，$1+5$，$1+7$"，有的学生举例"$1+1$，$3+3$，$5+5$"，像这些实例其实集中反映了同一类情况，前者都是 1 与某个奇数相加，后者都是相同的两个奇数相加，而且这些奇数在数值上整体偏小。从某种程度上来说，这与创造性推理的验证环节有关。学生的举例情况反映出，他们未能尝试找出特殊情况来不断质疑归纳或类比可能发生的错误。再如，测试题 3 中，有一部分学生在观察题中所给的两组实例后，仅对每组算式中的得数相同这一特征进行了描述，即使他们能够完成举例这一操作，但就字母表示规律的情况而言，他们未能发现观察对象之间的内部联系。测试题 13 同样如此，许多学生就问题中呈现的人数分别为 4、6、8 以确认在给定的图形模式中人数不可能为奇数，而未能进一步就图形的排列特征予以说明。以此看来，学生在创造性推理的比较与分析环节不够充分，表现为对数学对象进行观察的角度不够全面和深入，更多的是就观察的数学对象做出直觉反应，缺乏一定的数学思考。

相比之下，分析性推理和实践性推理减少了学生直觉参与的成分，对知识之间联系的把握在这里起到更重要的作用。分析性推理是由某个数学命题推断另一个数学命题的过程，小学生在分析性推理中基本无法用到准确的数学语言进行说理。虽然在小学阶段无须强求学生在推理形式上达到较高的要求，但是，在影响学生理解数学知识本质的某些用词上需要帮助学生进行修正或补充。比如，在测试题 5 中，虽然一些学生能够描述右边的某个数比左边的某个数大，所以左边括号中的数与右边括号中的数有什么关系，但是在保持等式的平衡与等式两边的运算上没有提及，就无法让学生真正意识到是根据什么来做出判断的。而在实践性推理中，如前面第一点所述，事先有序地做出规划是下一步执行关系的前提，尽可能地基于模型列出所有方案，才能针对提出的假设进行检验。

### 三、抽象的代数概念影响学生代数推理的展开

分析比较各层次学校学生的代数推理表现，将他们的错误回答或差异反应整合起来发现，学生在早期代数内容中主要面临以下困难：不能熟练地从等价关系理解等号意义、无法将文字语言与结构语言进行转化、无法理解字母的变量概念和代数式的整体性、难以适应运算对象的抽象性、缺少对函数中连续的一一对应关系的认识等。

具体来看，前两个难点在于学生在算术学习中形成了逆向思维的习惯，而且急于求出结果，便会选用相对熟悉的计算技能完成作答。实际上，虽然多数学生在简单地按规则计算或求解单个未知数时都能正确作答，但在涉及两个未知数或稍复杂的数量关系类的应用题时，正确率下降，并且随之而来的是计算上的失误开始增加。而在这样的问题中，也有一些学生能够借助直观的符号帮助理解等价关系、集中各个数量间的关系，如"="的意义最开始表示两个数的大小相等，学生从两个数相等出发，反过来理解与这两个数对应的式子相等。再比如，用线段图来整理相关数量的关系，这样一来就可能避免了文字语言对数学结构形成的干扰。

第三个难点与教材内容中的"用字母表示数"有关，学生对字母表示特定的数或某一类数是比较清楚的，对代数式表示某一种规则也比较容易接受，但是无法将字母理解为一组相关变量中的一个量，或将代数式理解成随某个量变化的另一个量，教材在体现字母与形成的代数式的关系上可能把学生的注意力留在了概括功能。

最后的两个难点反映出学生在"函数思维"中的障碍，一方面，代数带来了运算对象的扩充，与以往的运算不同，参与运算的对象不只是有一个确定的数，还可以是字母或代数式等，用以表示某一类数的集合，蕴含着与整数集合的关系；另一方面，谈及变化，学生容易比较同类量在数量上的增减关系，体现了单向线性思考的特征，而在函数思维中，两个相关联的量同时变化且一一对应，拓展了学生对量的注意范围，认识到函数不是简单的一个一个的算术应用题。

## 第二节　研究讨论

本节将基于上述研究结论，并结合"早期代数"的具体内容与代数推理的不同类型，来探讨小学数学代数推理教学的基本理念和具体落实这两个问题。

### 一、小学数学代数推理教学的基本理念

"数与代数"在小学阶段的数学学习中，相较于其他内容领域的分布比重来看，是重要的组成部分，也是教师极为重视的学习内容，这里教会了学生从生活现实中直观地感受数量的多少，认识了数字符号背后的意义，也学会了数的运算，感受着加减乘除计

算背后数量的层层变化。但是,似乎并未真正地教会学生如何理解数与数之间的关系。在此,我们将主要仅就代数与算术的区别与联系,来进一步阐述小学数学代数推理教学的基本理念。

(一)事实与意义:紧抓代数推理教学的基础性

在已完成的调查分析中发现,无论是教师还是学生更多注重事实性知识和程序性知识的理解与运用。反映在算术与代数的关系上,相比从众多算式或应用题中找出最终的答案,其实更重要的是发现稳定不变的关系规律。从代数推理着眼于关系的分析来看,这些知识并非无关紧要,而是应该紧抓学生对事实性知识和程序性知识的理解,进一步引导学生对概念性知识和反思性知识的探求。

在概念性知识上,教师应当引导学生理解代数是有关数量关系的知识,即便我们从对现实生活中事物数量的认识抽象到数的认识,每一个数的背后反映的仍是一个事物数量的集合。所以,为了帮助学生进一步体会代数的集合意义,在考虑数与数之间的关系时,应该向学生提供实际的动手操作活动,回归对事物数量进行分类的初体验,因为意义的获得始终离不开具体的事实。而在这样的分类过程中,学生可以切实地体会到,每一个数都可以有不同的划分方式,而分类得出的数量集合仍代表一个数,从而获得数与数之间的关系。比如,在对 5 个小积木进行分类时,可以把 4 个小积木放在左边,1 个小积木放在右边;也可以把 1 个小积木放在左边,4 个小积木放在右边。不管怎样摆放,划分的总体数量始终未变,这样的呈现也就对应了 $4+1=1+4$ 的加法交换律。至于整数、分数还是小数,都是有关数量的表示方式,均满足这样的关系。而且,这也解释了为什么学生列方程解决实际问题要比采用算术方法更简易,方程的使用排除了情境意义的干扰,还是回到了对数的处理上。所以,从这一点来看,在反思性知识上,教师所注重的学生学习体验和感受的自然生成,仍然离不开学生的直接经验。

(二)个别与一般:体会代数推理教学的过程性

相比解决问题,更重要的是问题解决过程。虽然这些算式或应用题,总会有相应的运算规则或解题策略可以解决,但是,随着运算对象逐渐增加,数量关系逐步复杂,代数所表现出来的通性通法,能够将学生的数学思维,乃至一般思维引向对事物本质的探寻,使其学会透过现象看本质。

对于小学生而言,从个别事物到一般关系的发现,少不了扎扎实实的"看"与"做"。所以,代数推理教学的一个重要特征就是过程性。《义务教育数学课程标准(2011 年版)》也明确指出,"认真听讲、积极思考、动手实践、自主探索、合作交流等,都是学习数学的重要方式。学生应当有足够的时间和空间经历观察、实验、猜测、计算、推理、验证等活动过程。"所以,教师在代数推理的教学过程中,既要以明确的活动指导学生从直接经验中获得认识,又要弱化学生对算术结果的关注程度,充分给予他们展开分析与比较、联系与想象的机会，鼓励学生主动表达自己的认识和想法。再有，代数推理的核心是一般化，在小学阶段，学生与代数推理的接触主要是创造性推理活动，在这样的活动中，相比让学生进行观察，更希望教师主张学生先展开具体操作，如计算、画图、写算式等等，从而避免他们成为"旁观者"，不能深入地就看见的现象做出解释。代数推理教学的过程应该像数学知识的发生、发展过程一样，教师需要摒弃对已知命题完全成立的认识，能够学会站在学生的角度，在逐步完成探索后，保持对探索关系的质疑，进一步进行检验与证明，我们不是为了达到知识传授的准确性，而是追求学生思维的丰富，培养学生探索知识的创造性与严谨性。

（三）程序与关系：注重代数推理教学的结构性

代数推理作为学生数学素养的一部分，与算术中的方方面面紧密联系，注重代数推理教学的结构性，是为了更好地引导学生知道从哪里来，接下来要往哪里去。通过研究课程标准和教材发现，"数与代数"内容在不同年级的呈现中均强调了学生运算技能的熟练，教师也常在日常教学中耗费较多的时间和精力，为学生布置了每日练习、每周练习的口算、笔算，即使在低年级呈现了求解未知数的问题情境让学生列式计算，最终的目的也多指向通过计算获得答案与再检验。而且，从教师教学实践结果来看，如果低年级教师对代数内容不了解，失去了在低年级渗透代数思维的契机，那么教师不管是对当前出现的，还是以后出现的知识进行理解时，均是片面的和割裂的。

所以，从上述现象来看，代数推理作为推断某一数学对象的关系或结构的思维操作过程，在学生完成了这么多的算术活动后，不应把过多的注意力放在对学生计算技能的来回反复训练上。要知道，代数推理中的等价关系和变化关系，较之直观程序式的计算活动，对学生而言这样的知识处于缄默状态，学生暂且不能用语言进行有条理的逻辑说明，也不能较好地在不同的概念间进行迁移应用。那么，教师的教学要有主动性，能够在进入课堂教学之前，整体梳理数学知识的逻辑主线，明确某一知识的前后联系；再者，在学生专注知识与技能的训练时，教师要关心学生的心理表征与过程，引导学生亲历数学思考的过程，并通过自己的解释使缄默知识可见，形成自己的知识网络。

## 二、小学数学代数推理教学的实施建议

代数推理的价值在于帮助学生学会从关系出发得到解决问题的路径，它表现为一种连贯性和联系性的思维方式。所以，小学阶段代数推理的教学需要帮助学生保持对数与数、数量与数量之间的关联意识，为他们选择合适的学习活动，尽可能地探讨多样程序操作与整体概念形成之间联系的发生。而要做到这一点，就离不开教师对自身专业化教学发展的努力，以及对学生学习心理特征的明晰，并创设有意义的教学活动。

（一）基于教材分析，发展教师专业化教学

做好教材分析，是发展教师专业化教学的重要基础。从前面对教材的分析和对教师教学认识的分析可知，一方面，代数推理内容在教材中的分布虽然体现了阶段性和层次性，但在某一知识内容结构水平的整体理解上，教材并未集中呈现，这就需要教师为学生提供前后的知识信息，突破学段界限，以把握学习的起点和发展方向，而有些教师暂时无法做到此点；另一方面，教师对代数推理的解读，仍停留于概念性知识和程序性知识层面，即使可能面对的是代数推理教学的素材资源，但尚未实现对代数推理意义的认识与关注。所以，教材分析，可以促进教师在教学前扎实完成对核心知识概念的学习，从而为实际教学开展中对学生思考的关注提供更多的空间。

首先，要明确知识要素，确定教材分析框架。分析教材是教师准备教学的必经之路，但是能够从关注教学主题内容出发，确定知识要素以完成教材分析与评估的并不多。以代数推理来说，它既包含对代数知识类型的判断，也包含对推理方式和水平要求的判断，那么，教师对代数推理内容的分析可从这两部分出发，并通过比较练习题设计的区别和联系，调节学生的学习活动，巩固和提升学习能力。倘若教师仅以通读教材的方式了解每一个题的知识内容和题目类型，那么他对代数推理的看法和选择的教学方式将是孤立的。

其次，要关注代数推理各类知识的前后联系。在整理知识结构时，教师既要关注课时知识的安排，把握单元主题内各课时的知识关联，也要关注学段知识的组织，可对学生学习的起点有所预测，为此后的学习进程做铺垫。代数推理作为初中阶段起比较受重视的一个概念，在小学数学教材中或许找不到明显的教学落脚点，教师不妨自主学习代数推理相关的内容概念，理解知识本质后，再对小学数学代数推理的教学内容进行整理，确定基本方法和思想。

最后，要解读教材组织设计代数推理活动的意图。条条大路通罗马，在解读教材对代数推理活动的安排时，有助于教师迅速理解意图的方式应是尽可能多地分析、比较不同版本的小学数学教材。在比较同一知识的不同设计中，教师可在保持学习目标统一的情况下寻求更好的知识呈现方式，以对所使用教材的组织安排进行调整，这体现了教师在教学过程中的学习性和探究性。而且，这些多样化的选择，比较容易暴露不同教材在知识组织安排中所围绕的冲突点，这亦是教师在设计教学活动时应当注意的教学重点或难点。

（二）透过学情分析，着眼学生素养生长

如果说教材分析是教师推进教学的助燃剂，那么学情分析就是对教材分析的反馈与补充，其所获知的学生心理发展特点、认知发展水平、学习风格和学习方式等将影响教学活动的选择。透过学情分析可以基本掌握学生已有的学习经验，不管是达到还是未达到引出新知识学习的契机，这一点都可作为教师如何导入教学的依据，或是作为帮助学生查缺补漏的依据，以引导学生更好地适应新的教学内容。

首先，要选择适当的认知发展理论以指导对学生学习心理的分析。代数推理作为一种思维方式，需要教师从学科核心素养的角度，科学化和合理化地对学生的思考过程进行分析，在认知发展理论的阶段要求下，教师可以通过元认知指导更好地反思教学经验，兼具科学性和针对性。根据皮亚杰的认知发展理论可知，小学生在前后两个学段分别相当于处在具体运算阶段和向形式运算阶段的过渡阶段，所以，第二学段是主要的引导学生接受代数推理的契机，《义务教育数学课程标准（2011年版）》中"代数推理"的目标定位和内容标准均体现了这一特征。不管是抽象的代数概念，还是有逻辑的推断过程，小学生在知识理解和思想操作上都有一定的难度。而面对这些抽象的代数概念，杜宾斯基则以"活动——程序——对象——图示"表达学生思考由操作向关系的凝聚过程，反映出教师在教学中要做的或许不仅仅是传授这些知识，而且提醒教师自身如何站在这些代数概念本质的角度，考虑将概念呈现为符合学生现有经验水平的数学活动，并能对学生可能产生的低层次的思考表现有所包容。

其次，以预测代替预习，激发学生思考的积极性。代数推理教学的目的是发展学生的代数推理能力，在"数与代数"中彰显对关系规律的探索发现意识。那么，基于代数推理教学中激发学生问题意识的需要，预测比预习的效果或许更为理想。一般而言，若让学生自行预习下一知识内容，他们基本能够通过教材呈现和家长帮助完成练习，而通过这一渠道获取的学情分析，可能仅限于了解他们对知识点的掌握情况，而且在已经对所学知识有所了解的情况下，学生的探究需求会有所降低。所以，为了帮助学生能够自主地建立起知识结构，学情分析的目的首先是了解学生学习的起点，通过设计一些有层次性的过渡问题让学生进行回答，可以事先完成课前回顾，也可以反映学生在未经教学的情况下，由已知知识理解未知知识时可能遇到的困难有哪些。

最后，密切关注学生在代数推理中的语言表达。一是重视学生语言表达的规范性，在分析小学生的代数推理表现时发现，他们在创造性推理中，举证的异质性和丰富性上有所欠缺，验证意识不足，分析性推理和实践性推理的理由叙述不完整。归根结底，语言表达的规范性首先取决于对推理方式的了解，教师应当重视学生的模仿能力，在对语言表达的"节奏"有一定的感觉后，学生能够根据结论推导的实际需求做出相应的表达。二是鼓励学生语言表达的开放性，抽象的代数概念在代数推理是实实在在存在的，相比强调学生学会用字母表示关系，以具体实例说明关系可以避免双重抽象对学生理解的阻碍，数字式、讲故事、画图等皆应鼓励采取。三是提倡学生之间语言表达的互动性，学情分析不仅是教师的教学任务，而且它还可以作为隐藏的学习任务，潜移默化地影响学生对代数推理思维活动的学习，学生之间不同的思考总会引发"我怎么没有想到呢！""我不赞同他的想法，应该……""我赞同他的想法，……会更好"等智慧。代数推理就是需要这样的互动，在静态呈现的实例或知识点里找到环环相扣的联系。

## （三）具体把握学理，创设有意义的教学活动

教材分析和学情分析是构成教师把握学理的两个部分，有意义的教学活动的创设，既要尊重知识的逻辑，也要适切学生的认知特点。下面将从早期代数"广义算术""函数思维"和"建模语言"三方面的具体内容出发，并结合学生的测试表现来探讨小学数学教师如何创设有意义的教学活动。

### 1. "广义算术"中的教学活动建议

广义算术体现了学生经由孤立地认识数、数量，发展至识别数与数之间、数量与数量之间关系的过程，所以，在由算术向代数过渡，正式展开有关等价关系的推理之前，实际的体验数字的活动将有助于学生感受局部与整体的联系。

#### （1）拓宽学生对数字模式的体验

由教材分析可知，教材从低年级起就蕴含了多样的数字模式，但是，在教学实践中，教师并不能很好地挖掘其背后所蕴含的代数推理的价值，或者认为这样的代数概念对于低年级学生来说仍是难以想象的，于是，他们仍将其作为训练学生计算技能的一个练习活动。从测试问卷的问题1和问题5的学生表现来看，两个问题中分别呈现的百数表与含未知数的等式，在低年级的"100以内数的认识"及"10以内的加法"中就已存在。但是，学生的实际回答表现为，在百数表中能够简单分析两个数之间的比较型关系（多少或倍比），在含有未知数的等式中能够准确完成逆运算，可是一旦需要呈现三个数或四个数之间的关系，以及根据等式结构完成未知数的求解时，表现为关联结构水平的学生数量却有所下降。由此反映出教师对数字模式的利用尚不到位。为了尽可能地帮助学生感知符合等价关系的数字符号与运算符号的组合结构，教师可考虑对不同数字模式的充分应用，以结合学生的手、眼、脑三者的活动，通过具体经验为学生留下不同的心理意象。[①]

首先，学生进行"分与合"的学习是建立数字组合之间联系的第一步，教材是通过对实际物体或图形的不断分类来认识数量集合的，分列式或小火车的形式是将物体分类后对应的数字组合进行呈现。其次，在教学活动中要帮助学生充分把握10以内数的加法和减法中的数字事实。虽然教材中常以图示情境的方式展示加法或减法的意义，但由此所产生的"="的意义却更加倾向于运算结果这一解释。比如，"花园里有3个人，又来了2个人，3人和2人，合起来是5人"。其实，像"合起来是5"这样的情境解释还有很多。由此带来的另一个问题是学生无法将与5有关的所有加法算式集中起来进行观察。对此，在了解10以内数的加法和减法的数字事实中，一方面，正如史宁中教授谈及小学数学核心素养的培养时所说，清楚地向学生体现等号的相等意义是重要的一部分。我们知道，教材上首先呈现的是有关两种事物数量上的一一对应来认定相等关系，那么

---

[①] 朱莉娅·安吉莱瑞. 如何培养学生的数感[M]. 徐文彬, 译. 北京：北京师范大学出版社, 2007: 1-13.

当引入大于或小于的概念时，还可进一步提问学生"怎样才能让它们相等?"，而这去多补少或移多补少的过程，就是学生对利用运算符号保持等号两边平衡的初步体验。另一方面，在一开始要加强体验数字模式情境的一致性，在获知所有的数字组合形式后再提供变式问题，以把握不同情境意义之下数字语句的稳定性，突出数量的集合意义。此外也可以交由学生完成对数字语句的情境设想，这样一来，"3 + 2 = 5"就不仅可以如上面所述，体现的是运算结果的意义，而且像"妹妹手里有 3 颗糖，姐姐手里有 5 颗糖，再给妹妹 2 颗糖，他们的糖就一样多了"，便联系了学生对等号的相等关系的认识。

上述是有关 10 以内数的加法或减法数字事实的掌握，对于乘法或除法而言同样适用。其实，所有的数字事实都要以加法为理解的基础，从加法到乘法，只是在物体数量分类中，小的集合越来越多，每个小集合之间的数量确保相等，在完成对"几个几相加"的加法意义与乘法意义的转换学习后，还需要回过头来进一步组织学生对单个数的不同认识。比如，数字 6，还可以表示为 1 + 5、2 + 4、3 + 3、4 + 2、5 + 1、3 × 2、2 × 3、7 − 1 等等；随着运算符号的丰富，学生对数字模式的了解也应不断获得扩充。总的来说，掌握 10 以内的数字事实，是为了以此为原型，帮助学生更好地在较大一些数字的运算中，找到划分关系，这就与拆分凑整联系了起来。比如，9 + 5 = 9 + 1 + 4、19 + 5 = 19 + 1 + 4 等，学生能够把已知的数字事实用于对新的计算的探究，而对于十、百、千的数之间的关系则结合了计数单位的学习完成下一步的解释。比如，教材中所呈现的"2 + 3 = 5，20 + 30 = 50"或"2 × 3 = 6，20 × 30 = 600"等。

（2）联结书面记录，展示思考过程

基于对数字模式的分析可知，学生在大量的计算学习中积累了许多的数字事实，那么，在学生完成体验后，相较于让学生对新的计算进行口头表达，形成书面记录可以培养学生对关系结构的感觉。[①]由对象符号和运算符号组成的关系结构作为数学学科特有的语言方式，应该让学生习惯于如何在描述性的语言与结构性的语言之间进行转化，这对学生在文字题或应用题中读懂题意列出算式也是十分必要的。

首先，低年级刚接触"分与合"及较小数字的计算时，就有一些体现了式子与计算结果的连线题，在这里，就需要教师能够让学生将反映同一结果的算式归纳在一起，引导学生理解数与式、式与数、式与式之间的相等关系。而在教材中有的练习已经用到了类比呈现的方式。比如，"9 + 2 = ?，9 + 3 = ?，9 + 4 = ? …""10 − 2 = ?，10 − 3 = ?，10 − 4 = ? …"在这样的问题中，教师除了让学生完成基本的计算，还应该允许学生对前后的算式进行比较，基于计算的事实，从结果的不相等，来分析算式中每一局部的变化。比较是为了帮助学生在这么多的计算中充分挖掘隐藏其中的数与数之间的联系；而为了保持平衡，在不同的运算符号中，处于不同位置的数所发生的变化也不同。

其次，为了让学生能够在代数推理中的运算推理中，更好地对数与数之间的关系进行应用以完成演算，教师在教学算术的时候，应该广泛地引导学生对竖式计算进行解释。

---

① 朱莉娅·安吉莱瑞. 如何培养学生的数感[M]. 徐文彬，译. 北京：北京师范大学出版社，2007：44-68.

而这样的书面记录中，横式要比竖式更能直观地解释计算的算理，而非停留于计算程序的模仿、训练。显然，教材在竖式计算到横式计算的呈现上远远还不够。比如，$14 \times 3$，竖式计算的规则更多体现了人为的规定，"相同数位对齐，用这个数分别去乘多位数每一个数位上的数，从右往左乘"，这就像一个固定的程式交由学生按部就班地完成，但在理解等价关系上实现算术推广的价值不大。根据学生在数字模式积累的经验来看，乘法的数学事实中，与数字 3 相乘的是 10 以内的数，那么，可以将 14 分解成 4 和 10、5 和 9、6 和 8、7 和 7 等，再分别与 3 相乘。学生的理解可以有很多种，这样的计算过程并非有什么不正确的地方，竖式计算的过程是结合位值关系更加突出了先凑整的便利，于是学生的理解应该呈现为 $14 \times 3 = 10 \times 3 + 4 \times 3$，这样的书面记录不仅仅是完成计算，而且是将计算作为理解等价关系的过程，从数字模式上的转变加深对算理的认识。

此外，在"基于量的推理"中，不管是用算术方法还是代数方法完成问题解决，整理数量关系始终是必须经历书面记录的一个环节。从算术意义来说，其所展开的每一步计算都需完成对情境意义的解释，这在日常教学中学生常常被要求说明"先算……再算……"，但是，学生对数量关系的注意力往往不能持续下去，而在文字语言的描述和运算符号之间的转化过程中，有时还面临不一致的障碍，再加上逆运算对运算符号的再次改变，往往成为学生容易出现计算错误的地方。所以，教师在教学这类问题时，首先应该引导学生对问题情境中数学信息进行分析，然后，可以要求学生就获得的数学信息寻找相等的量，并按照数学结构的方式列式表达。比如，低年级教材设置的求解未知加数的问题，"盒子里有 8 个苹果，再放几个是 10 个？"在这一问题中的数学信息有"已放入盒子里的苹果数量""需要再放入盒子里的苹果数量""一盒苹果的总数量"。那么，按照文字语言的描述方式，确定的等量关系应该是"已放入盒子里的苹果数量＋需要再放入盒子里的苹果数量 ＝ 一盒苹果的总数量"。当然，对于低年级学生而言，主要应重视他们对等量关系间的口头解释，这里希望的是无论哪一学段的学生，都能先按照题目的叙述方式整理信息，出现未知量，可以选择引用图形符号进行替代。在这里，列出的算式是"$8 + (\ \ ) = 10$"，然后可通过加法与减法的联系，完成算术方法的解答，用 10 减去 8。上述算术活动的呈现，更重要的是为代数推理中方程的使用做准备，虽然在简单的数量关系中，学生可以在脑中完成"想象"。可是，正如测试题 7 一样，一旦数量关系复杂起来，学生在面对不同级运算的数量关系时，求解未知量的逆运算顺序容易出现错误。相较之下，用数学结构整理数量关系，学生仍然可以回到最初使用符号进行替代的方式，而这时，学生在学习方程后，可避免情境意义的干扰，可直接用已知的数字事实以一般的结构化方法对方程两边施行对称操作，求解未知数。

（3）聚焦等价关系，实现自然过渡

理解等价关系少不了"="的出现。基于对数量的分类可知，算术的对象包括数和式子，那么，代数中的等价关系应该可以表示成数与式的等价、式与数的等价、式与式的等价三种形式（因为数与数的等价，相当于数与数之间直接比较大小，所以，在代数情况下，可以不做考虑）。如果对算术的程序性思维特点有所了解，就能了解数与式、式与式的等价形式对于理解"="的等价意义来说有多么重要。一方面,是因为学生在算术学习中,也能看到"式 = 数"的形式,但这里的"="表示从左往右计算结果;另一方面,在真正进入代数知识后,若式子中出现未知数,是需要将未知数当作已知的来看待的,而式子是无法从左到右完成计算给出准确的数值结果的。所以,数与式、式与式的等价形式是为了能够扭转学生从左往右的计算习惯,真正从"="结构中看到两边的相等关系,教师应该从数字模式的体验开始强化学生的分析归纳能力。

从学生测试中可反映出来,目前学生在求解未知数时,习惯于尝试代入某个数,看能否使等号两边结果相等,而非真正理解"未知数"的意义,并将其看作已知的数一般参与运算。所以,在面对教材中像"5+( ) = 8""5+5 = 2+( )""4+( ) = 5+( )"这样的练习时,教师需要能够充分利用学生过往对数字模式的心理意象,并引导学生完成"="结构的表达。而在判断式子与数、式子与式子间的大小关系时,教师亦可进一步向学生提问如何进行改变才能添加"=",这是为了将等价关系的表达,在学生的实际操作体验中完成,真正理解等号的添加是为了保持两边的平衡。

(4)充实探索过程,创生符号意识

前面所提出的三点建议均是有关如何为学生适应广义算术中代数推理的关系性思维,而提出的教学实施建议,而这里所强调的"充实探索过程,创生符号意识",则是对教师在代数推理教学中培养学生一般化认识的实施建议。《义务教育数学课程标准(2011年版)》中提到"符号意识主要是指能够理解并且运用符号表示数、数量关系和变化规律;知道使用符号可以进行运算和推理,得到的结论具有一般性。建立符号意识有助于学生理解符号的使用是数学表达和进行数学思考的重要形式。"[①]而从算术到代数的发展历程可知,人们由数量到数、再到代数,由简单计数到具体运算、再到抽象的运算,经历了漫长的过程。所以,小学生在代数推理的过程中,除了需要积累大量的数字事实,自觉地积淀关系意识以外,从一种数学表达进入另一种数学表达仍需激发迫切的使用需求。就这一点而言,教材在内容组织上大大压缩了学生的表达和解释的过程。

具体来看,列方程解决问题之前,学生需要先理解用字母表示数、用代数式表示数量关系,其中,教材在问题情境中选择先用具体数值完成计算,再类比引入字母,以对某个数量进行表示,然后为字母所表示的数量又"指代"具体的数字,提问求解另一个数量的值。根据学生的思维特征可知,这样的方式仅限于向学生传达字母符号对数量的表征作用,认为代数式体现的是运算过程,而他们对字母在等量关系中的应用是无法理解的,无法将代数式理解为一个完整的对象。所以,"基于量的推理"中,学生列方程解决问题时,表现为不知假设是为了什么,还未理清数量关系就给出假设,或者习惯性地用算术问题的解决方法来思考问题,旨向获得问题的确定的数值结果。

总的来说,教师在问题情境中引入字母表示时,可考虑将其分为三个阶段进行渗透。以教材内容为例,"甲乙两地之间的公路长 280 千米,一辆汽车从甲地开往乙地,

---

① 中华人民共和国教育部. 义务教育数学课程标准(2011年版)[M]. 北京:北京师范大学出版社,2012: 3-6.

已经行驶了一段距离，剩下多少千米？"第一阶段，设置与未知量有关的情境问题，引导学生学会用字母表示无法确定的数。首先，向学生展示情境"一辆汽车从甲地开往乙地，已经行驶了一段距离"，让学生想办法汇报一下目前的行驶情况，学生可能产生的回答有"已经行驶了 $a$ 千米""还剩下 $b$ 千米"；其次，向学生提供信息"甲乙两地之间的公路长 280 千米"，要求学生再次汇报行驶情况，学生可能产生的回答有"已经行驶了 $a$ 千米""还剩下 $280-a$ 千米"。经由上述两个表达过程，从字母到含字母的式子，希望学生能够意识到，代数式所指代的始终是一个完整的对象。第二阶段，基于学生给出的"$280-a$"，教师需要进一步向学生提问"从这个式子能够发现什么"，提问可以帮助学生理清这样表达的依据，明确代数式表示的数量关系，不仅 $(280-a)$ 表示剩下未行驶的路程，而且还反映出"总路程－已经行驶的路程＝剩下路程"的关系，并且在这样的关系下，学生能够尝试对剩下路程的数值范围进行判断。第三阶段，需要教师呈现代数式，通过让学生参与情境的补充，引导学生意识到同一代数式可表示多样化的数量关系，而"一对多"的解释方式，正是完成对数量关系相似性的判断，实现对一般化数学模型的聚焦。这也能够让学生体会到符号在数学表达中的简洁、明了的特征，有利于学生在解决实际问题时自然地考虑到对方程的使用。

**2. "函数思维"中的教学活动建议**

相较于广义算术，以函数思维内容为代表的代数推理活动在小学数学中明显较少，但是，对于教师而言，并不意味着函数思维在小学数学学习中不重要。教师应当鼓励学生观察识别事物不断变化的特征，并紧密把握变化趋势中两个变量协调制约、一一对应的关系。对于小学生的单向线性思维方式来说，在"函数思维"内容中展开代数推理，是一个循序渐进、逐步深入的过程。

（1）积累计数活动，促进一般化表达

函数思维中，教材常出现的问题通常与"序列数字排列"或"序列图形排列"有关，在该内容中，教材的呈现方式简洁、直观，任务要求是让学生继续求解下一项，最多要求学生求解至后面的两三项，这样一来，学生首先获得的是对某一数量连续变化的认知，但是，只停留于这样的学习活动，会导致学生继续依赖程序性思维完成这样的函数问题。由测试题的结果可知，许多学生在分析前后数字或图形的联系时，仅停留在"后一个比前一个多几"的认识上。而为了能够帮助学生进一步获得一般化的认识，需要认识到项与位置的关系，乃至推导位置与项的关系，教师需要设计让学生计算较大项的值的教学活动。如果学生继续按照递加的方式进行计算，就会发现，越往后面，他（她）所面临的计算难度也越来越大，一旦学生面对这样的感觉上的落差，就可以让学生转而思考更有效的计算方式，而加法思维由此可向乘法思维过渡。[①]当然，这样的"思维过渡"仍取

---

[①] 朱莉娅·安吉莱瑞. 如何培养学生的数感 [M]. 徐文彬, 译. 北京：北京师范大学出版社, 2007: 1-80.

决于学生对数字模式的积累，尤其在这样的序列计数活动中，应该引导学生整体熟悉认识"1，2，3，4，5，…"这样的自然数序列。重视学生用不同的数字模式学会表达，以深入挖掘数字间的联系，如认识"3，4，5"这三个自然数，还需增加如"3，3+1，3+1+1…"到"3，3+1，3+1×2"等的表达方式，即使再面对不同的序列，学生也能模仿呈现计算过程，集中数字模式的比较。在这样的设计安排下，学生对函数思维的一一对应的过程概念也就能够有所感知，促使学生产生符号概括的需要。而在学生开始运用乘法这一运算时，还需要他们对运算中的每一对象进行解释说明，引导学生能够将关注的重点由计算的程序向数量之间的关系转变。

（2）充分利用数量关系问题，渗透变化观念

教材在解决问题策略部分中，呈现了这样的问题，问题中明确指出"每一次，后一个数量比前一个数量多（少）几，或后一个数量是前一个数量的几倍"，渗透了函数思维中的等差或等比关系。相较于前面所说的"序列数字排列"或"序列图形排列"而言，这里对程序性条件做出了清晰的说明，而为了让学生直观亲历某一数量随着另一数量的变化，教师除了要求学生完成简单的计算外，还需要学生能够将计算的数字模式和计算的结果同时填入表格。结果能够体现变化，但每一变化的说明需要不同数字模式的集中呈现，否则，对于学生而言，很难在静态的关系描述和结果中找到两个变量之间直接的关系。

而就正比例和反比例关系来说，小学阶段在安排归一问题与归总问题时，分别通过设计每份量的不变或总量的不变，让学生能够从一组数据的计算结果出发完成其他组数据的计算。但是，在这样的问题中，学生的观察对象主要是一组数据呈现的数量关系，而且数据在表中的出现多是无序的，所以，对所有数据的计算也只是在学生的脑海中获得对众多个"点"的认识。为了让学生对函数的认识经历"点"到"线"，"线"到"面"的变化，教师可以转换问题设置，以开放的提问，让学生根据一组数据的不变量，依次有序地补充一个量的值，计算另一个量的值。而当这些所有的数据集中在表格中呈现时，学生就能认识到，表格中的两个量是相关联的量，数量关系中，当每份量不变时，总量随着数量的变化而变化；或当总量不变时，数量越来越多，每份量越来越少。此后，再当学生正式进入正比例和反比例关系的学习时，教师应当充分地让学生独立解读表格数据，确定相关的两个数量以及他们之间的关系；在理解协变关系的基础上，正比例和反比例中的一一对应关系需要教师引入具体函数图像的呈现，与序列数字或图形排列所反映的离散变化规律有所不同，正比例和反比例函数是对连续变化规律的体现，图像比表格在视觉呈现上能够为学生带来无限延伸的变化效果。

**3."建模语言"中的教学活动建议**

基于我国学生参与的PISA数学素养测评结果反映，学生使用数学概念、思想、工具等来表达和解释现实情境的能力还不够，真实的现实问题加大了对学生读取数学信息的干扰程度，不管是有待厘清的可能变量因素，还是呈现问题的新的表达方式，都有可能是干扰因素。下面主要尝试从如何准备生活中的问题情境、如何选择合适的教学方式

来回应当前小学生数学模型建立的困境。

（1）淡化形式，注重实质

数学教育研究中，有许多研究者针对"淡化形式，注重实质"做了重要的讨论，他们认为，淡化形式是针对目前基础教育的数学教学中不恰当地着重形式而提出来的。淡化形式，并非不重视或取消形式。而是在基础教育的数学教学中，把注意力转向对学生思维习惯和思维品质的培养，以在真实的数学思考中体会数学知识的实质。[①] 其实，这同样适用于教师改观数学建模在代数推理教学中的认识，而数学建模是不等同于一般的应用题的。

结合教材分析来看，我们能够感受到，虽然教材中设置的应用题倾向于为学生提供真实的问题情境，但总体而言，这样的问题呈现为封闭的形式，并未成就学生积极解决问题的主动性的发挥，他们反而更集中于求出一个确定的数值结果，描述问题的各种条件往往被以机械记忆的方式留存在脑海中，并通过梳理条件获得一类算法，而且我们还发现小学阶段对应用题的分类多达十几种。而这样的方式，正如学生在测试题中所表现的那样，即使学生顺利使用公式或算法完成同样形式的应用题的解决，一旦调整了问题条件的表述方式，多数学生便无法顺利完成迁移。所以，这也是造成学生面对更加真实的生活情境时，无法主动建模的原因。从这个意义上来说，教师在代数推理教学中，需要淡化的是将每一应用题作为一种算法的存在，而要引导学生理解不同数学信息分别代表独立的部分，所有的数量关系都表现为部分向整体的靠拢。这样一来，每当学生遇到新的问题情境时，都可将问题看作一个整体，并对此展开发散性思考，搜集满足构成整体的部分要素信息。

（2）激发学生的问题意识，增强探究性

数学建模的开始，源于学生对现实情境分析之后，提出亟待解决的问题，搜集需要的信息。所以，在日常的解决问题策略的教学中，需要教师有意识地启发学生发现和提出问题，多多激发他们解决问题的责任意识。比如，教师在呈现问题情境后，可以先引导学生读取问题信息，询问学生"你能根据这些信息完成什么？"，然后提出该情境的问题，询问学生"现在的目标你会怎样实现？"鼓励学生尝试利用信息逐步完成目标。而后，教师需要引导学生学会反思解答过程的合理性，培养学生检验与说理的习惯，通过如"你是怎样完成的？""大家都是这样想的吗？"的提示语，鼓励学生相互检查与提问质疑，从而在学生之间一问一答的方式中，提醒学生忽略的问题，激励学生不断想方设法地完善自己的解决过程，而这将有利于培养学生在建模过程中的严谨态度与探究热情。

（3）转换问题形式，促进知识建构

"数学建模是一种数学知识建构的手段。"为增强学生聚焦问题、分析和组织信息的能力，教师在日常教学中还可创设开放性的问题情境，反映学生掌握不同数学知识的程

---

[①] 陈重穆，宋乃庆. 淡化形式，注重实质：兼论《九年义务教育全日制初级中学数学教学大纲》[J]. 数学教育学报，1993（02）：4-9. 郑毓信. 再谈"淡化形式，注重实质"：《淡化形式，注重实质》读后[J]. 数学通报，1994（08）：6-7. 宋乃庆，陈重穆. 再谈"淡化形式，注重实质"[J]. 数学教育学报，1996（02）：15-18.

度。比如，在学生的一次学业检测中，设计了这样的问题，"王老师带了 360 元钱准备买一些乒乓球，从售货阿姨那里了解了以下信息：①每个乒乓球 2 元，②每 4 筒装 1 盒，③12 个乒乓球装 1 筒，要计算出'一共买了多少筒乒乓球'，需要选用的信息是（ ），并完成列式解答"。在这样的思考过程中，学生开始了对数学模型的"联想"，需要根据问题辨别多余信息，组织有用的已知信息完成解答。如果可能的话，教师仍可在情境中提供多样的信息，提出几个目标问题，以此丰富学生体会知识间的联系。

# 第一部分 附录

## 附录一  小学数学课程中学生代数推理能力发展水平双向细目表

| 一级内容 | 二级内容 | 三级内容 | 单点结构水平 | 多点结构水平 | 关联结构水平 | 抽象扩展结构水平 |
|---|---|---|---|---|---|---|
| 广义算术 | 识别数与数之间的关系 | T1 | S1 | M1 | R1 | A1 |
| | 对算式结构和运算性质进行归纳和判断 | T2 | S2 | M2 | R2 | A2 |
| | | T3 | S3 | M3 | R3 | A3 |
| | 对算式进行运算和对方程进行转化和求解 | T4 | S4 | M4 | R4 | A4 |
| | 基于量的推理 | T5 | S5 | M5 | R5 | A5 |
| | | T6 | S6 | M6 | R6 | A6 |
| | | T7 | S7 | M7 | R7 | A7 |
| 函数思维 | 有规律的数字问题 | T8 | S8 | M8 | R8 | A8 |
| | 有规律的图形问题 | T9 | S9 | M9 | R9 | A9 |
| 建模语言 | | T10 | S10 | M10 | R10 | A10 |

注：表中编码对应内容如下。

**三级内容**

T1：
1. 连续自然数的运算关系；
2. 奇数、偶数的运算关系；
3. 除法、分数、比的关系（形式、分数的基本性质、比的基本性质）；
4. 互为倒数；
5. 比例的意义和基本性质。

T2：
1. 不计算，判断式子与数，或式子与式子的关系；

2. 等式与方程的关系。

T3：

1. 五个基本运算律；
2. 减法性质、除法性质；
3. 商不变的规律；
4. 积的变化规律；
5. 等式性质；
6. 其他。

T4：

1. 五个基本运算律；
2. 减法性质、除法性质；
3. 商不变的规律；
4. 积的变化规律；
5. 等式性质；
6. 比例的基本性质；
7. 其他。

T5：

1. 理解"等价关系"（数量相等，数量对等——分数、比、比例）；
2. 常见的数量关系；
3. 用含字母的式子表示数量关系

T6：

存在"一个未知数"的应用题：

1. 一步计算

（1）已知A，A比B多几（A比B少几，A是B的几倍，A是B的几分之几），求B。

（2）已知A的几分之几是多少，求A。

（3）常见数量关系（价格、路程、折扣问题等），或计算公式。

2. 两步计算

（1）已知A，A比B的几倍还多（少）几，求B。

（2）常见数量关系与其他条件，或计算公式。

（3）应用比的基本性质解决"按比例分配"问题：已知A，A与B的比，求B。

（4）已知A，B占A和B总量的百分比，求A和B总量。

（5）已知A，A比B多（少）百分之几，求B。

（6）解比例（已知A、B，B对应的C，求A对应的是多少）

A：B = x：C

3. 三步计算

已知A的每份数与份数，B的每份数（份数），A与B总数的和，求B的份数（每份数）。

T7：

存在"两个或多个未知数"的应用题：

1. 已知A与B两种事物数量搭配情况，求一个A、一个B。
2. 已知A与B的和，A与B的差，求A、B。
3. 已知A与B的和（差），A与B的倍的关系，求A、B。
4. 应用比的意义解决"按比例分配"问题：已知A与B的和（差），A与B的比（分数、百分比）的关系，求A、B。

5. 已知 A 的份数、B 的份数、A 和 B 的总量和、A 和 B 每份数的倍比关系（多少关系），求 A、B 每份数。

6. 已知 A 的每份数、B 的每份数、A 和 B 的总量和、A 和 B 的数量和，求 A、B 的份数。

T8：

1. 一序列数字（等差，等比）；

2. 一组列数字（一般规则）；

3. 正比例，反比例。

T9：

1. 一序列图形（递归变化、间隔排列、周期排列）；

2. 图形本身的变化。

T10：

在开放的实践问题情境中，能基于所学的知识、方法和生活经验，考虑不同的变量因素，对具体问题提出设计思路、制定简单的解决方案，以比较获得最优选择。

**单点结构水平**

S1：

1. 通过简单的观察或动手操作，只看到数与数的一个性质或概念特征；

2. 仅仅选择使用一个相关的具体实例说明数与数之间的关系；

3. 在熟悉的情境中通过类比发现除法、分数与比的某个特征。

S2：

1. 计算一个式子或分别计算两个式子（包含一个运算）的值，然后比较结果，以确定两个表达式的相互关系；

2. 通过简单的观察，只利用方程的其中一个特征去判断。

S3：

1. 通过简单的观察或计算，只看到具体实例中的一个特征；

2. 仅仅选择使用一个相关的具体实例说明一个算式到另一个算式的等价变形（可能结构不完整）；

3. 在熟悉的情境中通过类比发现相关对象的某个特征；

4. 在给出的算式变形中对交换律、结合律的运用给出直接判断。

S4：

1. 对算式进行运算时，套用给出的基本运算规律、减法性质、除法性质的公式以完成计算；

2. 在表格中已呈现被除数与除数、乘数与乘数的变化情况，直接填出商（余数）或积；

3. 只有一步求解方程，通过尝试填入数字、数数、回忆、逆运算等熟悉的办法对简单方程（未知数可以用"括号、图形"代替）进行求解。

S5：

1. 通过直接观察识别一个天平中物体之间的大小关系；

2. 从一一对应的方法体会数量的多少，建立"="的等量概念；

3. 在实际问题中能用字母表示数。

S6：

1. 知道简单情境（一步或两步计算）中的一个数量关系，套用一定的公式解决；

2. 在复杂情境（三步计算）中，只知道一个数量关系，给出部分回答。

S7：

仅仅知道情境中的一个数量关系，放弃尝试解决，或列出可能的答案。

S8:
1. 在一序列数字中能够通过简单的数数或读一读发现给定模式的"下一项"或某个具体项，但不能对自己的发现过程进行叙述；
2. 在一组列数字中仅仅通过一个特殊项或者性质就试图给出一般模式；
3. 仅仅从某个单一的方面去确认模式的特征。
S9:
1. 在一序列图形中能够通过观察或模仿画图发现给定模式的"下一项"或某个具体项，但不能对自己的发现过程进行叙述；
2. 在图形模式中，仅仅通过一个特殊项或者仅仅说明一个特征就试图给出一般模式。
S10:
将实践问题情境与数学内容建立一定的联系，但往往关注的是问题中的某一个信息点，选择比较直观、简洁的方法解决问题。

**多点结构水平**

M1:
1. 看到数与数的两个或以上的性质或概念特征，但不能将各种特征相互联系；
2. 尝试多选几个相关的具体实例说明数与数之间的关系，但表现为"同质举例"的特点；
3. 在熟悉的情境中通过类比发现除法、分数与比的多个特征；
4. 看图写出两个大小相等的分数，或通过在直线上标点判断两个大小相等的分数；
5. 从一些分数中指出最简分数；
6. 用比例的意义判断两个比是否能组成比例；
7. 从形式上填写互为倒数的两个数，或从一些数中指出互为倒数的两个数。
M2:
1. 分别计算两个式子（包含一个运算，但处理的是大数；包含两个或以上运算）的值，然后比较结果，以确定两个表达式的相互关系；
2. 利用方程的几个特征去判断，但不能将方程与等式相互联系。
M3:
1. 发现具体实例中的两个或以上特征，但不能将各种特征相互联系；
2. 会尝试多选几个相关的具体实例说明一个算式到另一个算式的等价变形，但表现为"同质举例"的特点（可能结构不完整）；
3. 在熟悉的情境中通过类比发现相关对象的多个特征；
4. 在给出的算式变形中对交换律和结合律的综合运用、分配律的运用给出直接判断。
M4:
1. 提供一个给定的运算要求，补充完整算式，或进行简便计算；
2. 根据商不变规律或积的变化规律直接写出算式得数；或根据每组给出的第一个算式，经比较直接写出其他算式的商（余数）或积；
3. 两步或以上求解方程，先计算一部分，然后通过尝试填入数字、数数、回忆、逆运算等熟悉的办法对简单方程（未知数可以用"括号、图形"代替）进行求解。
M5:
1. 通过直接观察识别两个或以上天平中物体之间的大小关系；
2. 从部分与部分对应的方法体会数量的多少，建立"="的等量概念；
3. 在实际问题中能用含字母的式子表示数量关系或学过的计算公式，了解含字母的式子的实际意义，并代入值求结果；

4. 根据比例的意义判断具体情境中相关数量的比能否组成比例；

M6：

1. 知道简单情境（两步计算）中的复合数量关系，但只能分别孤立地对简单关系进行理解，尝试给出解答；

2. 在复杂情境（三步计算）中，孤立地发现两个或以上的数量关系，但只能依次对每个数量关系尝试给出解答。

M7：

知道情境中的两个或以上的数量关系，或放弃尝试解决，或解答部分问题；套用解决问题的方法。

1. 在两种事物搭配的问题中，采用直观图示的方式，根据情境中的数量关系，依次完成操作，进行计算；

2. 在和差问题、和倍（差倍）问题、按比例分配问题中，孤立地发现两个数量关系，可能尝试依次就数量关系给出解答；

3. 在应用比的意义解决"按比例分配"的实际问题中，基于原来的除法、分数乘法经验，对"比"的关系进行转化，以解决问题；

4. 根据一个数量关系，运用尝试的办法列出所有可能的答案，并将每一组答案代入另外的数量关系进行计算验证，比对得出最后结论。

M8：

1. 将序列数字模式看作是一种程序，描述如何得到下一项，没有把一个项与它所在的位置联系起来；

2. 在一组列数字中通过两个以上特殊项或性质就试图给出一般模式，体现程序操作。

3. 能够从多个方面去确定模式的特征。

M9：

1. 将模式看作是一种程序，描述如何得到下一项，没有把一个项与它所在的位置联系起来；

2. 在图形模式中，通过两个以上特殊项或说明多个特征就试图给出一般模式。

M10：

将实践问题情境与数学内容建立一定的联系，能基本理解问题，关注了问题中的两个或多个信息点，但对问题的整体结构未必理解和掌握。

**关联结构水平**

R1：

1. 利用了数与数的大多数或全部特征，并有机地将各种特征联结起来，掌握整体属性；

2. 通过"异质举例"说明数与数之间的关系；

3. 从实例出发，用除法、分数、比的情境意义以说明解释数与数之间这三个数学对象的联系与区别；理解比例的意义；掌握比例的基本性质；

4. 在知道除法、分数、比之间的关系、了解比例的意义的基础上，会用分数、比、比例表示数之间的关系；

5. 在初步理解除法、分数与比的关系的基础上，阐述基本性质的联系；

6. 能根据分数的基本性质写出两个大小相等的分数，或判断两个分数是否相等，或把一个分数约成最简分数，或把两个异分母分数通分；

7. 应用比的基本性质写出或判断比值相等的比，或把比化成最简单的整数比；

8. 应用比例的基本性质写出合适的比，或判断两个比是否能组成比例；

9. 理解互为倒数的两个数乘积为1，以对倒数关系进行判断；

10. 用文字描述或尝试用符号来说明数与数之间的关系，但符号仅表示概括。

R2：

1. 依据数感和对运算的把握，在已知条件内对两个表达式的相互关系做出判断时，不用每一步都计算出结果；

2. 利用了大多数或全部特征，理解方程的含义，并能有机地把握等式与方程的联系与区别。

R3：

1. 发现大多数或全部特征，并有机地将数据各种特征联结起来，掌握整体属性；

2. 多个具体实例中，通过"异质举例"说明解释运算性质（结构完整）；

3. 从实例出发，能调动已有经验（如直观操作、现实原型、几何模型、算理等）做出解释；

4. 用语言描述或尝试用符号来说明运算性质，但符号仅表示概括；

5. 合理类比相关对象的多个特征以提出发现，进行验证；

6. 在给出的算式变形中，对运算律的运用过程进行解释说明。

R4：

1. 对算式进行运算时，熟练掌握基本运算规律、减法性质、除法性质，并可以清晰表述条件与结论之间的内在逻辑联系；

2. 应用商不变规律或积的变化规律计算，能够解释相关算式之间的关系（算理）；

3. 能用运算规律化简含有字母的式子；

4. 能用等式性质解常见的方程，即方程有一边是一个数，或方程的未知数是常量；

5. 能联系方程（两边是式子）两边等价的特点，找出部分与部分的对应关系对未知数进行求解；

6. 会用比例的基本性质解比例。

R5：

1. 理解一个或以上天平中物体之间简单的等量代换关系；

2. 理解等量概念，在整体对应相等的基础上，对部分与部分之间的关系进行判断；

3. 通过观察，用方程表示天平两边物体质量的关系，或根据线段图列方程，或直接给定未知数以列方程。

4. 知道除法、分数、比之间的关系，会用分数、比表示同类量、关联量之间的关系；

5. 根据比例的基本性质判断具体情境中相关数量的比能否组成比例；

6. 依据已有的解决问题的经验，总结得出"总价＝单价×数量""路程＝速度×时间"这两个常见的数量关系，并能用于解决一些实际问题。

R6：

1. 能用方程表示简单情境（一步或两步计算）中的等量关系，了解方程的作用；

2. 在应用比的基本性质解决"按比例分配"的实际问题时，能够初步体会比之间的相等关系，以解决问题；

3. 用字母表示比例中的未知项，列出含有未知数的比例式解决问题；

4. 在复杂情境（三步计算）中，能通过构建线段图或列表格帮助自己思考多个数量关系的整体联系，确认数量关系中的未知与已知后，列出方程以解决问题。

R7：

1. 在两种事物搭配的问题中，列出两个数量关系式，利用等式的基本性质将得到的两个数量关系式相加或相减以消元求解；

2. 在和差问题中，通过画线段图等方式整理"和"与"差"两个数量关系，以说明解释将其转化为一个数量关系（假设两个数同样多），分别求出两个数；

3. 在和倍（差倍）问题中，画线段图整理数量关系，列出方程；

4. 在应用比的意义解决"按比例分配"的实际问题中，通过图示等方式体现"比"在份数上的倍比意义，利用假设列出方程解决问题；

5. 代换消除差异，将两个或多个未知数转化为一个未知数。使用假设策略有的可以直接等量代换，有的需要完成代换以构建新的等价关系；

6. 基于其中一个数量关系，先假设未知数为某一具体数值，通过表格呈现数据以分析与另一个数量关系的差别，再作调整。

R8：

1. 在一序列数字中理解项与其所在位置的关系，能够做出描述解释；

2. 在一组列数字中通过两个以上特殊项或性质之间的分析与比较，能够说明两个变量之间的关系；

3. 能够确定模式的所有特征并说明它们之间的协变关系；

4. 用符号或公式一般地表示各种变化规律；

5. 在一序列或一组列数字中能够直接依据符号、公式得到某一项；正比例和反比例中可通过函数图像得到某一项。

R9：

1. 在一序列图形模式中，通过整体把握两个以上特殊项或性质，理解项与其所在位置的关系，能够做出描述解释；

2. 针对图形本身的变化，通过整体把握两个以上特殊项或性质，理解项的要素之间的关系，能够做出描述解释；

3. 用符号或公式一般地表示各种变化规律；

4. 能够直接依据符号或公式得到某一项。

R10：

能够看到两个或多个信息点之间的相互联系，根据对问题的理解选择解决办法，但考虑问题不够全面。

**抽象扩展结构水平**

A1：

1. 用字母符号准确地表示数与数之间的关系，并将这一符号看作是一个变量，充分考虑各种可能性；

2. 主动地由已知关系推测出未经历情境中的数与数之间的关系。

A2：

1. 不必再用具体数字或熟悉的运算进行验证，可以解答由字母代替数字的题或能解决使用非清晰运算的变量题；

2. 能对已经历的经验范围外的等式（包括方程）形式进行判断。

A3：

1. 主动由已知命题推测出未经历情境中运算性质；

2. 用符号准确地表达运算性质，并将这一符号看作是一个变量，充分考虑各种可能性。

A4：

1. 对算式进行运算时，可在不熟悉的运算情境中主动利用已知规律进行等价变换；

2. 对方程（两边是式子，或未知数是变量）进行求解时，关注重点在于等式结构，直接考虑抽象原理得出答案，而避免具体的计算。

A5：
——

A6：

能联系已分析过的数量关系，在新的问题情境中，确认新的未知与已知，并列方程解决问题。

Eg：在三步计算的第一类问题中"已知A的每份数（份数），B的每份数（份数），A与B总数的和（差），求A与B同样的份数（每份数）。"

A7：

1. 能联系已分析过的数量关系，在新的问题情境中，尝试思考方法的迁移。

Eg（1）已知A与B的和（差），A给B多少后同样多，求A，B。

（2）已知A的每份数、B的每份数、A和B的总量差、A和B的数量和，求A、B的份数。

2. 能用不同的字母符号表示两个或多个未知数，分别依据数量关系列出方程以形成方程组，并用代入消元法或加减消元法对表达式进行变形，获得数学结论。

A8：

1. 能够对符号或公式进行灵活转换以解决问题；

2. 依据符号或公式对数字模式的整体特征有所掌握，并能探索新问题。

A9：

1. 能够对符号或公式进行灵活转换以解决问题；

2. 依据符号或公式对图形模式的整体特征有所掌握，并能探索新问题。

A10：

有序思考，分类讨论，较为全面地考虑问题，能对实践问题情境中可能存在的其他变量进行考虑，做出解释。

# 附录二　小学生代数推理能力发展测试问卷

学校：　　　班级：　　　姓名：

培根曾指出："数学是思维的体操"。与其他学科不同，数学以严密的逻辑向我们展现着它独特的美。本问卷是由小学"数与代数"内容中与"代数推理"有关的若干问题所构成的，我们希望借此能够了解你们六年级学生的代数推理能力的发展情况，以便更好地帮助你们学习"数与代数"。

本测试问卷的结果将仅作为研究参考，不涉及成绩评价，也不会向他人透露你的个人信息，请放心作答。

问卷共计有14个问题，答题过程大约需要60分钟时间。回答问题时，请你尽可能详细地写出自己的思考过程。

非常感谢你的参与！

南京师范大学课程与教学研究所

"代数推理"课题小组

动动小脑瓜，开始你的奇妙之旅吧！

1. 放大镜。

| 1 | 2 | 3 | 4 | 5 | 6 | 7 | 8 | 9 | 10 |
|---|---|---|---|---|---|---|---|---|---|
| 11 | 12 | 13 | 14 | 15 | 16 | 17 | 18 | 19 | 20 |
| 21 | 22 | 23 | 24 | 25 | 26 | 27 | 28 | 29 | 30 |
| 31 | 32 | 33 | 34 | 35 | 36 | 37 | 38 | 39 | 40 |
| 41 | 42 | 43 | 44 | 45 | 46 | 47 | 48 | 49 | 50 |
| 51 | 52 | 53 | 54 | 55 | 56 | 57 | 58 | 59 | 60 |
| 61 | 62 | 63 | 64 | 65 | 66 | 67 | 68 | 69 | 70 |
| 71 | 72 | 73 | 74 | 75 | 76 | 77 | 78 | 79 | 80 |
| 81 | 82 | 83 | 84 | 85 | 86 | 87 | 88 | 89 | 90 |
| 91 | 92 | 93 | 94 | 95 | 96 | 97 | 98 | 99 | 100 |

（1）用 ☐☐☐ 在上面的百数表里任意框出 3 个数，说说你发现这 3 个数之间有什么关系？写下你的思考过程。

（2）用 ⊞ 在上面的百数表里框出 4 个数，说说你发现这 4 个数之间有什么关系？写下你的思考过程。

——考察内容：在百数表中识别数与数之间的关系，"分析性推理、创造性推理"，改编自苏教版一年级下册教材 p29 "认识 100 以内的数"和三年级下册教材 p50 "年月日"。

2. 小明发现"两个奇数的总和总是一个偶数。"

你认同他的看法吗？写下你的思考过程。

——考察内容：识别数与数之间的关系（和的奇偶性），"分析性推理、创造性推理"，改编自苏教版五年级下册教材 p50 "和与积的奇偶性"。

3. 先计算，再观察每组算式的得数。

（1）$\dfrac{1}{2} - \dfrac{1}{3} = \dfrac{(\quad)}{(\quad)}$  $\dfrac{1}{2} \times \dfrac{1}{3} = \dfrac{(\quad)}{(\quad)}$

（2）$\dfrac{1}{4} - \dfrac{1}{5} = \dfrac{(\quad)}{(\quad)}$  $\dfrac{1}{4} \times \dfrac{1}{5} = \dfrac{(\quad)}{(\quad)}$

你发现了什么规律？
_____

你能根据发现的规律再写几组这样的算式吗？
_____

你能用含字母的式子表示上述规律吗？（找不出的，可以写"不知道"）
_____

——考察内容：运算规律的发现（特殊分数的乘法），"创造性推理"，改编自苏教版六年级上册 p42 "分数乘法"。

4. 定义一种新的运算"$*$"：$a * b = (a + b) \times 2$

（1）请你算一算：$5 * 4 = (\quad)$，$4 * 5 = (\quad)$

（2）$a * b$ 有交换律吗？写下你的理由。

——考察内容：运算性质的归纳和判断（定义新运算），"分析性推理、创造性推理"，选自一次观摩课《加法交换律》的课堂练习。

5. 在括号中填入数字，使等式成立，写下你的思考过程。

（1）$47 + (\quad) = 71 + 57$    （2）$47 + (\quad) = (\quad) + 57$
你的想法是：_____    你的想法是：_____
（3）$(\quad) - 47 = 71 - 57$    （4）$(\quad) - 47 = (\quad) - 57$
你的想法是：_____    你的想法是：_____

——考察内容：方程的转化和求解（等式性质），补充缺失的数，"分析性推理"，改编自澳大利亚代数推理测试题 ARELS1-7、ARLT1-2。

6. 如果 $\triangle + \triangle = 4$，$\bigcirc - \triangle = 3$ 那么 $\triangle + \triangle + 6 = $　，写下你的想法。

那么 $\bigcirc + \triangle = $　，写下你的想法。

——考察内容：算式运算（等量代换、等式性质），"分析性推理"，改编自苏教版一年级上册 p51 "10 以内的加法和减法"

7. 甲、乙两地相距 495 千米，一辆汽车从甲地开往乙地，已经行了 3 小时，剩下的路程比已经行的多 45 千米。这辆汽车的平均速度是多少千米/时？

——考察内容：基于量的推理（三层数量关系），"分析性推理"，选自苏教版四年级下册 p54"解决问题的策略"

8. 妈妈用柠檬、糖和水调制饮料，需要 3 杯糖，4 杯水，12 个柠檬榨出的汁液。

如果用到 12 杯水，需要（　　）杯糖。说说你的想法。
一个柠檬需要（　　）杯糖和（　　）杯水。说说你的想法。
如果是 $n$ 个柠檬，需要（　　）杯糖。此处 $n$ 代表柠檬的数量。试着对你的回答做出解释。
——考察内容：基于量的推理（按比分配、比例推理），"分析性推理"，选自澳大利亚代数推理测试题 ALEM1-3。

9. 公园游船

（1）26 个同学到公园乘游船，一共租了 1 条大船和 5 条小船。每条大船比每条小船多坐 2 人。每条小船坐多少人？大船呢？

（2）租用 2 条大船和 1 条小船需要 220 元，租用 1 条大船和 2 条小船需要 200 元，租用一条大船多少元？一条小船呢？

——考察内容：基于量的推理（搭配问题），"分析性推理"，分别选用和改编自苏教版六年级上册《数学补充习题》p92"应用广角"第 2 题。

10. 先找出下表中每行数的排列规律，再用含有字母的式子填空。

| 1 2 3 4 5 … $n$ … | |
|---|---|
| 2 4 6 8 10 … … | 理由： |
| 1 3 5 7 9 … … | 理由： |

——考察内容：序列数字规律，"创造性推理"，选自苏教版五年级上册教材 p104"用字母表示数"。

11. 在每个对应里，观察左边的数与右边的数之间有什么关系：

$$1 \to 2,\ 4 \to 20,\ 7 \to 56,\ 8 \to 72$$

你能再找出符合这一规律的一组数吗？（找不到写"不知道"）
我找出的是：（　　）→（　　）；（　　）→（　　）
你能写出任一个整数 $n$ 对应的是什么吗？（找不到写"不知道"）

$$n \to (\quad)$$

——考察内容：组列数字规律，"创造性推理"，选自参考文献《小学数学课程中归纳推理的理论和实践研究》（王瑾）。

12. 一辆汽车在公路上行驶，行驶时间和路程如下表：

| 时间/时 | 1 | 2 | 3 | 4 | 5 | 6 | 7 | … |
|---|---|---|---|---|---|---|---|---|
| 路程/千米 | 80 | 160 | 240 | 320 | 400 | 480 | 560 | … |

（1）观察表中的数据，你有什么发现？你能用式子表示它们之间的关系吗？
（2）这辆汽车行驶了 2.5 小时，行驶了多少千米？

——考察内容：函数思维（正比例关系），"分析性推理、创造性推理"，选自苏教版六年级下册教材 p56-58 "正比例和反比例"。

13. 你邀请小伙伴来参加自己的生日聚会，要为小伙伴安排座位。桌子是一个一个相连的正方形，每边坐一个人。下图显示了不同的安排。

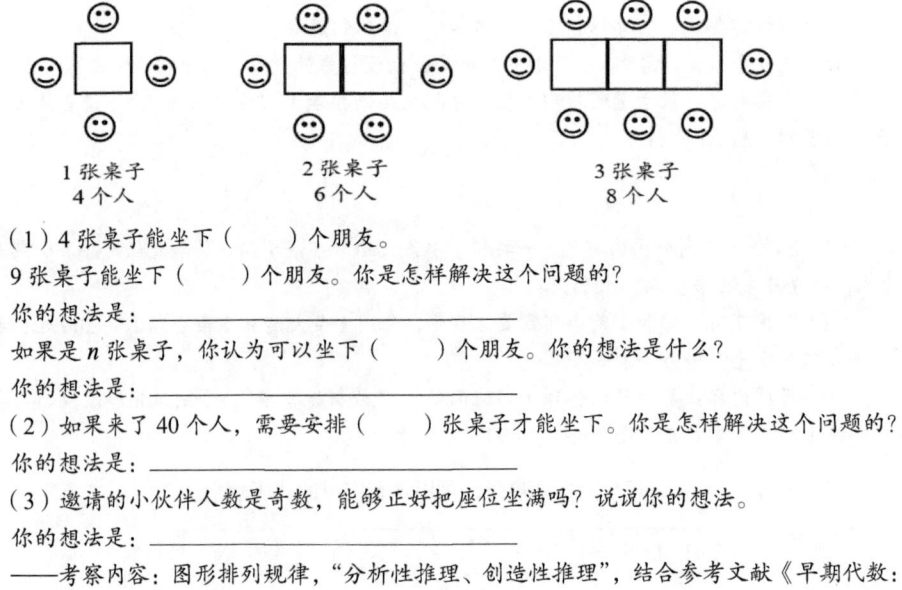

　　　　1 张桌子　　　　　2 张桌子　　　　　3 张桌子
　　　　4 个人　　　　　　6 个人　　　　　　8 个人

（1）4 张桌子能坐下（　　）个朋友。
9 张桌子能坐下（　　）个朋友。你是怎样解决这个问题的？
你的想法是：_____
如果是 $n$ 张桌子，你认为可以坐下（　　）个朋友。你的想法是什么？
你的想法是：_____
（2）如果来了 40 个人，需要安排（　　）张桌子才能坐下。你是怎样解决这个问题的？
你的想法是：_____
（3）邀请的小伙伴人数是奇数，能够正好把座位坐满吗？说说你的想法。
你的想法是：_____

——考察内容：图形排列规律，"分析性推理、创造性推理"，结合参考文献《早期代数：国际小学数学课程改革的新热点》（孙思雨，孔企平）和澳大利亚 ABRT2-8 进行综合改编，类似见苏教版五年级上册教材 p101 "用字母表示数"。

14. 从农场运苹果到仓库储存：有一辆载重 2 吨的小货车、一辆载重 3 吨的大货车可以租用，请尝试解决以下问题。

（1）如果运 13 吨苹果，怎么安排比较合适？你做这样安排的原因是什么？
（2）如果运 11 吨苹果，怎么安排比较合适？你做这样安排的原因是什么？
（3）你认为还需要考虑哪些问题，能够帮你进一步作出合适的安排？

——考察内容：建模语言（搭配问题优化方案），"实践性推理"，改编自苏教版三年级下册教材 p25 "千米和吨"。

# 第二部分

## 图形与几何篇

# 第六章　问题提出

数学是思维训练的学科，推理是一种重要的思维形式，贯穿于数学整个教与学的活动中。在实际教学中，仍然存在着教师教内容却不教思考、教师教思考却不教学生理解如何思考；同样也存在学生学学问却不学发问、学生学推理却不经历推理的全过程的现象。这表现在小学阶段"图形与几何"领域的教与学中，可能是过分注重让学生经历合情推理的直观操作探究而忽视锻炼学生的演绎分析能力，思维训练停留在浅层次的对图形形象的感知上；中学阶段可能是过分强调形式逻辑的证明而忽视推理的合情成分以及推理与数学生活的联系。而且思维训练对学生的抽象思维提出了较高的要求。这就形成了一定的对立，学生推理能力在发展中存在断层，可能给学生学习造成较大的困难。

这种对立现象在几何领域表现得尤为明显。自古希腊时期以来，几何学一直受到欧式几何的影响，强调知识的公理性和严密性。在这种观点下，几何推理被看作是形式化演绎的几何证明，合情推理长期处于被忽视的地位。直到1953年，波利亚在其著作《数学与猜想》一书中强调合情推理的地位，这一现象才有了一定的改善。但实际几何教学仍然以欧式几何的公理化体系为基础，过于注重形式化的几何语言的证明，学生在学习几何中有诸多困难，认为几何是抽象的、晦涩难懂的，进而对几何学习产生畏惧，甚至对数学产生厌倦。

为了改变几何教学面临的这种困境，2011年新课程改革突出强调合情推理的地位，降低几何学习的难度。小学几何学习主要围绕直观图形展开，学生经历合情推理的探索过程，获得对图形基本性质的认识，推理证明往往与直观图形的观察结合在一起。初中几何学习开始使用严谨的几何语言进行演绎推理，高中几何学习开始经历更为抽象的几何证明。应该说，这样的内容编排与学生认知发展相适应，但实际教学中却存在矫枉过正的现象，小学过于强调几何直观和合情推理，中小学几何内容跨段衔接难度变化较大，给学生学习造成困难。其实，几何推理包括合情和演绎，二者是一个统一的整体。

在几何教学的每个阶段，学生都应当经历多种类型、多个层次上的推理学习，如何从整体上进行推理教学，是教师需要思考的一个重要问题，也是研究者需要进一步探究的问题。

# 第一节　研究缘起

学生几何推理能力的发展既体现了数学学科的本质要求，也是几何教学实践的现实指向。本项研究以数学核心素养的提出和几何教学改革的现状为背景，确定"六年级学生几何推理能力发展现状"为研究主题。

## 一、推理能力作为数学核心素养的多次提出

2014 年，"核心素养"这一概念被正式提出，并强调它是学生应有的必备品格和关键能力，是所有学科教学中，对学生发展提出的目标要求。在数学学科教学中，"核心素养"受到较多的关注，高中课程标准提出了"数学核心素养"的六种成分，其中包含逻辑推理。义务教育阶段虽未明确提出这一概念，但始终渗透对学生素养发展的要求，包括课程标准提出的关键能力和核心词汇，其中均包含对学生推理能力发展的要求。推理能力作为"数学核心素养"在历年教学大纲和课程标准中被多次提出。1962 年，数学教学大纲提出包含逻辑推理在内的三大能力；2002 年数学教学大纲发展为包含逻辑推理在内的五大能力；2011 年，《义务教育数学课程标准》明确提出十个核心词，其中包括推理能力；2014 年提出"数学核心素养"的六种成分，仍然包括逻辑推理。由此可见，推理能力训练在数学教学中长期有着重要的地位。

"数学核心素养"已经成为数学教育研究的热点，推理能力是其重要组成部分，是数学教学中需要学生掌握的关键能力，体现了数学学科的本质要求，对学生科学、理性、创新思维的培养具有重要的意义。推理贯穿于数学整个教学内容当中，渗透在数学概念的学习和数学问题的解决中，具备一定的推理能力是学生学好数学的基础。关于数学推理，有一定数量的研究，但研究主题较为分散，多是对某一推理类型单一的较浅层次上的研究，因而已有研究对数学推理的本质把握存在不足之处。针对不同领域内容的推理能力的研究也较少，对教学有针对性的指导相对不足。在数学核心素养的研究热潮中，几何推理的本质与教学仍然是一个需要深入探究的问题。

## 二、小学几何教学改革现状的启示

小学几何教学深受国家课程改革纲要及其他标准性文件的影响，在教育理念上发生了较大的变化。传统几何教学强调几何概念和命题的形式化演绎，这种形式化的几何内容给学生学习造成较大的困难和负担。20 世纪 90 年代，国家开始提出"素质教育"的口号，在数学教育研究中出现了"数学的非形式化"观念，小学几何教学开始削弱演绎的方式，采用合情的方式展开。2001 年课改中，指出改变课程内容"繁难偏旧"的现

状,进一步削弱了几何演绎的教学,淡化了数学的几何证明,强调学生对图形的直观感知,这在水平层次上降低了对学生推理能力的要求。2011年颁布的"课程标准"则从更加理性的角度出发,强调学生合情和演绎整体的推理能力发展,"课标"的导引在方向上是正确的,这有利于学生推理能力在多种类型、多种层次上的发展。

但在小学几何实际教学中,却存在过于强调合情推理,削弱演绎推理;过于强调几何直观感知,忽视几何推理需要一定的演绎思考的现象。学校教师顺应课程改革的要求,存在一些片面的理解,认为演绎推理是形式化符号语言构成的证明,学生在初中才会开始学习演绎的证明,而小学阶段没有演绎推理,这是一种有失偏颇的理解。在几何中,演绎推理主要是指从图形的性质出发所做的抽象的逻辑判断,不一定要通过形式化的符号表达。几何推理的教学中,训练学生的图形直观感知和图形性质的抽象能力,但仅仅停留在直观经验的基础上,不利于学生从整体上把握图形,也不利于学生理性思维能力的提升,同时削弱了数学学习的科学性和思辨性。但由于几何的公理化系统逻辑严密,几何形式化的推理证明学习仍有一定的难度,因而小学阶段的演绎推理多是非形式化的,主要通过"说理"的形式来表达。

由此可见,小学几何教学实践中所存在的削减演绎推理、过于注重合情推理内容且强调学生直观经验的倾向,与"课程标准"的要求并不完全一致。数学的科学本质立足于演绎推理,数学的重要发现立足于合情推理。在小学几何推理能力培养的教学中,基于内容展开,学生在合情和演绎推理能力上都按照一定的层级发展着,既要注重学生合情推理能力的训练,又要在一定程度上发展学生的演绎推理能力,二者是一个整体,不能孤立地、对立地看待。与此同时,推理能力的层级发展表现为对应不同的推理水平,关注整体的推理能力,也要在纵向上关注学生推理能力水平上的发展。

因此,基于课程标准,思考几何推理教学应该如何定位,在教学实施中如何处理好两种推理间的关系,促进学生不同推理能力的层次化发展应该是小学几何教学中需要重点思考的问题之一。

## 第二节 研究问题

本研究拟解决的关键问题是:小学生几何推理能力的发展状况如何?依据几何推理的内涵和小学生所学几何内容,主要包括以下几个具体问题:

①小学生几何推理能力发展的整体水平。
②小学生几何推理水平上的推理能力表现。
③小学生几何推理类型上的推理能力表现。
④小学生几何学习内容上的推理能力表现。

由此,通过上述调查结果的统计,试图分析可能存在哪些因素影响小学数学几何推理教学的有效实施。

# 第三节 研究意义

本项研究应该具有丰富几何推理能力发展的相关理论研究，提供几何推理能力测试与评价工具，给出有一定启发意义的几何推理教学建议等研究意义。

## 一、丰富小学生几何推理能力发展的相关理论研究

几何推理教学是几何教学的重要组成部分，小学生几何推理能力的发展是几何教学的重要目标。从教学的角度思考几何推理方式、内容及其组织，必将有利于丰富小学生几何推理能力发展的相关理论研究。已有研究普遍认识到几何推理的价值与功能，关注几何具体内容的推理教学，但在理论高度上的认识不够。

在阅读相关文献和理性思考的基础上，阐释清楚几何推理的内涵、类型、方式与进程，势必有利于教师把握几何推理的学科本质。几何推理的教学需要一定的教学目标的指导和教学方法的辅助，通过"课标分析"可以明确几何推理的教学价值与目标，通过教材分析可以明确几何推理的教学内容及组织，并在此基础上进一步明确几何推理能力的发展目标与教学原则，可以深化教师对几何推理的理论认识。

## 二、编制可供借鉴的几何推理能力测试与评价工具

编制测试与评价工具是调查了解小学生几何推理能力现状的有效手段。对几何推理能力的测试与评价能够帮助教师了解学生的能力发展现状，指导教师改善课堂教学。

已有研究多是直接运用国外的测试工具，或是在对国外测试工具简单加工基础上自编或改编问卷，本土研究的适用性有待商榷。本项研究在编制测试与评价工具时，以国际上已经受到广泛认可的 Van Hiele 理论为依据，基于课程标准和教材内容的分析，将 Van Hiele 理论对几何思维水平的划分与我国"图形与几何"领域的教学内容联系起来，具有较好的适用性。

本项研究以江苏省小学六年级小学生为研究对象，为了更贴近本土的研究，几何推理的测试与评价的维度是在几何推理相关理论研究和课程标准与苏教版教材分析基础上确定的，对内容、水平、类型三个维度加以融合再加以编制，对于测试与评价小学生的几何推理能力的现状有一定的借鉴意义。

## 三、提供有一定启发意义的几何推理教学建议

学生几何推理能力的培养最终要落实到具体教学当中，本研究旨在了解小学生的几何推理能力发展现状后进行问题与原因分析，并据此提出具有一定启发意义的

教学建议。

  学生几何推理能力的现状在一定程度上反映出几何教学中存在的一些不足,通过对学生测试问卷的文本进行深入分析,可发现学生几何推理能力发展中存在的问题并推测问题背后可能存在的内在与外在原因。

  依据问题及其原因分析,并联系"课标"和教材文本的分析可发现,几何教学中有待改善和可以进一步提升的空间,从而为一线教师提供有一定启发意义的几何推理教学建议。

# 第七章 文献述评

本章将主要对几何推理和几何推理能力的已有研究进行述评。具体包括国内外几何推理的相关研究概述、国内外几何推理能力研究的相关理论、国内外学生几何推理能力发展的现状研究、国内外学生几何推理能力发展的培养研究,以及启发与借鉴。

## 第一节 几何推理研究概述

本节将综合国内外集合推理研究的一般情况,从几何推理的内涵、类型、功能、层级和过程等五个方面展开讨论。

### 一、几何推理的内涵

对于几何推理内涵的理解,已有研究主要包含以下两种对立的观点。

一是几何证明即几何推理。该观点认为几何应当保持抽象演绎的高度,几何推理应当被看作是演绎的证明过程。在 19 世纪早期几何方法论的争论中,Jean-Victor Poncelet 将纯粹的几何定义为一种推理。[1] 几何证明是公理化的演绎,是指由一些真实的命题必然导出另一些真实的命题的思维。[2] 几何证明在思维形式上是纯粹逻辑的,通过几何证明过程得到的结论必然是正确的。这种观点在欧式几何的影响下长期受到认可。

二是几何推理不等同于几何证明,还有更广泛的外延,不仅包含演绎的几何证明,还包含合情的猜想、归纳、类比。国外学者 Hart Yuval 人等曾指出,几何推理有一个内在的不和谐——它的抽象公理和命题指的是完全理想化的实体,然而它在物理世界中的使用却依赖于对对象的动态感知。[3] 由此可见,几何推理并不能完全等同于演绎推理。Matsuyama 和 Nitta 也提到几何推理意味着对几何概念的推理,几何定理证明是其典型

---

[1] LORENAT J. Figures real, imagined, and missing in Poncelet, Plücker, and Gergonne [J]. Historia Mathematica, 2015, 42 (2): 155-192.

[2] 李红婷. 7—9 年级学生几何推理能力发展及其教学研究 [D]. 重庆:西南大学, 2007.

[3] HART Y, DILLON M R, MARANTAN A, et al. The statistical shape of geometric reasoning [C]. Scientific Reports, 2018, 8.

例子，① 但并非全部。国内学者王宽明指出几何推理在解决问题时，可以根据少量的已知条件对问题结果进行大胆猜想，然后小心求证，② 这一观点突出了几何推理中合情推理的部分。

应当可以说，在当今世界范围内，数学教育界普遍比较认同几何推理的第二种理解。也就是说，几何推理既包括演绎推理的成分，又内含合情推理的成分。

## 二、几何推理的类型

几何推理形式的分类有多种情况。国内研究进行分类主要依据"说理——推理——证明"的线索，也即遵循合情推理到演绎推理的顺序，符合思维从形象到抽象的发展过程，具有一定的层级性。王宽明提出了五种几何推理方式，包括图形推理、类比推理、自然推理、归纳推理、逻辑演绎推理。③ 马迎秋和曹一鸣则提出六了种几何推理方式，包括直观辨析、实验演示、类比、归纳、演绎与证明。④

国外研究并没有进行统一标准的划分，但在不同文献中涉及对不同的推理方式的研究，主要包括空间推理、图形推理、归纳推理、类比推理、演绎推理等。2011 年，印度尼西亚国家研究委员会推出了"适应性推理技能"的术语，它不仅包括解释和论证，还包括基于模式、类比和隐喻的直觉推理和归纳推理。⑤ 目前较为一致的看法是，几何推理不仅包括演绎推理，也包括归纳推理和类比推理。

## 三、几何推理的功能

几何推理的功能主要包括社会发展功能和学生发展功能，并主要集中在学生发展方面，而社会发展是由学生发展推动的。

首先，几何推理有利于培养知识经济时代的创新人才，⑥ 从而推动社会的发展。其次，几何推理有助于学生思维、数学发现、数学理解等方面的发展。黄敏指出推理训练可以帮助学生形成理性精神和良好的思维习惯。⑦ Abdullah 等人指出几何中充满公理、定义、性质，借助它们进行猜想和证明是一个符合逻辑的思维过程，能够帮助学生形成

---

① MATSUYAMA T, NITTA T. Geometric theorem proving by integrated logical and algebraic reasoning [J]. Artificial Intelligence, 1995, 75（1）：93-113.

② 王宽明. 八年级学生几何推理能力与几何思维水平相关性研究 [J]. 教学与管理, 2013（27）：101-103.

③ 王宽明. 八年级学生几何推理能力与几何思维水平相关性研究 [J]. 教学与管理, 2013（27）：101-103.

④ 马迎秋, 曹一鸣. 初中数学教科书几何内容分布的国际比较研究 [J]. 数学教育学报, 2018, 27（4）：12-17, 75.

⑤ RIZKI H. T. N, FRENTIKA D, WIJAYA A. Exploring students' adaptive reasoning skills and van Hiele levels of geometric thinking: a case study in geometry [C]. International Conference on Mathematics, Science and Education, Indonesia, SEP 18-19, 2017.

⑥ 闫龙敏. 小学生数学合情推理的教育价值及其内涵剖析 [J]. 现代教育科学, 2018（04）：75-79.

⑦ 黄敏. 八年级学生几何推理能力现状调查及对策研究 [D]. 桂林：广西师范大学, 2018.

良好的逻辑思维能力；还指出几何推理依托图形，图形构造空间，几何推理的培养能帮助学生形成良好的空间直觉。①数学发现离不开推理，几何公理也是通过推理得出的。Jupri 认为通过归纳、类比和图形猜想等推理手段推进泛化的数学思想是数学家们发现数学公理的重要工具。②解决几何问题对学生数学理解能力有较高的要求，推理在数学理解中具有重要的意义。Guzel 和 Sener 的研究结果表明，几何推理能力提高了学生对符号、形状、图表和数字的理解。③

## 四、几何推理的过程

在对具体的几何推理过程的研究中，主要涉及推理思维的过程。袁柳芳认为每一思维层次上的推理过程都可以归结为：识别、分类、定义、证明。④lithner 提出了四步一般推理序列：❶观察情境，❷选择策略，❸实施策略，❹得出结论。⑤

Golendenberg 定义了个人几何思维习惯：可视化、解释几何形状、正式或非正式地定义、交互的视觉和语言信息、从试验中确定条件和得出结论、推论、对算法进行推理。⑥这体现了几何推理从观察、发现、猜想和试验到结论、推理和验证的过程。

## 五、几何推理的层级

已有研究普遍认同 Van Hiele 几何思维层次的划分。Rizki 等人利用 Van Hiele 的几何思想，将儿童的推理划分为三个层级：基于视觉的推理；基于非关键属性的推理；基于关键属性的推理。⑦

Gutierrez 等人则从合情到演绎的推理过程，将几何推理分为两个层级：经验的证明；演绎的证明。经验证明，包含视觉推理和归纳推理，即只涉及视觉或触觉感知的天真证明和基于多实例的一种简单的证明。演绎证明包含关系推理和结构推理，即涉及问题要素

---

① ABDULLAH A H, ZAKARIA E. The Effects of Van Hiele's Phases of Learning Geometry on Students' Degree of Acquisition of Van Hiele Levels [C]. The 6th International Forum on Engineering Education, Kuala Lumpur, MALAYSIA, NOV 20-22, 2012, 102: 251-266.

② JUPRI A. Using the Van Hiele theory to analyze primary school teachers' written work on geometrical proof problems [C]. The 4th International Seminar of Mathematics, Science and Computer Science Education, Indonesia Univ Educ, Fac Math & Sci Educ, Bandung, INDONESIA, 2018, 1013: 1-5.

③ GABRIELA P, VALERIA S. The Development of Spatial Skills through Discovering in the Geometrical Education at Primary School [C]. The 5th World Conference on Learning, Teaching and Educational Leadership, 2015, 186: 990-997.

④ 袁柳芳. 八年级学生几何推理能力的调查研究 [D]. 上海：华东师范大学，2012.

⑤ JÄDER J, SIDENVALL J, SUMPTER L. Students' Mathematical Reasoning and Beliefs in Non-routine Task Solving [J]. International Journal of Science and Mathematics Education, 2017, 15 (4): 759-776.

⑥ EREN Z B, EZENTA R, ALTUN M. Evaluation of the Teaching Environment for Improve the Geometric Habits of Mind of Tenth Grade Students [C]. European Journal of Education Studies, 2018, 4 (6): 47-65.

⑦ RIZKI H T N, FRENTIKA D, WIJAYA A. Exploring students' adaptive reasoning skills and van Hiele levels of geometric thinking: a case study in geometry [C]. International Conference on Mathematics, Science and Education, Indonesia, SEP 18-19, 2017.

关系的转化的推理和从数据和公理、定义或已接受的定理出发进行逻辑序列的推理。①

对几何推理层级的划分,也有研究是按照推理本身的严谨性和正确性来进行的。根据 Gunhan 的观点,几何推理有三个层级:①正确推理,②错误推理,③糟糕推理。②

## 第二节 几何推理能力的研究理论

学生几何推理能力的测试与分析需要借助一定的研究理论,通过对已有文献阅读分析可发现理论应用的研究状况。

已有研究中运用到的理论主要包括范希尔几何思维水平理论、皮亚杰发生认识论、彼格斯和科利斯 SOLO 分类理论、勒朗 LERON 证明结构、布鲁姆教育目标分类学。其中,范希尔理论的应用远多于其他理论,这表明范希尔理论在测试与分析学生几何推理能力中应用最为广泛。因此,我们将着重对范希尔理论进行内容分析。

首先,范希尔理论应用最广的是其对几何思维水平的评估,主要是对学生几何思维水平的评价。Van Hiele 理论应用于不同国家的几何推理研究中,证实了这一理论的有效性。Haviger 和 Vojkuvkova 在研究中明确指出,Van Hiele 几何思维水平适用于捷克的学校系统,③符合 Van Hiele 理论的教学实践研究也证实了其有效性。Erdogan Tolga 和 Durmus Soner 的研究也指出与 Van Hiele 模型一致的教学对学生的几何思维水平有积极的影响。④其次是对教学过程与内容的关注,主要研究有对教材中的几何推理进行内容评估并提出一些教材编写与运用的建议;构建几何推理教学的框架模型指导教学实施过程;从教学策略、教学方法、教学设计方面对教育教学提出启示。

但是,已有研究对范希尔理论的评价与反思极少,通常只在简单理解的基础上拿来运用。学生几何思维水平的测量多是运用自编或改编试题进行,测试题目的效度和信度有待考量。相关研究范围较窄,都是关于初中数学几何推理的研究,关于小学的研究几乎没有。评估教材方面的研究不够系统,往往停留在分析教材内容上,指导教师教学的针对性不够。

---

① GUTIERREZ A, PEGG J, LAWRIE C. Characterization of Students' Reasoning and Proof Abilities in 3-Dimensional Geometry. [J]. International Group for the Psychology of Mathematics Education,2004:8.

② RIZKI H T N, FRENTIKA D, WIJAYA A. Exploring students' adaptive reasoning skills and van Hiele levels of geometric thinking: a case study in geometry[C]. International Conference on Mathematics, Science and Education, Indonesia, SEP 18-19, 2017.

③ HAVIGER J, VOJKUVKOVA I. The van Hiele Levels at Czech Secondary Schools [C]. The 5th International Conference on Education & Educational Psychology, Kyrenia, CYPRUS, 2015, 171:912-918.

④ ERDOGAN T, DURMUS S. The effect of the instruction based on Van Hiele model on the geometrical thinking levels of preservice elementary school teachers [C]. The World Conference on Educational Sciences, Nicosia, CYPRUS, FEB 04-07, 2009, 1:154-159.

由此可见，Van Hiele 理论对几何推理的研究具有重要的意义，但仍然存在其局限性，研究应拓展对这一理论的理解，基于几何教学和学生心理，发现这一理论的适切性和有待进一步完善的地方。

## 第三节 几何推理能力的现状研究

现阶段，几何推理能力的研究主要包括学生几何推理能力的现实发展状况，学生几何推理能力的现状调查工具，以及学生几何推理能力现状形成的影响因素。

### 一、学生几何推理能力的现实发展状况

已有研究表明，学生的几何推理能力的发展现状不容乐观，各个年级阶段的学生的推理水平与教学目标预期之间都存在一定的差异。小学生几何推理能力发展的现状研究较少，已有研究较多关注中学生的几何推理能力。有研究指出较低年级的学生在进行推理时依赖于形象推理。Suwito，Yuwono 和 Parta 指出，初中生的学习能力是 0-2 级的 Van Hiele 推理水平，[1]高中生能达到 Van Hiele 几何思维层次的三级和四级，但大多数学生都是在描述性和分析性水平上进行推理的。[2]

与学生相对，教师几何推理能力现状也不容乐观。Jupri 研究发现，在证明方面，大约一半的教师仍然缺乏演绎思维能力，尤其是处理几何证明问题的能力。这一结果表明教师需要更多的时间才能达到几何思维的演绎水平。[3]

### 二、几何推理能力的现状调查工具

学生几何推理能力现状的研究主要通过测试问卷的调查方式，借助一定的推理测验工具来进行。当前具有权威的、比较成熟的几何推理测验工具主要来自国外，最典型的是美国芝加哥大学教授 Usiskin 编制的《Van Hiele 几何思维测试题》和"中学几何课堂学生认知发展和成就"试题。[4]

国内测试工具主要借鉴国外研究，具有代表性的是首都师范大学胡凤娟根据 Usiskin

---

[1] SUWITO A, YUWONO I, PARTA I N, et al. Solving Geometric Problems by Using Algebraic Representation for Junior High School Level 3 in Van Hiele at Geometric Thinking Level. [J]. International Education Studies, 2016, 9 (10): 27.

[2] SEAH R, HORNE M, BERENGER A. High school students' knowledge of a square as a basis for developing a geometric learning progression [C]. the 39th Mathematics Education Research Group of Australasia, South Australia, 2016, 584-591.

[3] JUPRI A. Using the Van Hiele theory to analyze primary school teachers' written work on geometrical proof problems [C]. The 4th International Seminar of Mathematics, Science and Computer Science Education, Indonesia Univ Educ, Fac Math & Sci Educ, Bandung, INDONESIA, 2018, 1013: 1-5.

[4] 罗红梅. 范希尔几何思维水平在教育教学中的应用 [J]. 亚太教育, 2015 (16): 83-84.

测试和美国德罗大学博士 Atebe 编制的试题翻译编写的"范希尔几何测试题"。① 此外还有比较典型的是涉及更一般的推理的测验试题，如瑞文推理测验、PISA 测试，其中含有几何推理能力方面的测试题目。

推理测验试题在几何推理相关研究中主要有两个方面的应用。一是直接运用，对学生几何推理能力进行评估。孔凡哲、史亮通过瑞文推理测验考察学生的几何类比推理能力。② 官红严、周超则通过运用 Usiskin 的测试卷调查了在职数学教师的范希尔几何思维水平。③ 二是在对已有测验试题进行研究的基础上，自编或改编推理测试问卷。綦春霞、王瑞霖从 PISA 测试题的内容和能力维度设计测试题目来考察中英学生数学推理能力的差异。④ 李红婷自编了初中生几何推理水平问卷和初中生几何推理过程问卷。⑤

## 三、学生几何推理能力现状形成的影响因素

学生几何推理能力现状的形成主要涉及学生自身、教师、教学、课程等多种影响因素。学生自身的因素主要包括学生认知发展水平、年龄、性别、年级、学习成绩等方面。其中，性别差异是关注较多的一个因素。La Pierre 和 Sharon 指出在空间推理上，女生比男生在推理表达上更擅长，⑥ 但 Adefope，Olufunke 研究却指出，男性倾向于在空间任务解决上表现良好。⑦

关于教师，涉及教师教育观念、教学能力等方面。Berenger Adrian 指出教师对几何概念存在误解，在非标准方向上识别几何形状和精确定义时都会遇到困难，⑧ 教师几何推理能力不足。关于教学，涉及推理材料、图形特征、推理训练等三个方面。教师可以基于使用不同的材料、具体的经验⑨通过设计开发性问题⑩、使用适当的几何语言，帮

---

① 祁明衡. 范希尔理论下的初中生几何思维水平现状研究［D］. 北京：首都师范大学，2013.

② 孔凡哲，史亮. 几何课程设计方式的比较分析：直观几何、实验几何与综合几何课程设计的国际比较［J］. 数学通报，2006（10）：7-11.

③ 官红严，周超. 针对数学教师的范希尔几何思维水平测试［J］. 数学教育学报，2014，23(02)：83-85.

④ 綦春霞，王瑞霖. 中英学生数学推理能力的差异分析：八年级学生的比较研究［J］. 上海教育科研，2012(06)：93-96.

⑤ 李红婷. 初中生几何推理能力发展研究［J］. 教育研究与实验，2009(06)：81-85. 李红婷. 7-9年级学生几何推理能力发展及其教学研究［D］. 重庆：西南大学，2007.

⑥ PIERRE S. Issues of Gender in Spatial Reasoning.［C］. Paper presented at the Annual Conference of the National Art Education Association，Chicago，1993.

⑦ ADEFOPE O. Geometry：A Medium to Facilitate Geometric Reasoning Among Sixth Grade African-American Males［J］. Georgia Educational Researcher，2014，11（1）：86-121.

⑧ BERENGER A. Changes in Students' Mathematical Discourse When Describing a Square［C］. the 41st Mathematics Education Research Group of Australasia，New Zealand，2018，170-177.

⑨ Škrbec，Maja|Cadež，Tatjana Hodnik. Identifying and Fostering Higher Levels of Geometric Thinking［J］. Eurasia Journal of Mathematics，Science and Technology Education，2015，11（3）：601-617.

⑩ MUJIASIH，WALUYA S B，KARTONO，et al. Growing geometric reasoning in solving problems of analytical geometry through the mathematical communication problems to state Islamic university students［C］. International Conference on Mathematics，Science and Education，Indonesia，SEP 18-19，2017，983.

助促进学生几何推理能力的发展。

关于课程，Fuys，Geddes 和 Tischer 认为课程中缺乏几何学内容的经验和没有一套促进更高几何思维水平的教科书。①

## 第四节  学生几何推理能力发展的培养研究

学生几何推理能力培养策略的研究主要都是围绕教师专业发展、教师课堂教学、课程设计与开发等来展开的一些研究。

第一，教师在推动学生几何推理的思考中起着重要的作用。首先，教师要提高自身的几何推理能力。Debrenti 指出教师需要具备空间推理能力，识别和描述不同环境中几何图形的形状与性质的能力。②其次，在教学理念上，教师要树立学生主体观念，③引导学生通过猜想和争论，经历推理和证明的过程。④此外，师范教育相关专业应注重发展职前教师的数学推理技能，培养师范生几何推理的观念，指导其理解推理的内涵，掌握推理教学的策略。⑤

第二，学生几何推理能力的培养取决于教学活动的设计。在教学内容的设计上，要贴近学生的生活情境，学生能够积极参与情境中的推理活动。⑥在教学问题设计上，注重发散问题的设计，常规单一的几何问题较难培养学生的几何理性思维。⑦在教学问题解决上，Torregrosa 和 Quesada 的研究揭示了在解决几何问题时需要协调语言和操作的必要性。⑧在教学资源利用上，在 Olkun 的研究中，几何画板被用来提供一个合适的动

---

① Škrbec, Maja|Cadež, Tatjana Hodnik. Identifying and Fostering Higher Levels of Geometric Thinking [J]. Eurasia Journal of Mathematics, Science and Technology Education, 2015, 11 (3): 601-617.

② DEBRENTI E. Some Components of Geometric Knowledge of Future Elementary School Teachers [J]. Acta Didactica Napocensia, 2016, 9.

③ 刘小翠. 初三学生几何思维水平的调查研究 [D]. 长沙：湖南师范大学，2015.

④ HONG D S, CHOI K M. Reasoning and Proving Opportunities in Textbooks: A Comparative Analysis [J]. International Journal of Research in Education and Science, 2018, 4 (1): 82-97.

⑤ LIVY S, DOWNTON A. Exploring experiences for assisting primary pre-service teachers to extend their knowledge of student strategies and reasoning [J]. Journal Of Mathematical Behavior, 2018, 51: 150-160.

⑥ 田甜. 新课程背景下初中几何学习困难的研究 [D]. 昆明：云南师范大学，2006.

⑦ MUJIASIH, WALUYA S B, KARTONO, et al. Growing geometric reasoning in solving problems of analytical geometry through the mathematical communication problems to state Islamic university students [C]. International Conference on Mathematics, Science and Education, Indonesia, SEP 18-19, 2017, 983.

⑧ Prior M J, Torregrosa G G. Razonamiento configural y procedimientos de verificación en contexto geométrico Configural reasoning and verification procedures in geometric context [J]. Revista latinoamericana de investigación en matemática educativa, 16: 339-368.

态环境，使学生可以根据他们的几何思维水平来探索几何学习。[①]在教学过程设计上，使学生经历观察、猜想、演绎等推理活动，并在活动中引导学生通过熟悉的生活经验和已有知识建立联系。[②]

第三，课程设计对学生几何推理能力的培养有重要的导向意义。2000 年，美国全国数学教师理事会（NCTM）建议在整个数学课程中渗透推理和证明过程。2013 年，Szilágyiné 提出课程应包括发展空间推理，以及在不同环境中识别和描述形状及其属性的能力。[③]邢玉琢提出几何教材的编写应该注重知识形成过程。[④]教科书需要在知识论述、例题习题中为各种推理和证明活动提供平等的机会，使学生能够接触到各种不同的推理和论证活动，[⑤]也要注意恰当地运用不同的语言，在非形式化演绎推理中要使用"说明"的语言，在形式化演绎推理中要使用"证明"的语言。[⑥]

## 第五节　启发与借鉴

通过文献述评发现，国内外对于几何推理的研究成果较为丰富，但也存在一些问题与不足，这对本研究产生了一定的启发和借鉴意义。

首先，在"几何推理"理论认识的研究方面，已有文献侧重对推理功能的意义阐述，但对几何推理的内涵没有形成统一的认识，对几何推理的分类、过程、层级划分也没有形成统一确定的标准，对几何推理的本质认识不足。理论上对几何推理的认识是进行相关研究的基础，缺乏相关理论上的认识，研究在方向性和准确性上就会失去把握，这启示本研究在进行文本分析、实践调查之前需要对几何推理进行较为详细、具体的探讨。

其次，在几何推理能力分析的理论应用方面，已有研究普遍依据范希尔理论编制学生几何推理能力发展现状的调查工具，对学生几何推理能力进行测试与分析，在国内外受到广泛的认可，这为本研究编制调查工具提供了理论上的依据。但在依据范希尔理论展开调查研究的相关文献中，研究者通常只在简单理解的基础上运用到测试调查中，测试工具是否适合我国中小学生的研究可能还有待商榷；或是在运用到教材内容评估中，

---

[①] MD Y, AIDA S, MOHD A, et al. Geometric Thinking of Malaysian Elementary School Students [J]. International Journal of Instruction, 2019, 12（1）: 1095-1112.

[②] 宁连华. 新课程实施中数学推理能力培养的几点思考[J]. 数学通报, 2006（04）: 7-9.

[③] HONG D S, CHOI K M. Reasoning and Proving Opportunities in Textbooks: A Comparative Analysis [J]. International Journal of Research in Education and Science, 2018, 4（1）: 82-97.

[④] 邢玉琢. 基于范希尔理论七、八年级学生几何思维水平的调查研究[D]. 哈尔滨：哈尔滨师范大学, 2016.

[⑤] HONG D S, CHOI K M. Reasoning and Proving Opportunities in Textbooks: A Comparative Analysis [J]. International Journal of Research in Education and Science, 2018, 4（1）: 82-97.

[⑥] 施婧青. 中学数学"图形与几何"领域教材与课程评析[D]. 上海：上海师范大学, 2018.

分析的系统性不够。这启示本研究在运用这一理论时，不仅要对理论本身有深入的认识，同时也要基于对几何学习内容的具体理解，并在此基础上，形成测试调查与分析框架，才有可能较好地确保测试题目的可靠性。

再次，在几何推理能力发展现状的实践调查方面，已有研究主要关注学生几何推理能力发展的现状。其中，研究内容更多是关于演绎推理能力的研究，对合情推理能力的关注不够；研究对象多以中学生为主，较少研究小学生。这启示本研究在关注小学生几何推理能力发展现状的同时，不仅仅关注能力水平的发展，也要关注不同类型推理能力的发展，而水平和类型的发展都是基于几何内容的。因此，在能力测试工具编制之前，需要在几何内容上进行推理能力水平和推理能力类型的分析。

最后，在几何推理能力培养的策略研究方面，已有研究主要对教师、教学、课程方面提出了建议，多是从理念指导上提出建议。而且，已有文献中也有较多建议来自一线教师，多是针对某一具体几何内容提出的，其适用性范围比较狭窄。这启示本研究在提出建议时，注意与小学几何教学实践相符合。

# 第八章 研究设计

本章将在理清几何推理的内涵、分类及其发展水平的基础上,确定研究对象、编制研究工具,并进行数据搜集。

## 第一节 几何推理的内涵、类型与水平

对几何推理的认识以概念理解为基础,概念理解的重要内容是明晰几何推理的内涵与类型。几何推理的内涵是指几何推理的本质,几何推理的类型是指几何推理所涉及的对象范畴。对其内涵与类型的明晰,是思考学生几何推理能力发展培养路径的出发点,有利于教师把握几何推理教学的方向。

### 一、几何推理的内涵

几何推理是数学推理在几何内容领域的体现,其内涵基于对推理的理解,并体现几何内容的特殊性。

推理是一种思维过程,依据《义务教育数学课程标准(2011年版)》中的定义,可以界定几何推理是由一个或若干几何命题按照一定的推理方式推出另外一些几何命题的思维过程。推理的前提是依据已知的判断,推理的结果是得到未知的判断,推理的过程则是由已知判断到未知判断中所经历的一系列思维活动。这种思维活动不仅仅表现在数学课程学习中,也表现在人们日常生活决策中的方方面面。推理与人们生活息息相关,推理能力的培养是十分重要的,数学教学是训练学生推理能力的重要途径。

推理是一种重要的数学思想,体现在小学三大内容领域中。本项目主要研究的是"图形与几何"领域中的推理,这一领域中的推理体现着几何内容的特点,对几何推理内涵的理解遵循着几何学的发展进程。几何学是一门古老的学科,自古希腊欧几里得以来已经建立了较为完备的公理化体系,几何学的演绎推理意味十分浓厚。利玛窦和徐光启在翻译《几何原本》时,将几何理解为:用形式逻辑的方法研究空间图形的学科,几何研究就是通过定义给出概念,建立公理和公设(是指一些最初的逻辑命题),利用推

理从公理和公设出发来验证命题①。基于这样的理解，几何概念和命题被看作是脱离直观图形，通过形式化演绎推理得到的结论，因而是确定的，但又是抽象的。几何推理被认为就是演绎的几何证明，这一观点在几何教学中长期占据主导地位，影响至今。

但对于几何推理内涵的理解不能仅仅停留在形式演绎上，直观的观察、操作、测量以及归纳猜想、联想类比的过程中也蕴含着推理，这种推理不是演绎的，但对于数学发现来说却十分重要。康德认为人类的一切知识都是从直观开始，从直观进入到概念，最终形成理念。②几何知识也遵循这一过程，几何知识的形成依赖于直观，几何中关于图形对象的定义往往是直观的描述，是在积累大量直观实物图形经验的基础上给出的，直观的培养依赖于个体参与其中的活动，包括观察、测量、操作等。几何知识的确立借助于直观，几何命题的结论往往借助在直观图形的观察中归纳得出并进一步通过演绎的方式证明，每一步骤都蕴含推理。同时，几何推理在内容上有一定的特殊性，几何推理的对象是几何图形本身的性质和图形间的关系。几何图形呈现出来是直观的，实质上却是抽象的，几何中的 0 维、1 维、2 维、3 维图形在生活中是不存在的。因而不同于代数推理研究的是数或符号，并且可以通过赋值的方式验证某一结论；几何推理研究的是图形本身，考察的是图形要素和图形整体的关系，对几何学所需概念的抽象在一定程度上要比代数学更难，这是学生几何学习困难的主要原因。

通过以上分析，对几何推理内涵的理解可以结合几何推理的"逻辑定义"具体阐释为，在几何图形的观察、测量、操作的探究中、在几何概念的定义中、在几何命题结论的归纳、类比、演绎推理的全部过程中体现出来的全部推理。

## 二、几何推理的类型

几何推理的类型按照不同的维度划分有所不同，但不同维度的推理类型相互关联。本项目的研究对象是几何推理能力，几何推理是数学和逻辑学结合的概念。由此，从数学和逻辑学的角度，可以从思维性质、思维进程和思维逻辑对几何推理进行分类，得到不同的几何推理类型（具体可参见表 8-1）。

表 8-1　三种不同分类依据下的几何推理类型

| 分类依据 | 具体类别 | 基本特征 |
| --- | --- | --- |
| 思维性质 | 合情推理 | 经验性 |
| | 演绎推理 | 严密性 |
| 思维进程 | 归纳推理 | 特殊到一般 |
| | 类比推理 | 特殊到特殊 |

---

① 史宁中. 数学思想概论：第 2 辑　图形与图形关系的抽象 [M]. 长春：东北师范大学出版社，2015.

② 康德. 纯粹理性批判 [M]. 蓝公武，译. 北京：商务印书馆，1960.

表 8-1 续

| 分类依据 | 具体类别 | 基本特征 |
|---|---|---|
| 思维进程 | 演绎推理 | 一般到特殊 |
| 思维逻辑 | 必然性推理 | 前提蕴含结论 |
|  | 或然性推理 | 前提不蕴含结论 |

《义务教育数学课程标准（2011年版）》依据思维的性质，将推理分为合情和演绎。合情推理是依据已有事实，借助经验和直觉，通过归纳、类比的方式推断新的结论的思维过程，[①]核心是从"经验到猜想"，侧重于对命题的探索与发现，在推理形式上不要求完全形式逻辑演绎的规则，因而是经验性的。演绎推理是依据定义、公理、定理等，进行的符合逻辑法则的论证结论的思维过程，[②]主要用于命题的证明，因而是严密性的。"课标"将这两种推理放在同等重要的位置，对于培养学生的推理能力同样具有重要的意义。

根据思维进程方向性的不同，可以将几何推理分为归纳、类比、演绎三种。[③]归纳推理是几何对象概括认识的推理，其思维进程是从特殊到一般。类比推理是已知一类事物的属性对另一个类中的事物的相似属性进行推断的推理，[④]其思维进程是从特殊到特殊；演绎推理由已知命题判断推断出未知命题判断，其思维进程是从一般到特殊。

根据推理表现出的思维逻辑关系，将几何推理分为必然性推理和或然性推理。这一逻辑关系被描述为蕴含关系，即若前提真、则结论为真。[⑤]必然性推理的前提和结论存在蕴含关系，或然性推理则不存在这一关系。推理是一种判断，按照一定的思维逻辑进行，其结论可能为真或假，其真实性有待考察。这种分类的意义就在于明确通过几何推理得到的几何命题并不必然是真实的，命题的真实性必须通过纯粹演绎的证明，这是数学称为科学的学科意义所在。同时，在几何推理过程中要着重把握前提和结论之间的逻辑关系并能够对这种关系加以分析理解（具体可参见图 8-1[⑥]）。

其中，合情推理包括归纳推理和类比推理，它们是结论或然的推理。演绎推理则是结论必然的推理。归纳推理和类比推理前提不蕴含结论，譬如，由正三角形、正方形、正五边形等分别是轴对称图形推导出正多边形是轴对称图形的结论，这使用的是归纳推理，该结论从认知上来讲是正确的，但从几何逻辑推理的规则上来看其真实性有

---

① 中华人民共和国教育部. 义务教育数学课程标准（2011年版）[M]. 北京：北京师范大学出版社，2012.
② 马复. 数学推理的内涵与价值 [J]. 小学数学教育，2015（06）：3-6.
③ 李俊秀. 数学中的推理和论证 [M]. 西安：陕西科学技术出版社，1984.
④ 王瑾，史宁中，史亮，等. 中小学数学中的归纳推理：教育价值、教材设计与教学实施：数学教育热点问题系列访谈之六 [J]. 课程·教材·教法，2011，31（02）：58-63.
⑤ 李俊秀. 数学中的推理和论证 [M]. 西安：陕西科学技术出版社，1984.
⑥ 曹培英. 跨越断层，走出误区："数学课程标准"核心词的实践解读之七：推理能力（上）[J]. 小学数学教师，2014（Z1）：87-94.

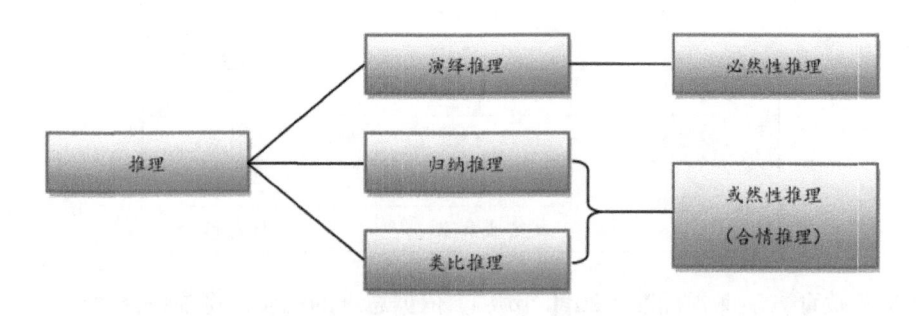

图 8-1　不同分类依据下几何推理类型之间的关系

待演绎的验证。演绎推理从一般到特殊,前提中说明的几何对象包含结论中的几何对象,譬如,由长方形是平行四边形推导出正方形是平行四边形,这使用的是演绎推理,结论必然是真实的。

考虑这三种分类下的几何推理类型与几何内容进行对照时的适应性,以便明晰后续章节课标、教材分析以及测试编制的方向。由于按照"思维性质"进行分类下的合情推理过于宽泛,在对照教材内容时很难体现层次上的差异;而按照"思维逻辑"进行分类,前提和结论的蕴含关系在对照教材分析时太过抽象,研究决定采用按照"思维进程"进行的分类,将推理分为归纳、类比、演绎三种。三种类型的推理体现在研究几何对象的全部过程中,能够与教材内容进行较好的对照。同时,几何推理的过程往往依赖于直观,在进行归纳、类比、演绎推理之前,学生会经历观察、测量、操作等直观活动,这在小学阶段几何学习中占有重要的部分。因而,对几何推理进行分类时,在按照几何思维进程分类的同时,借鉴范希尔几何思维水平 0(视觉化)的描述和 Gutierrez,Pegg 和 Lawrie 等人提出的视觉推理的概念,他们指出视觉推理是只涉及视觉或触觉感知的天真证明和基于多实例的一种简单的结论,这一概念可以与观察、测量、操作活动联系起来。因而,本项目研究将几何推理的类型分为视觉推理、归纳推理、类比推理和演绎推理四种形式。

从所经历的思维活动来看,不同类型的推理对应不同的几何思维活动(参见图 8-2)。

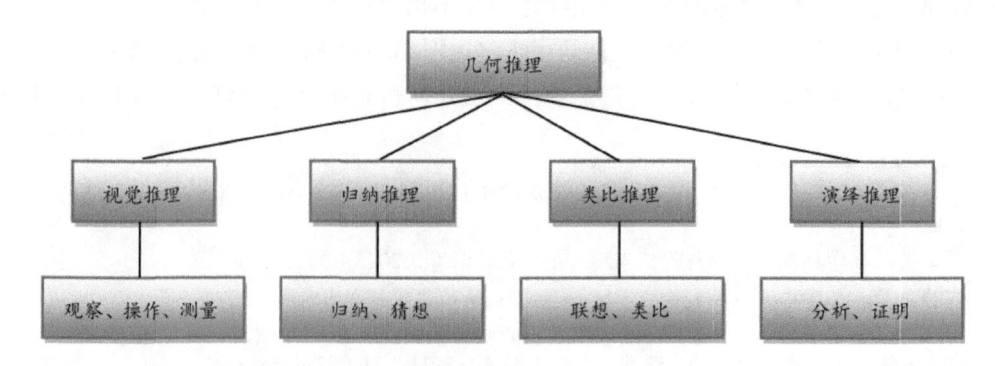

图 8-2　几何推理类型及其所对应的思维活动

几何思维的对象是直观图形、抽象概念和命题。视觉推理主要是直观的思维,其所对应的学习活动是观察、操作、测量,即通过直观的观察、操作、测量就可以进行的推理被理解为视觉推理。通过观察、操作、测量去解决问题也可以被看作是思维的过程,因而,观察、操作、测量在一定意义上可以被理解为是思维活动。因而,视觉推理对应的思维活动是对直观图形的观察、操作、测量。归纳推理所对应的思维活动是基于视觉推理的直观活动而(抽象)归纳、(形成)猜想,体现在对大量直观图形的观察、操作、测量中发现同一图形的共性并逐渐抓住其本质的共同特征描述概念定义和命题。类比推理所对应的思维活动是基于视觉推理的直观活动而进行的联想、类比,通常运用在具有相似或者相同特征的图形之间,发现新图形的概念和命题。演绎推理所对应的思维活动是基于图形的概念和命题进行的分析、证明,主要经历问题分析,发现条件与问题之间的关联并运用图形概念和特征解决问题;或是直接由命题出发,经历三段论的几何证明。

### 三、几何推理能力发展的水平划分

几何推理能力是一种综合能力,是基于几何内容发生的有逻辑性的思考,得出结论,再进一步举证说明推论合理性的综合能力,[1]体现在几何推理的全部过程中。几何视觉推理能力是指能够根据直观图形,在对图形整体轮廓的观察中得出简单的判断。几何归纳推理能力是指能够从某类事物所包含的部分对象中概括得出一类事物的特征的能力,具体体现在观察、操作中识别图形、分类、猜想、发现、实例验证、得出结论的过程中。几何类比推理能力侧重通过几何对象的属性间的相似,对某一对象所具有的其他属性进行推理,具体体现在观察、操作中比较分析、联想、发现、得出结论的过程中。几何演绎推理能力表现在对几何命题(涉及图形要素、性质、特点、关系等)及命题之间的逻辑关联有清晰的认识,能够熟练从已知命题推断未知命题。完整的几何推理能力表现在能够把握不同类型的推理逻辑规则,认识不同类型推理的作用,从整体上审视几何概念和命题及其学习。

几何推理能力发展有一定的层级,总体来看,视觉推理能力处于最低层次,归纳推理、类比推理、演绎推理根据内容的复杂程度不同体现出不同的层级。不同层级的几何推理能力对应着不同的思维活动,能够体现出不同层次的思维水平。在相同的数学任务中,不同的学生往往表现出不同层级的思维水平,反映出其具有不同发展水平的几何推理能力。因而,想要了解学生几何推理能力发展现状,需要对推理能力发展水平层级进行划分。通过文献述评发现,范希尔几何思维水平理论的思维层级划分能够较好地对应学生几何推理能力水平。这一理论在国际上已经被普遍认可,也已经引入我国的一些研究当中,同时与几何教学内容较为契合。因此,从这一理论出发,对几何推理的能力水平进行划分应该是比较合理的。

范希尔理论是范希尔夫妇在教学实践研究中总结出的研究成果,他们将学生能力水平划分为五个层级,这五个层级层层递进,按照顺序由较低的思维水平向较高的思维水

---

[1] 徐斌艳. 数学学科核心能力研究[J]. 全球教育展望,2013,42(06):67-74,95.

平发展。但已有研究指出"严密"水平几乎没有人能够达到,小学生更是完全不可能达到。范希尔夫妇认为层次发展与年龄无关,而与学生几何经验有较大关联,不同年龄学生可能表现出不同层次的推理水平。学生的几何能力水平在几何教学中逐级发展,与学生已有的几何经验密切关联。这种观点对于通过了解学生几何推理能力现状从而反思教学不足具有启发意义。

借鉴国内学者鲍建生、周超[1]等人的翻译,可以对范希尔理论不同层级的几何思维水平展开简单、具体的描述(具体可参见表8-2)。

表8-2 范希尔理论几何推理能力水平描述

| 水平 | 理论描述 |
| --- | --- |
| 视觉化 | 能通过整体轮廓识别图形;<br>能使用非正式的几何语言描述几何图形;<br>能操作几何构图元素画图或仿画图形;<br>能根据对图形的观察、操作解决几何问题,但无法依据图形特征来分析问题 |
| 分析 | 能分析图形的要素和特征,依据图形特征解决几何问题,但无法解释图形间关系;<br>能比较、分析图形构成要素,依据某一特征对图形进行分类,但无法解释图形特征间的关联 |
| 非形式化演绎 | 能建立图形及其性质间关系,提出非形式化的推论;<br>能理解图形的内在特征和包含关系;<br>能使用图形的正式定义和特征进行一定的演绎推导,但达到几何证明的程度,也不能建立起几何定理网络 |
| 形式化演绎 | 了解几何证明的意义,依据"不定义元素""定理"和"公理"展开推论;<br>理解几何定理的形成需要经历形式逻辑推理的过程;<br>理解几何证明中所需的充分条件和必要条件;<br>能够建立起定理间的关系网络 |
| 严密 | 能在不同的公理体系下严谨地建立定理;<br>能分析比较不同的几何公理系统 |

范希尔理论对几何推理水平的划分从水平0开始,视觉化水平主要是通过视觉认知事物;分析水平开始在一定的抽象程度上认知事物;非形式化演绎水平对事物的抽象认知程度加深,但未形成形式逻辑演绎的认识;形式化演绎水平对事物形成抽象的较高程度的认识,推理按照严密的逻辑规则展开;严密水平对事物的抽象认知达到最高程度。能力的层级发展与学生认知水平发展基本相一致,但在一定程度上突破了年龄的限制。学生几何推理能力水平的高低与学生的几何经验有较大的关联,小学低年级的学生几何经验少于高年级,在几何推理能力水平上处于较低层次。同时,学生几何经验的内化在

---

[1] 鲍建生,周超. 数学学习的心理基础与过程[M]. 上海:上海教育出版社,2009.

很大程度上也影响学生的几何推理能力。小学生几何推理能力一般处于水平 0—2，但与认知发展相悖的是，小学高年级学生的几何推理能力可能仍然停留在水平 0 或水平 1 的层次，这与其自身积累的几何经验有关。小学生几何推理能力几乎不能达到水平 3：形式化演绎，但对于形式演绎推理是否可以在一定程度上进行渗透是可以进一步思考的。严密水平一般是对理论数学家的推理能力要求，小学生不可能达到这一水平，在以下文本分析和调查研究中对这一水平不做分析。

总之，关注学生几何推理能力的发展和学生几何推理能力水平之间的差异在几何教学中应当受到重视。了解学生几何推理能力现状，并基于发展的要求思考在何种程度上促进推理能力的发展是数学教学的重要目标。

## 第二节 研究对象

本研究的测试对象选取了江苏省 A、B、C 三所学校的六年级学生，每所学校各选取 2 个平行班。与测试目的相契合，主要考察教学对学生几何推理能力现状的影响，三所学校在教学水平上存在纵向层次上的差异。其中，A 学校位于南京市江北新区，学校整体办学水平处于中下游；B 学校位于苏州市张家港市，学校整体办学水平处于中游；C 学校位于常州市天宁区，是市模范小学，学校整体办学水平处于上游。因而选取的样本具有差异性，能在一定程度上反映出不同办学水平上学生整体几何推理能力的发展，反映出学生几何推理能力发展中普遍的、共性的问题，因而样本具有一定的代表性。

## 第三节 问卷编制

测试题的编制依据一定的测试内容，同时测试内容要能够反映出学生推理能力的发展现状。本研究测试内容的设计是在参阅了国内外大量有关几何推理的相关文献，在对几何推理做了详细概述，在对范希尔理论的深入研究的基础上，对"课标"和苏教版小学数学教材进行系统细致的分析。同时，听取一线教师和课程与教学论专家的指导意见，不断修改完善的。在测试内容设计的过程中，首先确定测试框架，再依据测试框架的不同维度选取不同的测试内容编制试题。

### 一、测试框架构建

学生几何推理能力测试依据几何推理概述和"课标""教材"分析加以构建，如图 8-3 所示。

```
            ┌─────────────────────┐
            │  几何推理能力测试框架  │
            └─────────────────────┘
               ↓        ↓        ↓
         ┌────────┐ ┌────────┐ ┌────────┐
         │ 内容维度 │ │ 类型维度 │ │ 水平维度 │
         └────────┘ └────────┘ └────────┘
              ↓         ↓         ↓
         ┌────────┐ ┌────────┐ ┌────────┐
         │四方面内容│ │四推理类型│ │三推理水平│
         └────────┘ └────────┘ └────────┘
```

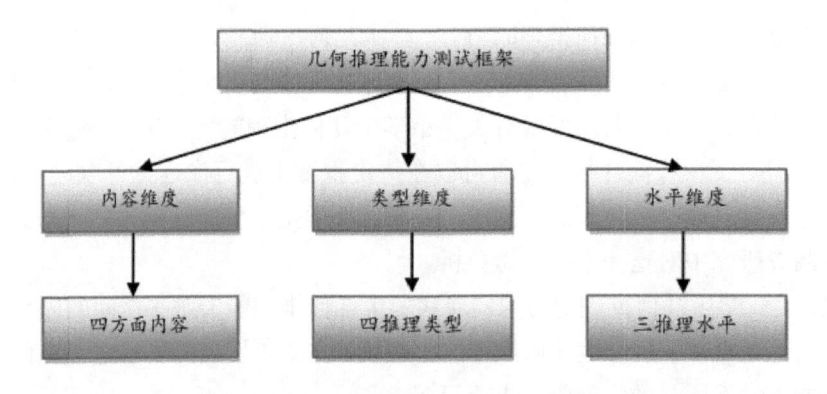

**图 8-3　几何推理能力测试框架图**

测试框架从三个维度展开，即内容维度、类型维度、水平维度。其中，内容维度是指几何推理能力测试题的考察内容，依据"课标"对"图形与几何"的具体领域划分确定，包括四方面内容：图形的认识、图形的测量、图形的运动、图形与位置。类型维度是指几何推理能力测试题所反映的几何推理类型，是在梳理相关文献，考虑不同分类下的推理类型与几何内容的适切性来确定的，包含四种推理类型：视觉推理、归纳推理、类比推理、演绎推理。水平维度是指几何推理能力测试题反映的几何推理水平，采用的是范希尔理论对几何思维水平的划分。范希尔几何思维水平有五个层次，在对照苏教版小学数学教材进行分析中，仅仅体现了前三个层次，因而，这里包含三种推理水平：视觉化水平、分析水平、非形式演绎水平。这三个维度有关联，因而测试题目能够同时反映几何推理能力在这三个维度上的情况。

## 二、测试考察内容范围

问卷测试在第一学期期末进行，主要考察六年级学生经历小学阶段学习，几何推理能力发展总体情况，因而测试考察范围是苏教版1—11册教材"图形与几何"四个领域的内容，六年级下册内容不做考察，这对测试结果没有大的影响。具体考察内容知识点分布情况可参见本研究附录"六年级学生几何推理能力发展测试问卷"，这里不再重复，仅对单元数量粗略描述，以了解测试考察内容的大致情况。其中，"图形的认识"排除六年级下册"圆柱、圆锥的认识"共计九个单元；"图形的测量"排除"圆柱、圆锥的底面半径、直径、周长和高；表面积、侧面积和底面积；体积和容积"共计十个单元；"图形的运动"排除"按比例缩放"共计两个单元；"图形与位置"排除"通过方位角确定位置"共计五个单元。

## 三、测试问卷的编制

本研究使用问卷调查法，通过编制《六年级学生几何推理能力发展水平测试问卷》对学生进行纸笔测验。测试问题以学生所学知识为考察内容，在题目设计上以常规题型为主，有的是研究者自己编制的，有的是选自 TIMSS 测试题，有的是改编自苏教版小学数学教材、教材配套练习题（《补充习题》《练习与测试》），不超出学生的认知经验，能够较为真实地反映出学生的几何推理能力发展现状。

（一）测试题的题型分布与评分标准

测试问卷（具体可参见附录）共 4 道大题，26 道小题。题型有填空题、选择题、操作题、问答题，对应数量分别为 8 道、5 道、4 道、9 道。在评分标准上，问卷总分为 100 分，其中填空题 22 分、选择题 7 分、操作题 22 分、问答题 49 分（具体可参见表 8-3）。

表 8-3　六年级学生几何推理能力发展测试问卷的评分标准

| 题型 | 题号 | 分值 | 评分标准 |
|---|---|---|---|
| 填空题 | 1 | 2 | 1 空 1 分，共 2 空；每空若答案不全得 0.5 分，若未答或存在错误答案得 0 分 |
| | 2 | 5 | 1 空 1 分，共 5 空；每空若答案不全得 0.5 分，若未答或答案错误得 0 分 |
| | 3 | 2 | 1 空 1 分，共 2 空 |
| | 4 | 2 | 1 空 1 分，共 2 空 |
| | 5 | 2 | 1 空 1 分，共 2 空 |
| | 6 | 3 | 1 空 1 分，共 3 空 |
| | 7 | 3 | 1 空 1 分，共 3 空；每空若答案不全或部分错误得 0.5 分，若未答或答案错误，得 0 分 |
| | 8 | 3 | 1 问 1 分，共 3 问：第 1 问、第 2 问各两空，答对两空，得 1 分，否则不得分；第 3 问 1 空 1 分 |
| 选择题 | 1 | 1 | 选择正确，得 1 分 |
| | 2 | 1 | 选择正确，得 1 分 |
| | 3 | 1 | 选择正确，得 1 分 |
| | 4 | 2 | 选择正确，得 2 分 |
| | 5 | 2 | 选择正确，得 2 分 |
| 操作题 | 1 | 6 | 共三小问，每问 2 分；每问正确画出 2 种及以上，得 2 分；只画出一种，得 1 分；未画出或画图错误，得 0 分 |
| | 2 | 4 | 共两小问，每问正确画图，得 2 分；未画或画图错误，得 0 分 |
| | 3 | 6 | 共两小问，每问三分；每问正确画图，得 3 分；画出圆心但未画出圆或画错，得 1 分；未画图或画错图，得 0 分 |
| | 4 | 6 | 正确补全长方体展开图，得 3 分；3 处填空，每空 1 分 |

表 8-3 续

| 题型 | 题号 | 分值 | 评分标准 |
| --- | --- | --- | --- |
| 问答题 | 1 | 4 | 共三问，前两问，每问 1 分；第三问回答特点，得 1 分，回答关系，得 2 分 |
| | 2 | 4 | 结论判断正确 1 分；理由 3 分 |
| | 3 | 5 | 得出 2 个及以上的结论并理由正确，得 5 分；得出一个结论并理由正确，得 3 分；得出一个结论但理由不正确，得 1 分；未得出结论，得 0 分 |
| | 4 | 7 | 共三问：第一问正确画出 1 个图形的所有对称轴，得 0.5 分，共 2 分；第二问 2 分；第三问 3 分，有 2 小问，正确回答第 1 小问，得 1 分；分类讨论回答第 2 小问，得 2 分 |
| | 5 | 7 | 共两问：第一问 4 分；第二问若完整写出推导过程，得 3 分，只写结论，得 0.5 分，解释结论但不完整，得 1.5 分 |
| | 6 | 6 | 共三问，每问 2 分 |
| | 7 | 6 | 共两问：第一问 3 分，写出方法得 1 分，解释说明清楚准确 2 分；第二问 3 分，图中表示 1 分，解答 2 分 |
| | 8 | 6 | 共三问：每问 2 分。第一问：画图 1 分，写出发现 1 分 |
| | 9 | 4 | 清楚准确表示图形间关系，得 4 分；画图不清晰但关系基本正确，得 3 分；画图不清晰但关系部分正确，得 2 分；画图不准确或存在错误，得 1 分；未能表示或完全表示错误，得 0 分 |

## （二）不同维度测试题的数量分布

测试题的数量在"图形与几何"领域内容、几何推理类型、几何推理水平维度上的分布依据"课标"和教材内容而定，因而数量分布并不均衡。同时，通过"课标"和教材的分析，发现在水平维度上最高要求学生达到非形式化演绎水平。因此，测试题的设计排除形式化演绎的内容。自编测试题的每个问题都能反映学生在不同内容领域、不同推理类型、不同推理水平上的推理能力发展状况。与此同时，同一问题可能同时反映多个内容领域或多个推理类型或多个推理水平。图 8-4 是三个维度上的题目数量分布情况。

通过三维数量分布图，可以清楚地看出"内容""类型""水平"三个维度两两之间的关系上的数量分布情况。几何推理能力测试题与教材内容分布相符合，以"图形的认识""图形的测量"内容为主，"图形的运动""图形与位置"数量较少。首先，在"内容"与"类型"两维度之间，可以看出"图形的认识"以演绎推理为主，其他三种推理数量较少，但也有分布；"图形的测量"包含四种类型的推理，数量分布较为均衡；"图形的运动""图形与位置"均不涉及类比推理，其他三种类型推理内容分布均衡。总体

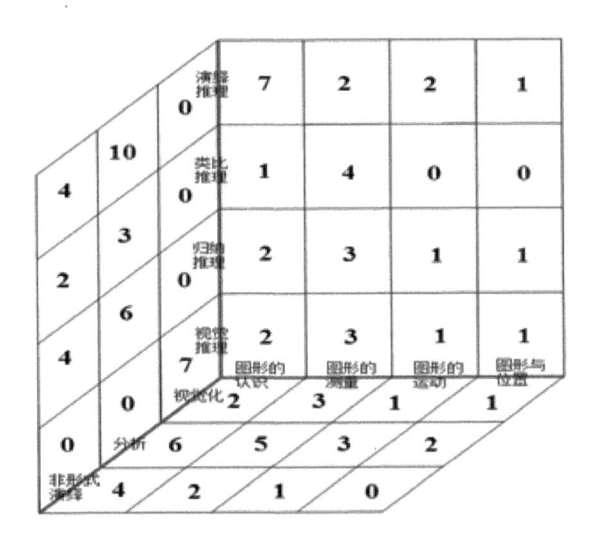

**图 8-4 不同维度测试题的数量分布**

来看,"内容"上的推理类型以演绎推理为主。其次,在"内容"与"水平"两维度之间,各领域内容上的几何推理能力测试题均以分析水平为主,视觉化水平和非形式化演绎水平上的测试题数量也有分布,但数量较少。最后,在"类型"与"水平"两维度之间,视觉推理对应视觉化水平;其他三种类型推理均对应着分析水平和非形式化演绎水平,且以分析水平为主。

具体看每一维度题目的分布,将测试问卷题目编码统计。本问卷共计 26 小题,按照 1—26 进行编号,填空题依次编号为 1—8;选择题依次编号为 9—13;操作题依次编号为 14—17;问答题依次编号为 18—26。经过统计,制作各个维度内容分布细目表,如表 8-4 所示。通过细目表,可以清楚地看出每一维度上的测试题目的题号和分值分布情况。

**表 8-4 几何推理能力试题各个维度内容分布细目表**

| 维度 | | 题号 | 分值 |
|---|---|---|---|
| 内容 | 图形的认识 | 1, 2, 9, 10, 14, 16, 17, 18, 20, 26 | 40 |
| | 图形的测量 | 3, 4, 5, 6, 11, 19, 22, 23, 24 | 33 |
| | 图形的运动 | 7, 12, 15, 21 | 16 |
| | 图形与位置 | 8, 13, 25 | 11 |
| 类型 | 视觉推理 | 1, 2, 3, 4, 5, 7, 8 | 19 |
| | 归纳推理 | 18, 20, 21, 22, 23, 24, 25 | 41 |
| | 类比推理 | 6, 22, 23, 24 | 22 |
| | 演绎推理 | 9, 10, 11, 12, 13, 14, 15, 16, 17, 18, 19, 26 | 41 |

表 8-4 续

| 维度 | | 题号 | 分值 |
|---|---|---|---|
| 水平 | 视觉化 | 1, 2, 3, 4, 5, 7, 8 | 19 |
| | 分析 | 6, 9, 10, 11, 12, 13, 14, 15, 17, 18, 19, 20, 21, 22, 23, 25 | 65 |
| | 非形式化演绎 | 16, 17, 18, 21, 23, 24, 26 | 39 |

### （三）测试问卷的信度和效度分析

**1. 信度分析**

本研究测试是以范希尔几何思维水平理论、几何推理类型和小学"图形与几何"领域内容为基础的，采用的是自行编制的几何推理能力的测试问卷。通过 SPSS 21.0 版本数据分析软件分析测试问卷的信度，结果如表 8-5 所示。

表 8-5 测试卷信度分析

| Cronbach's Alpha | N of Items |
|---|---|
| 0.802 | 26 |

Alpha 系数是衡量数据信度的一种有效的指标。一般规定，Alpha 系数在 0.8 以上，说明测试问卷的信度非常高。通过 SPSS 数据分析，得出本研究测试问卷的可靠性统计量 Alpha 值为 0.802，这表明该测试卷信度良好。

**2. 效度分析**

为确保测试结果的有效性，本研究测试问卷在专家指导下进行不断地修改完善，并通过 SPSS 对测试问卷进行效度分析，结果如表 8-6 所示。

表 8-6 测试问卷效度分析

| | | 测试成绩 | 期末成绩 |
|---|---|---|---|
| 测试成绩 | Pearson 相关性 | 1 | 0.728* |
| | 显著性（双侧） | | 0.000 |
| | N | 37 | 37 |
| 期末成绩 | Pearson 相关性 | 0.728* | 1 |
| | 显著性（双侧） | 0.000 | |
| | N | 37 | 37 |

\*. 在 0.01 水平（双侧）上显著相关。

通过将测试结果与学生本学期期末成绩进行一致性分析，求得二者之间的效标关联效度，以表明测试结果能够真实反映学生学习能力。SPSS 数据分析软件进行分析得出测试成绩与学生期末成绩的相关系数为 0.728（$p < 0.01$），这表明二者具有显著正相关，测试问卷有良好的效度。

## 第四节　数据搜集

本研究共调查了三所学校 6 个班级的六年级学生 269 名。其中，A 学校回收测试问卷 95 份，有效问卷 81 份；B 学校回收测试问卷 98 份，有效问卷 92 份；C 学校回收测试问卷 76 份，有效问卷 75 份；共计有效问卷 248 份。对回收的有效测试问卷进行标准评分，通过测试结果分析学生总体几何推理能力和各维度上的几何推理能力发展现状。

# 第九章 研究结果与分析

本章将依据问卷调查搜集到的数据,就三所学校学生几何推理能力发展的总体差异,学生在几何推理水平、几何推理类型和几何学习内容上推理能力的具体表现进行分析与概括。

## 第一节 三所学校学生几何推理能力发展的总体差异

通过测试结果可以概述学生几何推理能力发展的总体状况,下面将仅从描述统计量和成绩分布区间两个方面展开具体分析。

### 一、学生几何推理能力发展测试的统计描述

通过 SPSS 数据分析软件可以获得三所学校测试结果的描述统计量(包括极值、均值、标准差),具体可参见表 9-1。

表 9-1 三所学校学生几何推理能力发展的总体状况

|  | N | 极小值 | 极大值 | 均值 | 标准差 |
| --- | --- | --- | --- | --- | --- |
| A 学校 | 81 | 38.50 | 87.50 | 54.8148 | 10.41977 |
| B 学校 | 92 | 40.00 | 79.50 | 57.0054 | 9.78547 |
| C 学校 | 75 | 41.50 | 87.00 | 69.3467 | 9.59940 |

通过表 9-1 可以发现,学生几何推理能力总体发展处于一般水平,平均成绩在 50~70 分之间。三所学校测试成绩均值存在较大差异,且这种差异与学校办学水平相一致。A 学校成绩均值最低,为 54.81 分;B 学校成绩均值略高于 A 学校,为 57.01 分;C 学校成绩均值明显高于 A、B 两所学校,为 69.35 分。成绩均值的差异表现出学校之间学生几何推理能力之间存在着一定的差异。从反映数据离散趋势的统计量(极值和标准差)来看,A 学校学生成绩极小值均小于,极大值均大于其他两所学校,且学生成绩标准差较大,这表明学生成绩分布差异较大,学生之间几何推理能力发展水平差异较大。B 学

校学生成绩极大值和极小值之间差值较小，标准差也相对较小，这表明学生之间成绩差异较小，几何推理能力发展水平差异较小。C学校学生成绩极小值和极大值都相对较大，且标准差较小，这表明C学校成绩离散程度较小，学生总体表现较好。

## 二、学生几何推理能力发展测试的成绩分布

图9-1直观体现了三所学校学生几何推理能力发展测试成绩分布的集中范围。

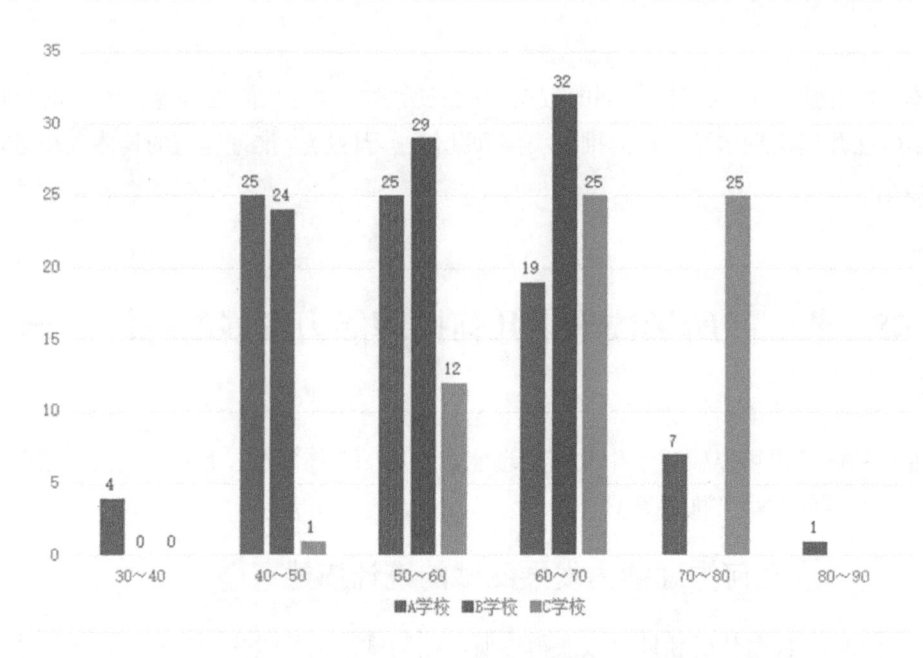

**图9-1　三所学校学生几何推理能发展测试的成绩分布**

图9-1表明，学生成绩在30～90分之间，以10分为组距，划分区间范围（左闭右开），可规定30～50分为低分区域，50～70分为中间区域，70～90分为高分区域。

总体来看，学生成绩集中分布在中间区域，即50～60分、60～70分数区域内，低分和高分人数相对较少。

从不同学校来看，A、B两所学校也有较多学生成绩集中在低分区域，高分区域人数较少。A学校有29人成绩在低分区域内，8人成绩在高分区域内，其中，4人成绩在30～40分之间，25人成绩在40～50分之间，7人成绩在70～80分之间，1人在80～90分之间；B学校有24人成绩在低分区域（40～50分）内，7人成绩在高分区域（70～80分）内。C学校学生成绩极少在低分区域内，仅有1人成绩在40～50分之间；有较多人成绩在高分区域内，其中，25人成绩在70～80分之间，12人成绩在80～90分之间。

由此可见，C学校学生的几何推理能力发展水平在很大程度上明显优于A、B两所学校的学生。

## 第二节 学生几何推理水平上的推理能力的具体表现

学生几何推理能力发展上的差异主要表现为水平上的差异。通过"课标""教材"文本对应范希尔几何思维水平的研究发现，小学阶段对学生几何思维水平的发展对应范希尔理论的前三个思维水平。测试题目的编制分别体现了这三种水平并对应不同的题目数量和分值。为了解学生几何推理水平上推理能力的具体表现，可以分别统计学生总体得分率和得分人数分布情况。

### 一、学生几何推理能力发展水平上的得分率情况

为了解学生在不同推理水平上得分的总体情况，可计算每一水平对应试题的得分率（平均分÷总分）×100%，如表 9-2 所示。

表 9-2 学生几何推理水平上的得分率分布表

| | 题目个数 | 总分 | 平均分 | | | 标准差 | | | 得分率/% | | |
|---|---|---|---|---|---|---|---|---|---|---|---|
| | | | A | B | C | A | B | C | A | B | C |
| 水平 0 | 7 | 19 | 15.91 | 16.07 | 16.90 | 1.41 | 1.40 | 1.23 | 83.74 | 84.58 | 88.95 |
| 水平 1 | 16 | 55 | 29.81 | 30.51 | 38.31 | 6.85 | 7.08 | 6.70 | 54.20 | 55.47 | 69.65 |
| 水平 2 | 7 | 26 | 9.12 | 10.46 | 14.10 | 4.18 | 2.77 | 3.14 | 35.08 | 40.23 | 54.23 |

通过表 9-2 可以发现，随着测试题目对学生思维水平要求的提高，学生得分率不断降低，在视觉化水平上学生表现良好，在分析水平上学生表现一般，在非形式化演绎水平上学生表现较差。具体来看，视觉化水平的测试题总分为 19 分，三所学校学生平均分都在 16 分左右，对应得分率均高于 80%，分别为 83.74%、84.58%、88.95%，且标准差较小，表明学生得分较为集中，平均分能够较好地表示总体水平。分析水平的测试题总分为 55 分，A、B 两校平均分在 30 分左右，C 校平均分接近 40 分，三所学校对应得分率分别为 54.2%、55.47%、69.65%，且标准差较大，表明可能有部分学生在分析水平上表现良好，有部分学生在分析水平上表现较差。非形式化演绎水平的测试题总分为 26 分，A、B 两校平均分在 10 分左右，C 校平均分接近 14 分，三所学校对应得分率分别为 35.08%、40.23%、54.23%，标准差相对较小，学生得分相对集中。

因此，总体来看，学生几何思维水平的发展有待提高。

## 二、学生几何推理能力发展水平上的得分人数分布

根据每一水平对应分值,以 5 分或 10 分为区间范围(左闭右开区间),分别统计三所学校每一区间范围对应的学生人数并计算相应百分比,如表 9-3 所示。

表 9-3 学生几何推理水平上得分的人数分布表

| 水平 | 分值 | 学生得分 | 人数 A | 人数 B | 人数 C | 占比/% A | 占比/% B | 占比/% C |
|---|---|---|---|---|---|---|---|---|
| 视觉化 | 19 | 0~5 | 0 | 0 | 0 | 0.00 | 0.00 | 0.00 |
| | | 5~10 | 0 | 0 | 0 | 0.00 | 0.00 | 0.00 |
| | | 10~15 | 10 | 11 | 1 | 12.35 | 11.96 | 1.33 |
| | | 15~20 | 71 | 81 | 74 | 87.65 | 88.04 | 98.67 |
| 分析 | 55 | 0~10 | 0 | 0 | 0 | 0.00 | 0.00 | 0.00 |
| | | 10~20 | 3 | 7 | 1 | 3.70 | 7.61 | 1.34 |
| | | 20~30 | 35 | 35 | 9 | 43.21 | 38.04 | 12.00 |
| | | 30~40 | 37 | 41 | 31 | 45.68 | 44.57 | 41.33 |
| | | 40~50 | 6 | 9 | 31 | 7.41 | 9.78 | 41.33 |
| | | ≥50 | 0 | 0 | 3 | 0.00 | 0.00 | 4.00 |
| 非形式化演绎 | 26 | 0~5 | 13 | 1 | 1 | 16.05 | 1.09 | 1.33 |
| | | 5~10 | 38 | 38 | 3 | 46.91 | 41.30 | 4.00 |
| | | 10~15 | 21 | 46 | 39 | 25.93 | 50.00 | 52.00 |
| | | 15~20 | 8 | 7 | 30 | 9.88 | 7.61 | 40.00 |
| | | ≥20 | 1 | 0 | 2 | 1.23 | 0.00 | 2.67 |

由表 9-3 可知,六年级学生在低思维水平的题目上表现良好,在高思维水平的题目上表现较差,且在各水平的表现上,C 校学生表现总体均优于其他两所学校。首先,在视觉化水平上,高分范围内的学生占比较高,低分(10 分以下)范围内的学生占比均为 0%,C 校学生表现优于 A、B 两所学校。多数学生得分分布在 15~20 分之间,其中,A 学校占比 87.65%,B 学校占比 88.04%,C 学校占比 98.67%。根据这些数据,能够判断学生几何思维水平基本都达到了视觉化水平的要求。其次,在分析水平上,学生总体表现一般,C 校学生表现明显优于 A、B 两所学校,A 校学生表现略优于 B 校学生。A 校学生得分集中分布在 20~30 分、30~40 分之间,得分率分别为 43.21% 和 45.68%;B 校学生得分也集中分布在 20~30 分、30~40 分之间,得分率分别为 38.04% 和 44.57%;C 校学生得分集中分布在 30~40 分、40~50 分之间,得分率均为 41.33%,在 50 分以上也有分布,占比 4%。最后,在非形式化演绎水平上,学生总体表现一般,三所学校之间差异较大,学生表现 C 校优于 B 校,B 校优于 A 校。A 校学生得分主要分布在 5~

10 分之间，占比为 46.91%；B 校学生得分集中分布在 5~10 分、10~15 分之间，得分率分别为 41.3% 和 50%；C 校学生得分集中分布在 10~15 分、15~20 分之间，得分率分别为 52% 和 40%。

因此，总体来看，学生基本上能达到视觉化水平的要求，部分学生能够达到分析和非形式化演绎水平的要求。

# 第三节 学生几何推理类型上的推理能力的具体表现

学生几何推理能力测试题在推理类型上对应着不同的推理形式，通过测试可以了解学生在推理能力类型上的表现。下面将分别从学生不同几何推理类型上的成绩分布和推理类型上的能力水平表现两方面展开描述。

## 一、学生几何推理类型上的得分人数分布

不同推理类型对应不同分值，根据分值将学生得分划分为不同的区间（左闭右开），以 5 分或 10 分为组距，统计相应的人数，如表 9-4 所示。

表 9-4 不同几何推理类型上学生的成绩分布表

| 类型 | 分数 | 学生得分 | 人数 | | | 占比/% | | |
| --- | --- | --- | --- | --- | --- | --- | --- | --- |
| | | | A | B | C | A | B | C |
| 视觉推理 | 19 | 0~5 | 0 | 0 | 0 | 0.00 | 0.00 | 0.00 |
| | | 5~10 | 0 | 0 | 0 | 0.00 | 0.00 | 0.00 |
| | | 10~15 | 10 | 11 | 1 | 12.35 | 11.96 | 1.33 |
| | | 15~20 | 71 | 81 | 74 | 87.65 | 88.04 | 98.67 |
| 归纳推理 | 31 | 0~8 | 13 | 21 | 0 | 16.05 | 22.83 | 0.00 |
| | | 8~16 | 50 | 51 | 17 | 61.73 | 55.43 | 22.67 |
| | | 16~24 | 16 | 20 | 54 | 19.75 | 21.74 | 72.00 |
| | | 24~32 | 2 | 0 | 4 | 2.47 | 0.00 | 5.33 |
| 类比推理 | 11 | 0~3 | 37 | 37 | 8 | 45.68 | 40.22 | 10.67 |
| | | 3~6 | 30 | 48 | 28 | 37.04 | 52.17 | 37.33 |
| | | 6~9 | 13 | 6 | 31 | 16.05 | 6.52 | 41.33 |
| | | 9~12 | 1 | 1 | 8 | 1.23 | 1.09 | 10.67 |
| 演绎推理 | 39 | 0~10 | 0 | 0 | 0 | 0.00 | 0.00 | 0.00 |

表 9-4 续

| 类型 | 分数 | 学生得分 | 人数 | | | 百分比/% | | |
|---|---|---|---|---|---|---|---|---|
| | | | A | B | C | A | B | C |
| 演绎推理 | 39 | 10～20 | 31 | 22 | 3 | 38.27 | 23.91 | 4.00 |
| | | 20～30 | 39 | 58 | 41 | 48.15 | 63.04 | 54.67 |
| | | 30～40 | 11 | 12 | 31 | 13.58 | 13.05 | 41.33 |

由表 9-4 可发现，学生在不同推理类型上的表现有较大差异。其中，表现最好的是视觉推理，所占分值为 19 分，而学生得分均在 10 分以上且集中分布在 15 分以上，三所学校 15 分以上学生人数对应百分比分别为 87.65%、88.04%、98.67%（接近 100%）。

其次是演绎推理，所占分值为 39 分，学生得分均在 10 分以上，集中分布在 20～30 分之间，对应百分比分别为 48.15%、63.04%、54.67%，其中，A、B 两校仍有较大部分集中在 10～20 分之间，分别占比 38.27% 和 23.91%；C 校则有较大部分集中在 30～40 分之间，占比 41.33%，可见，C 校学生在演绎推理上的表现明显优于 A、B 两校。

再次是归纳推理，所占分值为 31 分，其中，A、B 两校学生得分集中分布在 8～16 分之间，分别占比 61.73% 和 55.43%，且有部分学生得分在 8 分以下，分别占比 16.05% 和 22.83%，可见学生分数普遍偏低。C 校学生得分则集中在 16～24 分之间，占比 72%，且未有 8 分以下的学生，表现相对优异。

表现最差的是类比推理，所占分值为 11，其中，A、B 两校有相当部分的学生得分在 3 分以下（不包含 3 分），分别占比 45.68% 和 40.22%，而且，学生得分主要分布在 3～6 分之间，分别占比 37.04% 和 52.17%，6 分及以上的学生人数较少。C 校也有部分学生得分在 3 分以下，占比 10.67%，且学生得分集中分布在 3～6 分和 6～9 分之间，分别占比 37.33% 和 41.33%。

由此可见，学生不同推理类型上的思维能力发展差异较大。

## 二、各推理类型维度上的几何推理能力发展水平分析

本测试题的编制是从三个维度来展开的，测试题目在不同维度上有一定的重合和交叉，因而可以做任意两个维度之间的关联分析。本章第 4 节将对几何学习内容和能力发展水平、几何学习内容和推理类型两个维度之间的关联进行分析。因此，在此将仅对推理类型和能力发展水平两个维度之间的关联进行分析，以期基于几何推理类型来了解学生在不同推理水平上的表现。

此外，由于视觉推理和视觉化水平是完全对应的关系，前面已有分析，这里不再赘述。根据测试所得相关数据，可制作统计表 9-5。

表 9-5　推理能力类型维度上几何推理能力发展水平的表现分布表

| 推理类型 | 推理水平 | 题目个数 | 总分 | 平均分 | | | 标准差 | | | 得分率/% | | |
|---|---|---|---|---|---|---|---|---|---|---|---|---|
| | | | | A | B | C | A | B | C | A | B | C |
| 归纳 | 1 | 4 | 19 | 9.59 | 11.55 | 13.51 | 2.90 | 3.23 | 2.33 | 50.47 | 60.79 | 71.11 |
| | 2 | 4 | 12 | 3.12 | 2.52 | 5.20 | 2.10 | 1.85 | 1.99 | 26.00 | 21.00 | 43.33 |
| 类比 | 1 | 3 | 9 | 2.85 | 2.63 | 4.43 | 1.91 | 1.22 | 1.72 | 31.67 | 29.22 | 49.22 |
| | 2 | 1 | 3 | 0.40 | 0.46 | 1.13 | 0.80 | 0.86 | 1.06 | 13.33 | 15.33 | 37.67 |
| 演绎 | 1 | 9 | 23 | 13.65 | 12.57 | 16.08 | 3.85 | 4.03 | 3.94 | 59.35 | 54.65 | 69.91 |
| | 2 | 4 | 15 | 6.77 | 8.13 | 9.45 | 3.03 | 1.92 | 1.98 | 45.13 | 54.20 | 63.00 |

由表 9-5 可知，学生在同一推理类型不同推理水平和同一水平不同推理类型上的表现存在较大差异。

首先，在同一推理类型上，学生推理能力随着思维水平的提高而降低，降低幅度依照归纳推理、类比推理和演绎推理而有所减缓。在归纳推理上，从水平 1 到水平 2 三个学校学生得分率分别下降 24.47%、39.79%、27.78%，B 学校学生得分率下降最为明显。在类比推理上，从水平 1 到水平 2 三个学校学生得分率分别下降 18.34%、13.89%、11.55%，三所学校两种思维水平间的差异较小。在演绎推理上，从水平 1 到水平 2 三个学校学生得分率分别下降 14.22%、0.45%、6.91%，A 学校学生得分率下降最为明显，B 学校学生两种水平间的差异极小，可以忽略。

其次，在同一推理水平上，不同类型的推理能力上的表现也有所不同。在水平 1 上，得分率较高的是归纳推理和演绎推理，其中，A 学校在两种推理类型上对应的得分率分别为 50.47% 和 59.35%，学生在演绎推理上的表现略优于在归纳推理上的表现；B 学校对应的得分率分别为 60.79% 和 54.65%，C 学校对应的得分率分别为 71.11% 和 69.91%，学生在归纳推理上的表现略优于演绎推理。在类比推理上的得分率较低，分别为 31.67%、29.22%、49.22%，与其他两种推理类型上的表现有较大差异。在水平 2 上，得分率较高的是演绎推理，分别为 45.13%、54.2%、63%，C 校学生表现优于 B 校，B 校优于 A 校。归纳推理对应的得分率分别为 26%、21% 和 43.33%，A、B 两校学生表现较为接近，C 校明显优于 A、B 两校。得分率最低的是类比推理，分别为 13.33%、15.33%、37.67%。由此可见，演绎推理上的表现明显优于归纳推理，而归纳推理又优于类比推理。

## 第四节　学生几何学习内容上的推理能力的具体表现

仅就几何学习内容的不同而言，不仅学生几何推理能力发展的测试分数会有所不同，而且其不同学习内容上的几何推理能力发展水平也会有所不同，甚至不同几何学习内容上几何推理类型的体现也会有所不同。

## 一、不同学习内容维度上的学生几何推理能力发展测试的成绩分析

为了解学生在不同学习内容上的推理能力表现，根据内容对应的分值，将学生分数分为四个区间范围，统计不同分数区间范围内的学生人数，并计算对应的百分比（百分比为对应得分人数与对应学校调查总人数之间的比值），可制作表9-6。

总体来看，学生在不同几何学习内容上的推理能力发展有一定的差异，"图形与位置"领域的表现优于"图形的运动""图形的测量"，而后两者又优于"图形的认识"。

"图形的认识"部分所占分值较大，总分为40分，C校表现优于B校，而B校又优于A校，学生分数集中分布在20~30分之间，三所学校学生人数所占百分比分别为56.79%、68.48%、76%；30~40分之间人数所占比重较小，分别为2.47%、3.26%、18.67%；也有部分学生分数分布在10~20分之间，其中A校有40.74%，B校有28.26%，C校仅有5.33%。

表9-6 不同几何学习内容上学生的成绩分布表

| 内容 | 分值 | 学生分数 | 人数 | | | 占比/% | | |
|---|---|---|---|---|---|---|---|---|
| | | | A | B | C | A | B | C |
| 图形的认识 | 40 | 0~10 | 0 | 0 | 0 | 0.00 | 0.00 | 0.00 |
| | | 10~20 | 33 | 26 | 4 | 40.74 | 28.26 | 5.33 |
| | | 20~30 | 46 | 63 | 57 | 56.79 | 68.48 | 76.00 |
| | | 30~40 | 2 | 3 | 14 | 2.47 | 3.26 | 18.67 |
| 图形的测量 | 33 | 0~8 | 0 | 0 | 0 | 0.00 | 0.00 | 0.00 |
| | | 8~16 | 29 | 30 | 4 | 35.80 | 32.61 | 5.33 |
| | | 16~24 | 43 | 55 | 41 | 53.09 | 59.78 | 54.67 |
| | | 24~33 | 9 | 7 | 30 | 11.11 | 7.61 | 40.00 |
| 图形的运动 | 16 | 0~4 | 1 | 3 | 0 | 1.23 | 3.26 | 0.00 |
| | | 4~8 | 35 | 31 | 5 | 43.21 | 33.70 | 6.67 |
| | | 8~12 | 35 | 41 | 23 | 43.21 | 44.56 | 30.67 |
| | | 12~16 | 10 | 17 | 47 | 12.35 | 18.48 | 62.66 |
| 图形与位置 | 11 | 0~3 | 0 | 1 | 0 | 0.00 | 1.09 | 0.00 |
| | | 3~6 | 22 | 16 | 1 | 27.16 | 17.39 | 1.33 |
| | | 6~9 | 42 | 36 | 19 | 51.85 | 39.13 | 25.34 |
| | | 9~11 | 17 | 39 | 55 | 20.99 | 42.39 | 73.33 |

"图形的测量"总分33，学生分数集中分布在16~24分之间，分别为53.09%、59.78%、54.67%，高分范围（24~33分）内的人数相对"图形的认识"增加，A校有11.11%，B校有7.61%，C校增加显著，有40%。

"图形的运动"总分为16分，A、B两校学生分数仍然集中分布在分数的中间范围，但高分范围所占比重有所增加，A校占比为12.35%，B校占比为18.48%；C校学生分

数集中分布在高分范围（12~16分），占比62.66%，另外有30.67%分布在8~12分之间，6.67%分布在4~8分之间。

"图形与位置"上的表现差异较大，总分为11，A校学生分数集中分布在6~9分之间，占比51.85%，另有27.16%的学生分数分布在3~6分之间，20.99%的学生分数分布在9~11分之间。B校学生分数集中分布在9~11分之间，占比42.39%，另有39.13%的学生分数分布在6~9分之间，低分区域内人数较少。C校学生分数集中分布在9~11分之间，占比73.33%，另有25.34%的学生分数分布在6~9分之间，低分区域内人数极少。

## 二、各内容维度上的几何推理能力发展水平分析

同一内容领域的几何推理能力测试题可能对学生提出了不同推理水平上的要求，因而可进一步分析学生在四个内容领域不同推理水平上的表现（具体可参见表9-7）。

表9-7 内容维度上几何推理能力水平的表现分布表

| 推理内容 | 推理水平 | 题目个数 | 总分 | 平均分 | | | 标准差 | | | 得分率/% | | |
|---|---|---|---|---|---|---|---|---|---|---|---|---|
| | | | | A | B | C | A | B | C | A | B | C |
| 图形认识 | 0 | 2 | 7 | 5.93 | 6.03 | 6.03 | 0.71 | 0.68 | 0.76 | 84.71 | 86.14 | 86.14 |
| | 1 | 6 | 18 | 12.89 | 12.80 | 15.39 | 2.84 | 3.39 | 2.74 | 71.61 | 71.11 | 85.50 |
| | 2 | 4 | 15 | 6.77 | 8.13 | 9.45 | 3.03 | 1.92 | 1.98 | 45.13 | 54.20 | 63.00 |
| 图形测量 | 0 | 3 | 6 | 5.63 | 5.63 | 5.84 | 0.80 | 0.69 | 0.47 | 93.83 | 93.83 | 97.33 |
| | 1 | 5 | 21 | 10.68 | 10.24 | 13.16 | 3.46 | 2.40 | 3.08 | 50.85 | 48.76 | 62.67 |
| | 2 | 2 | 8 | 1.67 | 1.84 | 3.27 | 1.55 | 1.44 | 1.58 | 20.88 | 23.00 | 40.87 |
| 图形运动 | 0 | 1 | 3 | 1.51 | 1.61 | 2.12 | 0.61 | 0.69 | 0.66 | 50.33 | 53.67 | 70.67 |
| | 1 | 3 | 13 | 6.48 | 6.75 | 8.41 | 2.06 | 2.17 | 1.82 | 49.85 | 51.92 | 64.69 |
| | 2 | 1 | 3 | 0.70 | 0.50 | 1.38 | 0.77 | 0.71 | 0.67 | 23.33 | 16.67 | 46.00 |
| 图形位置 | 0 | 1 | 3 | 2.84 | 2.79 | 2.91 | 0.46 | 0.48 | 0.29 | 94.67 | 93.00 | 97.00 |
| | 1 | 2 | 8 | 4.11 | 5.13 | 6.39 | 1.97 | 2.06 | 1.49 | 51.38 | 64.13 | 79.88 |

由表9-7可知，学生在不同几何学习内容领域上的水平表现和在同一几何学习内容领域不同水平上的表现存在差异。

首先，总体来看，不同内容领域的水平表现差异较大。水平0上，"图形的运动"领域得分率最低，A校得分率为50.33%、B校得分率为53.67%、C校得分率为70.67%。"图形的认识"内容领域得分均在85分左右，其中，A校得分率为84.71%、B校得分率为86.14%、C校得分率为86.14%。"图形的测量""图形与位置"得分率较高，均在90%以上，其中，A校得分率分别为93.83%和94.67%、B校得分率为93.83%和93%、C校得分率为97.33%和97%。

水平 1 上，"图形的测量""图形与位置"领域得分率较低，A、B 两校得分率均在 50% 左右，其中，A 校得分率分别为 50.85% 和 48.76%、B 校得分率为 49.85% 和 51.92%，C 校得分率略高于 60%，分别为 62.67% 和 64.69%。"图形与位置"领域，三所学校差异较大，分别为 51.38%、64.13%、79.88%。"图形的认识"领域得分率最高，其中，A 校得分率为 71.61%、B 校得分率为 71.11%、C 校得分率为 85.5%。

水平 2 上，学生得分率较低，"图形的测量""图形的运动"领域得分率均较低，其中，A 校得分率分别为 20.88% 和 23.33%，C 校得分率分别为 40.87% 和 46%，"图形的运动"领域的得分率略高于"图形的测量"；B 校得分率为 23% 和 16.67%，"图形的测量"领域的得分率略高于"图形的运动"。

其次，具体来看，四个内容领域学生得分率均随着水平的提高而降低，但下降幅度有所不同。下降幅度最大的是"图形的测量""图形与位置"，下降幅度较小的是"图形的认识""图形的运动"。

"图形的认识"从水平 0 到水平 1 的得分率分别下降 13.1%、15.03%、0.64%（C 学校下降幅度极小，可以忽略，进而可判断学生在"图形的认识"领域水平 0 和水平 1 上的表现接近）；从水平 1 到水平 2 的得分率分别下降 30.48%、16.91%、22.5%，A 学校和 C 学校下降幅度明显增加，这表明学生在不同水平上的表现差距较大。

"图形的测量"从水平 0 到水平 1 的得分率分别下降 42.98%、45.07%、34.66%；从水平 1 到水平 2 的得分率分别下降 29.97%、25.76%、21.8%，下降幅度有所缩减。这表明学生在不同水平上的表现差距较大，特别是水平 0 和水平 1 之间的差距，这也可能表明在"图形的测量"内容领域中，学生思维水平没能较好地从视觉化水平向分析水平发展。

"图形的运动"从水平 0 到水平 1 的得分率分别下降 0.48%、1.75%、5.98%，下降幅度较小，表明学生在两个水平上的表现差距较小；从水平 1 到水平 2 的得分率分别下降 26.52%、35.25%、18.69%，下降幅度明显增加，表明学生在水平 1 和水平 2 之间的表现差距较大。

"图形与位置"从水平 0 到水平 1 的得分率分别下降 43.29%、28.87%、17.12%，三所学校下降幅度之间也存在较大差距，其中，A 学校学生在两种水平上的表现差距最大，C 学校学生在两种水平上的表现差距相对较小。

## 三、不同学习内容维度上学生几何推理能力的类型分析

不同内容领域的测试内容可能对应不同的几何推理类型，为了解学生在不同几何学习内容对应推理能力类型上的表现，可参考表 9-8。其中，视觉推理与视觉化水平（水平 0）完全对应，在前述分析中，已经了解到学生基本达到视觉化水平的要求，也即在视觉推理能力类型上表现良好，也对具体内容领域的视觉化水平的表现做了分析，视觉推理能力类型上的表现基本可参照前述分析，不再赘述。

由表 9-8 可知，学生在不同内容领域的同一推理能力类型发展和同一内容领域的不同推理能力类型发展有较大的差异。

首先，就不同内容领域的推理能力发展而言，总体上表现较好的是演绎推理，然后是归纳推理，表现较差的是类比推理。在演绎推理上，学生得分率较低的是"图形的认识""图形的测量"领域，其中，A校得分率分别为52.42%和52.6%；B校得分率分别为58.42%和40.6%，"图形的认识"领域的表现明显优于"图形的测量"；C校得分率分别为68.12%和67.8%。得分率较高的是"图形的运动"领域，A校得分率为63.33%；B校得分率为67.17%；C校得分率分别为82.17%，C校学生的表现明显优于A、B两校的学生。得分率最高的是"图形与位置"领域，A校得分率为85%；B校得分率为91.5%；C校得分率为84%，B校学生的表现略优于A、C两校的学生。

表9-8 内容维度上几何推理能力类型的表现分布表

| 推理内容 | 推理类型 | 题目个数 | 总分 | 平均分 A | 平均分 B | 平均分 C | 标准差 A | 标准差 B | 标准差 C | 得分率/% A | 得分率/% B | 得分率/% C |
|---|---|---|---|---|---|---|---|---|---|---|---|---|
| 图形认识 | 归纳 | 2 | 7 | 1.64 | 1.34 | 2.11 | 1.13 | 1.27 | 1.19 | 23.43 | 19.14 | 30.14 |
| | 类比 | 1 | 3 | 1.01 | 0.48 | 1.87 | 1.09 | 0.64 | 1.05 | 33.67 | 16.00 | 62.33 |
| | 演绎 | 7 | 26 | 13.63 | 15.19 | 17.71 | 4.24 | 3.48 | 3.01 | 52.42 | 58.42 | 68.12 |
| 图形测量 | 归纳 | 3 | 11 | 6.62 | 6.95 | 7.78 | 1.62 | 1.25 | 1.21 | 60.19 | 63.19 | 70.73 |
| | 类比 | 4 | 11 | 3.24 | 3.09 | 5.57 | 2.25 | 1.66 | 2.19 | 29.45 | 28.09 | 50.64 |
| | 演绎 | 2 | 5 | 2.63 | 2.03 | 3.39 | 1.90 | 1.63 | 1.76 | 52.60 | 40.60 | 67.80 |
| 图形运动 | 归纳 | 1 | 7 | 2.70 | 2.72 | 3.47 | 1.23 | 1.13 | 0.78 | 38.17 | 38.86 | 49.57 |
| | 演绎 | 2 | 6 | 3.80 | 4.03 | 4.93 | 1.47 | 1.51 | 1.45 | 63.33 | 67.17 | 82.17 |
| 图形位置 | 归纳 | 1 | 6 | 2.41 | 3.30 | 4.71 | 1.97 | 1.97 | 1.20 | 40.17 | 55.00 | 78.50 |
| | 演绎 | 1 | 2 | 1.70 | 1.83 | 1.68 | 0.71 | 0.57 | 0.74 | 85.00 | 91.50 | 84.00 |

在归纳推理上，学生得分率最低的是"图形的认识"领域，其中，A校得分率为23.43%；B校得分率为19.14%；C校得分率分别为30.14%。得分率相对较低的是"图形的运动""图形与位置"，其中，A校得分率分别为38.17%和40.17%；B校得分率分别为38.86%和55%；C校得分率分别为49.57%和78.5%。"图形与位置"领域的表现明显优于"图形的运动"，这种差异在A校表现最不明显，在C校表现最为明显。得分率较高的是"图形的测量"，A校得分率为60.19%；B校得分率为63.19%；C校得分率分别为70.73%。

在类比推理上，仅涉及"图形的认识""图形的测量"两个内容领域，学生表现差异较大。其中，A校得分率分别为33.67%和29.45%；C校得分率分别为62.33%和50.64%，"图形的认识"领域的表现明显优于"图形的测量"；B校得分率分别为16%和28.09%，"图形的测量"领域的表现明显优于"图形的认识"。

其次，同一内容领域的几何推理能力类型发展也存在较大的差异。在"图形的认识"领域，三种推理类型对应得分率差异较大。得分率最高的是演绎推理，分别为52.42%、

58.42%、68.12%，三所学校之间差异相对较小；类比推理得分率分别为33.67%、16%、62.33%，三所学校差异显著；相对来说，得分率最低的是归纳推理，分别为23.43%、19.14%、30.14%，其中，B校得分率略高于类比推理。

在"图形的测量"领域，得分率最高的是归纳推理，分别为60.19%、63.19%、70.73%，三所学校之间差异相对较小。演绎推理，B校得分率最低，为40.6%；C校得分率最高，为67.8%；A校介于两者之间，为52.6%。类比推理对应得分率较低，其中，A、B两所学校学生得分率较为接近，分别为29.45%和28.09%；C校学生得分率明显较高，为50.64%。

在"图形的运动"领域，归纳推理和演绎推理对应的得分率有明显的差异，归纳推理上的得分率分别为38.17%、38.86%、49.57%；演绎推理上的得分率较高，分别为63.33%、67.17%、82.17%。两种推理类型上，A、B两所学校学生得分率均较为接近，C校学生得分率均明显高于A、B两所学校。

在"图形与位置"领域，三所学校学生得分率也是演绎推理明显高于演绎推理。其中，A、B两所学校在两种推理类型上的表现差异显著，A校得分率相差44.83%，B校得分率相差36.5%；C校在两种推理上的表现差异较小，得分率相差5.5%。

通过以上分析，可以发现六年级学生几何推理能力发展总体处于一般水平，测试问卷满分为100，学生平均成绩集中在50~70分之间，学生分数主要分布在中间区域（即平均成绩范围内），也有较多分布在低分区域内。这与"课标"要求并不完全相符，同时结合教材内容分析，学生在不同测试维度上的推理能力表现也不尽如人意。

第一，在推理能力水平上，有较多学生仍然停留在视觉水平，在分析水平上表现一般，在非形式化演绎水平上表现较差。六年级处于第二学段，"课标"对学生几何推理能力发展主要提出了分析水平上的要求，也即是说，六年级学生应该基本达到分析水平并在该水平的测试题目中表现出较好的能力。"课标"的最高要求是非形式化演绎水平，这一水平要求在小学阶段是可以实现的，教材设计也能够体现这一水平上的内容。但通过测试我们可以发现，学生在分析水平上并没有得到较好的发展，因而很难顺利地过渡到更高阶段的发展。

第二，在推理能力类型上，学生在视觉推理上表现良好，在演绎推理上表现一般，在归纳推理上表现较差，类比推理表现最差。视觉推理在水平上处于视觉化水平，主要体现在"课标"第一学段的要求中，是发展其他类型推理能力的基础，六年级学生应具有较好的推理能力，这与"课标"要求相一致。演绎推理对应分析和非形式化演绎两种水平，在教材内容呈现上主要体现在习题中，主要是要求学生具有分析问题和解决问题的能力。习题在教材中占有较大的篇幅，且学生多做此部分的训练，并且根据"课标"要求，六年级学生在较高水平的数学问题解决中展现出一定的推理能力，因而应当有较好的表现，但学生表现一般，演绎推理能力并没有得到充分的发展。归纳推理和类比推理，在教材内容呈现上主要体现在例题中，同视觉推理相结合，帮助展开教学过程。习题中分布数量较少，学生较少经历归纳和类比的解决问题的训练。并且，教材例题设计多采用归纳的思路，学生获得的关于类比推理的经验最少，表现也相对较差。

第三，在推理内容上，学生在"图形与位置"领域的表现最好，其次是"图形的运动""图形的测量"领域，在"图形的认识"领域表现较差。"图形与位置"领域内容体现视觉化和分析两种水平上的要求，在推理类型上体现视觉、归纳、演绎三种推理类型，且题目数量较少，因而表现相对较好。其他三个内容领域都体现三个推理水平上的要求，在较高水平上学生表现较差。其中，"图形的运动"未涉及类比推理，且题目数量较少，表现相对较好。"图形的测量""图形的认识"涉及全部的推理类型，且题目数量较大，教材涉及的内容较多，因而"课标"在内容领域的目标要求中对这两个内容领域提出了较多的要求，学生表现相对较差。其中，"图形的认识"相对"图形的测量"内容更为复杂，"图形的认识"主要包含图形概念、特征、关系，图形对象较多，在内容设计上有颇多复杂的变式。"图形的测量"的内容主要有测量单位的认识与换算、运算公式（周长、面积、体积）的应用，变式相对较少，只有在与其他内容领域的内容联系起来时才会产生较多的变式。

因此，学生几何推理能力发展在整体上和各个维度上的表现一般，并不能充分体现"课标"的要求，对教材中的几何推理内容也没有充分进行开发和再设计。因而，学生在几何推理能力发展中肯定存在诸多问题。

基于本章测试问卷的量化结果分析，我们将在下一章对测试问卷结果进行进一步的质性分析，以具体论述学生几何推理能力发展中所表现出来的问题。

# 第十章　研究结论与讨论

本章将根据测试问卷的统计结果，对其展开进一步的质性分析，以描述学生在几何推理能力发展过程中所存在的问题，试图从教学内容（主要指教材）、教师（教学）和学生（学习）三方面来探讨问题存在的可能原因，并据此提出改进建议，以为提升学生几何推理能力的发展服务。

## 第一节　研究结论

主要包括学生几何推理能力发展中存在的问题，及其可能在教学内容、教师教学和学生学习等方面的原因分析。

### 一、学生几何推理能力发展中存在的主要问题

学生几何推理能力发展中存在的问题分析是基于学生（整体）在测试题目上所表现出的错误展开的，一定程度上能够反映出不同层次办学水平学校中学生所表现出来的共性问题，与教学实践能够产生较大的关联，因而具有一定的代表性。具体分析依据测试问卷结果分析的维度展开，将对几何推理能力发展的水平、推理类型和学习内容上存在的问题进行描述。与此同时，为发现学生在几何推理的思维逻辑上存在的问题，借助逻辑学的知识，对学生推理测试的内容进行分析，以便在一定深度上发现学生几何推理能力发展中所存在的问题。

（一）几何推理水平、类型和内容上存在的问题

**1. 发展水平上存在的问题**

几何能力推理水平上，学生基本都达到了视觉化水平，但在分析水平上和非形式化演绎水平上表现一般，存在较多问题。在面对高思维水平的测试题目时，学生不能在对应思维水平上解决问题，而仍然在低思维水平上进行推理。在面对低思维水平上的测试题目时，如果运用高水平思维进行分析，能够帮助进一步理解和分析问题，但学生在解

决这类问题时，往往过于依赖直观。因而在测试题目的解答中，存在着一些问题。

第一，视觉水平上过于依赖视觉的直观的观察，推理手段单一且缺乏一定的分析。测试问卷涉及的视觉化的试题主要包括识别图形；比较周长、面积、体积；识别含有平移、旋转、轴对称某一运动的图形；观察从不同方位看到的物体形状。视觉化思维水平的良好发展不仅仅表现为敏锐的观察判断能力，还表现为具有较好的动手操作能力。视觉水平的推理上可以采取的手段不仅包括观察，还包括操作、测量。

在解决面积、体积和观察物体的问题时，依赖于观察能够直接作出判断，几乎没有出现错误；在解决周长问题时，仅仅通过观察很容易判断失误，学生可以通过一定的操作手段，如：数一数、比一比的方式进行判断。

在解决识别图形和识别运动的问题中，出现较多的问题是答案不全，如：填空题1，题目要求是识别角，较多同学将锐角、直角、钝角识别为角，但不能将平角、周角识别为角，这表明学生依赖于头脑中形成的直观经验，将角的大小限定在180°以内。该题目学生如果能够运用一定的分析思维，从角的概念出发去解决问题，很大程度上能够避免这一问题。同样，在识别不同的运动时，如果能够根据运动的特征出发进行判断，也能更清晰地辨别图形的运动。

第二，分析水平上倾向于直线条的思考，思维不够缜密，未能完全摆脱视觉化。在分析水平上，主要考查学生利用图形的概念、特征解决问题的能力。测试问卷的结果反映了学生在解决问题时常常忽视从图形的概念、特征出发，而是直接从条件到结论进行直线条的思考。因而忽略掉了很多隐形条件，从而造成错误。如：选择题第1题，题设是"连接圆上任意两点的线段，它们与直径的关系如何"，部分学生在解决这一问题时，没有进行缜密的思考，依赖经验直接选择"小于直径"这一错误答案（猜测这一思考过程是：审题——根据条件，在头脑中建立一个图形对象——解决问题）。究其原因可能在于，没有理解题目中的两个概念：一是圆上任意两点的线段；二是直径。这两个概念的区别是直径是过圆心、连接圆上两点之间的线段，其外延包含于圆上任意两点的线段中。因而，学生在解决问题的过程中从条件到问题的分析过程中，没有与图形的概念、特征建立联系，在一定程度上仍然借助于感性经验、依赖于直观。

学生对于概念的理解也往往是直观的，比如：长方形、正方形、平行四边形、梯形等概念在学生头脑中是直观形象的存在，没有形成抽象的性质特征的概念理解。如：操作题1，题目要求学生根据要求画出相应的四边形，包括四条边都相等的四边形，学生往往与头脑中的图形建立联系，筛选出符合要求的图形，画出了正方形，而未能画出菱形，这表明学生思维中没有关于菱形的概念，对四条边相等这一性质也没有充分的理解。

第三，非形式化演绎水平上依赖经验，不能理解问题情境，出错率高。在非形式化演绎水平上，要求学生能够综合理解图形概念、特征，能够基于图形性质和整体间关系解决问题。这对学生思维水平有较高的要求，小学生基本不能达到这一水平。学生几何推理能力水平发展与几何经验有较大的关联，在这一思维水平的考察上，基本能够准确地构造出正方形内最大内接圆，也有较大部分学生能够正确构造出长方形内最大内接圆（操作题3），这很大程度上是由于学生具有较多的相关几何经验，且该题目没有涉及更复杂的图形性质间关系的考察。

对于考察图形整体间关系的题目，学生往往对于"关系"一词并不理解，这里的"关系"主要是指图形间的蕴含关系，如：问答题1，要求学生说明线段、直线、射线三者关系，学生通常的回答是关于图形的特征，这也主要是由于学生缺乏相关几何经验，小学阶段几何教学也较少论述其关系。问答题9，要求学生表示长方形、正方形、菱形、平行四边形的关系，学生的回答通常是关于图形特征或表示图形一定形式的变化。由于学生具有较多的图形概念、特征相关几何经验，也有部分学生能够表示这几种图形间关系，但基本上都不准确。

对于考察图形性质间关系的题目，学生往往不能建立性质间的联系，如：问答题4，要求学生描述正多边形对称轴的位置，学生不能理解图形对称关系所涉及的点和线、线和面的性质特征，因而不能准确描述位置。学生错误的出现，一方面是由于几何经验的缺乏，另一方面是由于对图形概念、特征，没有达到深层次理解和灵活运用，因而较难达到更高的非形式化演绎水平。

**2. 推理类型上存在的问题**

在不同推理类型上，学生在归纳推理和演绎推理上的表现优于类比推理，且除视觉推理（完全对应视觉化水平，与推理水平中的问题存在共性，不再赘述）外，都对应有分析和非形式化演绎水平，在分析水平上的表现优于非形式化演绎水平，但在不同水平上都存在一些问题。

第一，归纳是浅层次的，在归纳过程中几何语言较为匮乏。归纳推理是一个思维过程，测试问卷在题目设计时注重展现其过程，由浅入深，引导学生抽象概括出图形的一般特征。归纳有一定的层级，而学生表现出的是浅层的。测试题中，较浅层次的归纳是分析水平的，主要是概括出某一类图形的基本特征；较深层次的是非形式化演绎水平的，主要是概括图形间的关系特征。

比如，问答题4，包含两种水平上的归纳推理，一是要求学生观察归纳正多边形对称轴的数量特征是分析水平的，学生在该题目上表现良好，得分率较高。二是要求学生描述正多边形对称轴的位置特征是非形式化演绎水平的，且需要学生分类概括，学生的回答通常是模糊地描述在边、角、顶点上，几乎没有分类的概括性的描述。这一问题的回答，也能反映出学生几何语言的匮乏，小学生对"顶点""中点""对边"的几何名词并不熟悉；几乎未经历过使用"对边中点的连线""顶点到对边中点的连线"这样的语句表述图形对称轴的位置。

再比如，问答题7，题目要求学生观察归纳，概括出求不规则图形面积的方法（图示呈现的是"转化法"）。学生回答的方法主要是平移、割补等，这是转化的具体方法，对这一方法进行解释说明时，学生的表述在语言清晰度和准确度方面不够。有同学这样表述：将多出来的面补在缺少的面上，从而变成普通图形计算，这一表述是具有情境性的，不是一般概括的描述，且难以说明学生真正理解这一方法，甚至在第（2）问运用这一方法解决问题中的表现可以反映出学生并不理解"转化法"是如何运用的。几何语言的匮乏在一定程度上反映出学生几何思维层次处在低水平上。

第二，类比意识较为淡薄，知识间联系把握不足，较难产生联想。类比推理的过程中，最为重要的是发生联想，而联想的自然发生依赖于对知识间联系的把握。测试问卷的结果表明，学生在类比推理上的能力表现较差，问题在于学生类比意识淡薄，不能自然地产生联想。

这在填空题 6 上表现突出。该题目要求学生分别填写出面积是 1 平方米和 1 公顷的正方形的边长，并进行面积单位的换算，这是内容上的类比，处于分析思维水平，难度不大，但出错率较高。首先表现在学生对单位认识不清，不能区分长度单位和面积单位，表现在将 1 平方米的正方形边长写作"1cM"，将 1 公顷的正方形边长写作"1 公顷"；其次表现在对标准面积单位认识不清，标准单位的面积是指一些特殊正方形的大小，这些正方形的边长不全为"1"，较为特殊的便是 1 公顷，它是边长为 100 米的正方形的面积。由于学生在知识学习和问题解决的经验中，没有建立长度单位和面积单位的联系，对知识特征认识不清，因而较难产生联想。与此同时，该内容在教材编排中，整体上采用的是类比推理的设计，但学生在学习中却有机械记忆结论的倾向，不能类比联想到教材内容，这可能与教师的具体教学有关。

类比推理过程中的问题不仅仅表现在内容上，还表现在方法的类比上。比如，问答题 7，较多学生不能根据归纳得出的方法去求解不规则图形的面积，也不能在图中表示出这种方法的运用。这主要是由于学生对这一方法理解不够，不能建立适用情境之间的相似性，较难产生方法上的类比。类比推理的困难在于迅速有效地建立知识之间的联系，对思维的灵活性要求较高，因而更应有意识地进行培养。

第三，基础知识掌握不牢固，演绎分析能力不足。演绎推理的过程就是利用图形的概念、特征、关系等解决问题的能力。从测试问卷的结果来看，学生对图形概念、特征、关系等基础知识掌握不牢固，因而在从条件出发逐步得出问题结果的演绎推理的过程中分析能力表现不足。

比如，选择题 2，题设给出 4 根小棒的长度，要求任选 3 根围成三角形，这是对三角形三边关系的考察，部分学生对三角形这一特征掌握不牢固，因而造成选择错误。选择题 4 是对图形旋转运动的旋转要素特征的考察；选择题 5 是对数对行列特征的考察，部分学生出现错误的原因均是对几何图形特征掌握不牢固。

又如，操作题 4，要求学生根据长方体展开图写出长方体的长宽高，这是考查学生对展开图和长方体立体图的关系的理解，学生需要借助空间想象，将展开图中的面对应到立体图中，从而判断出长方体长宽高在展开图中对应的边。有相当一部分学生回答错误是因为对上述关系掌握不清楚，而没有正确将长宽高与展开图中边长相对应。因而，演绎推理过程中重要的是基于几何知识有逻辑的分析能力。

**3. 学习内容上存在的问题**

在几何推理不同内容维度上，学生表现也存在差异，学生测试问卷的结果反映出不同内容领域学习中的问题。与此同时，测试问题体现出不同的推理水平和推理类型，其测试结果也必定反映出学生能力水平和推理类型在具体内容上存在的问题。

第一，停留在概念的直观认识上，特征、关系理解不清。小学阶段，"图形的认识"主要的学习对象是图形的概念、要素、特征、关系，而且图形的概念不是性质的定义，而是由直观的构成要素界定的。学生对"图形的认识"停留在直观的图形轮廓和要素的认识上，对于图形的特征相对把握不足（充分表现在分析水平上、演绎推理能力的不足，前述有所论及），对图形的关系更是理解不清。学生在填空题2上的表现可以说明这一问题。该题目要求识别各类三角形和四边形，学生的回答基本上都能够将图形识别为特殊图形，但不能将其识别为其上位概念图形，这表明学生对图形的认识停留在直观的视觉水平，而不是从图形的特征（性质概念）出发。

比如，测试题14，学生不能根据给出的图形特征写出或画出对应的图形。题设要求画出只有一组对边平行的四边形，部分学生画出的是平行四边形而非梯形，这表明学生对梯形和平行四边形的特征理解不清，对两者的区别没有把握；更是对图形的蕴含关系没有清晰的理解（这在问答题9中表现明显，上述非形式化演绎水平上存在的问题及其分析有所论及）。

第二，停留在测量单位和公式的记忆上，未能真正理解其内涵和特征，不能灵活运用图形计算方法解决问题。"图形的测量"主要的学习对象是基本的长度、面积、体积单位和图形相关的计算公式。在单位的认识上，学生不能理解单位的内涵，没有建立起长度是指线的长度、面积是指平面的大小、体积是指空间的大小等概念，在测试题中表现为单位填写时单位的混淆。比如，测试题6中，长度和面积单位的混淆（在上述类比推理存在的问题及其分析中有所论及）。

在周长、面积、体积相关计算公式上，学生的认识停留在机械的记忆上，对于公式的推导过程并不完全理解。比如，问答题5，要求学生回顾填写长方体、正方体的体积推导过程，题目分为2问，第（1）问通过图示、语言引导学生通过摆标准单位正方体的方法推导长方体体积公式，第（2）问要求学生尝试独立写出正方体体积公式的推导过程，部分学生仅仅写出了体积公式，并未详细解释推导过程，这表明一些学生仅仅记住了公式，并未真正理解。其次，较多学生不能灵活运用图形计算方法解决较复杂的几何问题，这类问题可能与其他"图形与几何"内容领域的知识相联系。比如，测试题24（即问答题7），要求学生通过"转化法"（平移、割补）将不规则图形转化为规则图形，进而求解图形的面积，学生在转化过程中存在困难，不能有效地建立不规则图形与规则图形的联系。

第三，缺乏动态地看待图形运动的眼光，对运动的特征把握不清晰。图形的平移、旋转、轴对称运动都涉及一定的运动要素，运动要素的变化形成相关运动图形间的关系特征。测试问卷的结果表明，学生在由运动要素出发判断图形运动时，缺乏动态的眼光，易受思维定式的影响。比如，填空题7，学生在判断图形的运动时，由于将平移看作是沿水平和竖直线方向发生的运动，认为轴对称图形的对称轴是与水平线平行或垂直的，又由于对旋转运动前后图形交于旋转中心这一运动特征认识不清，因而出现识别错误。

再比如，操作题2，题目要求根据条件画出平移、旋转运动后的图形，部分学生由于对平移运动前后图形对应边平行且相等这一特征认识不清，造成画图错误；也有较多学生对旋转运动之旋转前后对应线段相等且夹角为旋转角的特征不理解而出现错误。图形的运动本身就是动态的，且由于不同的运动而形成不同的运动特征，基于对图形运动特征的理解才能较好地解决相关的几何问题。

第四，空间想象能力不足，物体位置特征认识不清晰。"图形与位置"主要包括对空间物体的观察和将空间物体抽象为点借助一定的方式在平面上表示，这要求学生要拥有一定的空间想象能力；且在平面上有序地表示空间物体位置需要借助一定的规则，这要求学生理解规则，理解物体位置在一定规则表示下的特征。学生在从不同方位观察立体物体判断看到的图形中表现良好，但在根据观察到的物体判断原来的立体图形时有较大的困难，这表明学生的空间想象能力不足。

空间物体的位置可借助数对来表示，规定行列数对表示的方法建立平面图，学生判断物体位置需要把握行和列表示物体的特征。在选择题5中，已知一物体位置的数对表示（3，4），要求学生表示数对正前面物体的位置，关键的判断条件是正前面，由此条件可知列不变（列从左往右数），行变化（行从前往后数），而数对表示是先列后行，因而应表示为（3，3）。部分学生选择错误，主要是对数对表示规则认识不清，因而在分析题目条件时出现错误。

（二）几何推理之思维逻辑上存在的问题

测试从能力发展水平、推理类型和学习内容三个维度展开，侧重于推理不同维度上的具体表现，相对来说是比较分散的。思维逻辑的分析主要是三者的整合，在内容的基础上基于不同推理类型对推理的逻辑性进行评估，逻辑性的严密程度在一定意义上反映了学生的几何推理能力水平，整合的思维逻辑分析应该能够在存在问题分析上达到一个较高的层次。几何推理教学也应当更多地关注学生逻辑性的思考。

在研究设计一章，我们已经运用逻辑学的知识对推理内容的有效性评估准则进行了论述，主要是从前提、结论、前提和结论的逻辑关系三个方面来考察不同的推理类型。数学的学习和运用中所出现的推理虽不是纯粹逻辑形式的，但在思维过程中仍然需要遵循逻辑的要求，而且思维的逻辑性也是学生几何推理能力发展水平高低的一种评判标准。因而，对学生几何推理思维逻辑上的问题进行分析，能够更深入地分析学生推理能力发展中存在的困难和阻碍。测试结果表明，学生在视觉推理上表现良好，能够较好地与已有经验建立直接的表象联系、直觉判断准确，但在归纳、类比和演绎推理上思维的逻辑性存在不足。

**1. 忽略推理前提及其真实性的考察，推理没有出发点**

真实的前提导出真实的结论，前提是推理的出发点，在数学问题中，推理前提就是问题情境所呈现的条件，因而在问题解决中对条件的分析把握是十分重要的。归纳推理是由多个前提推导出结论，因而需要对每一前提进行分析和真实性的考察。测试问卷中，问题所能呈现的归纳推理前提数量是有限的，通常由一个或多个（一般不多于五个）例子归纳出结论。类比推理是两个或两类事物属性的类比，前提是相似属性的真实性和初始类似物推出属性的真实性。演绎推理通常可以转化为直言三段论的形式，具有两个前提（大前提和小前提），需要对每一前提的真实性进行分析考察。

问答题 5，是对学生类比推理能力的考察，要求学生类比长方体的体积公式推导过程推导正方体体积公式，部分学生忽视类比前提，不做长方体和正方体相似属性的分析，直接写出正方体的体积公式，这仅仅是公式的记忆复现，没有产生类比的推理。

问答题 4，是对学生归纳推理能力的考察，要求学生由给出的四个例子（所呈现的例子是有序的，分别是正三角形、正方形、正五边形、正六边形）归纳得出关于正多边形对称轴数量和位置的规律，部分学生依据错误的前提得出错误的结论，错误原因在于没有对每一前提是否真实进行分析。问题的前提不是直接呈现的，题目呈现出的是多个正多边形，要求学生画出其对称轴，学生在绘图中发生错误，未能完整画出部分图形的全部对称轴，因而前提发生错误。对归纳推理每一前提真实性的考察又涉及演绎推理，在该题目中，需要借助对称轴的概念和特征分析所画出的对称轴。

如果将归纳推理某一前提作为演绎推理的结论，可将分析过程转化为三段论的形式。以正三角形为例，图形对折后完全重合形成的折痕是对称轴（大前提）、正三角形三边相等，任意两边对折后完全重合（小前提），因而正三角形有 3 条对称轴（结论）。当然，学生在思维时，不可能用逻辑的三段论来表达，但应当有这样的一个思维过程。

**2. 推理缺乏依据，忽视前提和结论之间的逻辑关联**

推理前提和结论之间具有一定的逻辑关系，这种关系使得前提中隐藏着结论，也就是说，结论并不是凭空产生的，而是自然地存在前提当中的。因而，数学问题的解决也就是发现前提中隐含着的结论的过程，也即发现前提和结论之间的逻辑关系。而前提在问题情境中的表现方式是多种多样的，可能是文字的，也可能是符号的；并且问题情境中的前提是有限的，需要我们借助于数学学习中的已有知识同时作为前提来帮助解决问题。这就要求我们的推理必须是有依据的，这一依据可以是问题呈现的前提条件，也可以是已有的几何经验，而在问题解决过程中最重要的就是发现前提和结论之间的逻辑关系，思考如何由前提导出结论。

逻辑关系的考察对于每一类型的推理都是重要的，缺乏逻辑性的思考往往是导致问题解决中错误的根本原因。比如，操作题 4，要求学生根据长方体展开图写出长方体的长宽高。方格图中已标注长方体的前面、右面、下面在展开图中的位置，且规定了图中每一小方格的边长所代表的长度，这是题目所呈现的条件，长方体长宽高的线段长度则是题目所导向的问题。有部分学生未发现条件和问题的关联，因而未做回答；也有部分学生发现从条件到问题，需要借助长方体中每一个面所在的长方形的边与长方体长宽高的对应关系来解决（已学知识），但未做逻辑性的分析，仅凭直觉判断，因而长宽高发生混淆，造成答案填写错误。这表明学生在进行推理时常常缺乏依据，或对依据条件或相关知识理解不深，急于从条件导向问题结果，未能逻辑性地思考前提和结论之间的关联，是造成错误的重要甚至根本原因。

**3.推理结论的真实性有待考察，缺乏验证结论的思维过程**

在推理过程中，如果对推理前提的真实性进行了充分考察、对前提和结论之间的逻辑关系有了正确把握，那么推理结论必然是真实的。但在实际的数学问题解决中，由于学生思维的不充分发展，在前提真实性的考察和前提、结论之间逻辑关系的把握上必然存在问题。因而，结论真实性的考察需要经历验证结论的思维过程，也即对问题条件的再次分析导向问题结果，或者反向将问题结果带入问题情境中判断与条件是否符合。根据测试问卷学生回答的情况可以发现，学生在问题解决过程中忽视了对结论真实性的考察，较少通过重新分析或代入检验等方式验证结论，其中代入验证是常用的一种检查方法。

比如，操作题2，学生在进行图形的平移、旋转运动后，没有代入条件检验平移方向是否正确、平移距离是否符合要求、平移前后图形是否完全相同；同样没有代入检验旋转方向、旋转角度是否符合要求、旋转前后图形是否完全相同。如果学生能够经历这样的验证过程，能够在很大程度上避免错误的发生，对于其他的测试问题也是如此。

与此同时，对于一些特别的问题情境（展现出某种类型的推理过程的题目），比如，问答题4是由多个实例发生的归纳，问答题5是由一个实例发生的归纳（具体问题情境设计在前述分析中已有提及），都可能通过寻找反例的形式进行检验。对于归纳推理来说，如果存在反例，那么推理结论就会被推翻。比如，有学生在问答题4中发现，一个图形边和角越多，对称轴越多。其实，如果脱离问题情境（正多边形），对这一发现进行验证，就会很容易发现有很多反例。这也就提醒我们，几何语言要简练，更要准确。

## 二、对学生几何推理能力发展中存在问题的原因分析

学生在几何推理能力测试问卷中的表现反映出了不同方面的问题，对于能力发展过程中问题的存在可能深受教材内容、教师教学、学生自身等方面因素的影响。教师、教学内容、学生是影响教学成效（即学生发展）的三大因素，因此，从这三个方面对学生几何推理能力发展中所存在的问题进行原因分析，应该是必要和可行的。

## （一）教材编写方面的可能原因

教材是几何教学内容的重要载体，教材编排方式在很大程度上影响教师的教学，同时也影响学生的自学，对学生几何推理能力的发展有着潜在的影响。

**1. 不同领域内容交叉分布，未完全按照知识的内在逻辑展开**

"图形与几何"不同领域中的内容编排并不是完全按照知识的内在逻辑展开的，而是根据学生的思维水平由低层次向高层次发展的顺序编排的。这一编排顺序将各领域内容交叉分布，较为容易忽略知识间的逻辑联系，较为容易停留在知识的浅层教学上。

教材在具体内容的编排上，将不同领域视觉化水平上的几何内容安排在低年级，将分析水平和非形式化演绎水平的内容安排在高年级，总体上是适切的，但在逻辑上与几何知识结构不完全相符。苏教版教材在处理低年级视觉水平上图形整体轮廓的认识时从三维图形到二维图形，且二维图形的认识是借助三维图形的抽象，这是符合几何知识的结构的；但没有进一步安排一维图形的抽象认识，在后续几何学习中也没有将一维图形的认识安排在单独的章节，而是安排在四年级上册第八单元《垂线与平行线》单元，这在一定程度上割裂了不同维度图形整体的认识逻辑。在图形更高水平的认识内容安排上，教材从特殊的四边形开始，苏教版教材有一特别之处，将《平行四边形的初步认识》安排在二年级上册，进而在三年级上册认识《长方形和正方形》，再在四年级下册认识《三角形、平行四边形和梯形》，中间交叉学习了一维测量单位、角的初步认识、垂线和平行线，几何图形间的逻辑认识过程几乎被掩盖，这一过程中极易出现学生将各类图形割裂为单独的整体，而不考虑它们之间的特殊关系尤其是其间的逻辑关系。

按照几何知识的逻辑结构，应当是从"图形的认识"开始，从生活空间的实物中抽象出三维立体图形，从三维图形中抽象出二维图形，从二维图形中抽象出一维图形，实际生活中没有二维图形（一些物体忽略高度可以被看作是二维图形）和一维图形（一些物体忽略高度和宽度可以被看作是一维图形），这是一个逐级抽象的过程；但在具体探究图形的性质时，又必须把低维图形作为要素进行认识，因而逐步加深对图形特征的认识又是从一维到二维到三维的抽象过程。这一编排虽然有利于学生系统把握几何知识，但对学生思维提出了较高的要求。

总之，教材将不同领域几何内容交叉编排，虽是出于对学生思维发展进程的考虑，但容易掩盖知识之间的逻辑关系。因而，在教材分析、把握和处理上，如何处理学生认知和几何知识逻辑的关系，对教师提出了更高的要求。

**2. 内容处理上具有相似性，多采用归纳的思路，类比推理有待开发**

小学阶段的几何学习内容主要是关于图形的认识和特征的探究，侧重培养学生的合情推理能力，而在合情推理中又侧重归纳推理，类比推理的内容有待进一步开发。合情推理是一种合乎逻辑的或然性推理，结论的获得可以是归纳的发现，也可以是联想的类比，这两种推理的训练对于学生推理能力的发展都有重要的作用。

苏教版几何教材内容处理上，多是呈现归纳推理的探究过程，且整体的学习思路是相似的，基本按照创设图形情境，引出所要探究的图形，再通过观察、测量、操作等手段认识图形、探究图形特征，归纳得出相关几何结论，并进一步通过实例验证。在整个过程中，通过一定的手段对有限的图形对象进行探究得出结论，这一归纳推理过程基于视觉推理的探究，归纳结论是自然生发的，学生想象力在其中发挥的作用有限。

类比推理给学生的推理活动提供了更大的想象和探究空间，但类比推理被类比物所具有的类比属性多是由归纳推理探究得出的，因而两种推理方式同等重要。教材在两个相似或相关联的内容设计思路上基本一致，均采用归纳的思路，把两个内容联系在一起，则产生了类比，是可以进行类比推理的教学的，这部分内容可以作为类比推理训练开发的基础。如在"图形的测量"部分对于测量单位的认识，在二年级上册第五单元《厘米和米》例2和例5中，都是先引出测量单位（测量较短的物体用厘米；测量较长的物体用米），再用测量工具认识标准测量单位的长度（直尺上认识1cm；米尺上认识1m），再通过举例标准长度单位的物体感受标准单位长度。厘米和米的认识采用相似的教学思路，两者具有共性，都是长度单位，因而可以进行类比的教学，在教授米的认识时，让学生自主思考认识方法。

总之，教材内容处理上的相似性，给了类比推理教学开发的思路，教学不应受限于教材，完全按照教材设计的思路展开。

**3. 给予学生话语表达和几何思考的空间需要进一步拓展**

几何推理能力主要是在数学思考中逐步得到训练的，几何教材的内容设计要充分给予学生几何思考和运用几何语言表达说理的空间。苏教版教材几何教学内容设计给予了学生一部分探究和思考的空间，但仍需要进一步拓展。

教材在内容编排上设计引导语，给予学生思维启发，引导学生进入下一步的思考，这类引导语的设计多是为教学进程服务的。如教材中设计这样的引导语："哪些物体的长度大约是1米？""用三角尺上的直角和另外两个直角比一比，它们大小相等吗？""你还见过哪些平移现象？""观察物体时要注意些什么？""生活中还有哪些物体的形状是长方体？"等等，这类引导语处在教学的导入、新授、回顾总结阶段，推动着教学的展开。但在这些引导语的问题情境下，学生的几何思考多是处于较低层次的，学生回答时的话语表达是生活化的、非几何化的语言。在教授图形的特征时，也有有意引导学生进行几何思考的，旨在让学生自主思考回答，如教材有这样的一些引导语："正方形和长方形有什么相同的地方？""射线、直线和线段相比，有什么不同？""正方体具有长方体的所有特征吗？"这类引导语给予学生更多的几何思考的空间，学生话语表达的语言更倾向于几何化，但数量相对较少。

与此同时，教材在部分内容编排上缺乏相应的引导语，如在四年级下册第七单元《三角形、平行四边形和梯形》中通过图示三角形分为锐角三角形、直角三角形、钝角三角形；六年级上册第一单元《长方体和正方体》图示正方体是特殊的长方体，表示出上下位概念之间的关系，这是一种直观的表达形式，如果能够涉及引导语启发学生思考并组织几何语言表达图形间的关系，应该能够促使学生更深度地思考。

总之，教材编排在给予学生话语表达和几何思考的空间上应当进一步拓展。

### （二）教师几何教学方面的可能原因

学生的几何推理能力很大程度上是在教师过程性的教学中得到发展的，因而，教师对于几何推理教学的把握、设计和实施是影响学生推理能力发展的一个重要因素。

**1. 知识逻辑结构的把握上不充分、不精确**

学生推理能力逐渐向纵深发展的需求要求教师系统把握知识逻辑结构、明确知识之间的纵向的层次关系。学生推理能力发展过程中表现出来的问题表明，学生对知识的掌握是浅层次的、片面化的，没有形成一定的系统结构。这也反映了教师在几何知识逻辑结构的把握上可能存在不充分、不精确的问题。

知识逻辑结构把握的不充分主要是指没有形成完整的、系统的结构，仅仅是断裂的、部分的结构。教师在进行教学设计时，多是基于某一课时或某一单元，或者在部分内容上将关联知识纳入其中，这形成的是部分关联的结构。比如，对梯形底和高的认识是联系三角形、平行四边形底和高认识的相关知识，这是横向关联的认识，而不是系统的层次清晰的纵向认识。系统完整的知识逻辑的把握应当是基于十二册教材或将教材中未呈现的相关几何知识纳入更大结构的研究，是高位的系统的认识，而且是教师进入课堂教学之前应把握的知识，对教师教学起着引导作用。比如，对平面图形底和高的认识是从对底和高的概念理解出发，再逐渐过渡到三角形、平行四边形、梯形等（这些是规则图形）再到正方形、长方形再到不规则图形（可进一步过渡到图形分割的知识）。

知识逻辑结构把握的不精确主要是指，在部分几何知识的联系上的认识不精确，可能表现在教学中语言表述上的不准确。几何知识及其联系是由精密语言组成的，对语言表述的准确性提出了较高的要求。比如，对特殊图形和其上位概念图形关系的认识，由于认识的不精确，在语言表述上可能给学生造成误解。在测试问卷中，学生通过图形间的变化来表示图形的关系可能就是由此造成的。教师可能在教学中提出过或动态演示过缩短长方形的长，使其与宽相等就变成了正方形，由此说明正方形是特殊的长方形；拉动长方形框架使其变成平行四边形，由此说明长方形是特殊的平行四边形。这一教学意图使学生看到图形之间的关联，但却是不精确的，图形包含关系的认识应当是基于图形的特征来理解或展开的。

**2. 推理教学是浅意识的，对几何推理的认识不够**

测试结果表明，学生推理能力在层次上处于较低的视觉化水平和分析水平，未能达到足够的高度；在类型上类比推理能力的发展劣于归纳和演绎，未能取得均衡发展。造成这一结果的原因主要是由于教师在几何教学中对学生的推理能力的训练在层次上缺乏高度、在推理类型能力的均衡训练上有欠考虑。在几何教学中,自然蕴含推理,教师按照内容进行教学设计在课堂实施中就是在教学生推理,但教师虽然在教推理却可能对几何推理的认识不够,推理教学的浅意识是造成学生推理能力发展中问题存在的一个重要原因。

推理教学的浅意识表现在教师主要是依据"课标"的目标要求和教材教学内容进行教学设计的。课标中提出的十个核心词虽然包含"推理能力",但没有明确提出教师要教给学生推理;教材呈现的教学内容虽然呈现了学习的思维进程也即推理,但教师可能并未明确教材渗透的推理内容蕴含的类型、水平上的发展要求。教师仅仅按照课标要求和教材内容进行教学,过程中虽然有渗透推理,但可能停留在浅意识上,对推理深度和各种类型推理均衡教学的考量可能不够;也不会系统研究各种推理层次和推理类型在不同内容领域中的体现,因而推理教学的深度把握不足。

教师对几何推理的认识不够表现在教师对推理可能仅有模糊的认识,对几何推理的内涵与外延、推理的方式与过程等没有深入完整的了解。在认识不够的基础上展开的推理教学在目的培养上可能仅仅是让学生去思考,却不教给学生如何去思考,学生不知道从前提推理到结论的逻辑的方法,其思考必然是浅层的,或是基于视觉的、随意的思考,或是直线条的进行分析,或是依赖经验发生猜想。因而,一旦测试问卷是学生不熟悉的或问题情境设置多重阻碍的题目时,学生就会无从着手,较少能够开展独立分析。

### (三)学生自身方面的可能原因

六年级学生由于受年龄和年级的限制,几何思维发展层次不高、几何经验相对不足,因而推理能力表现在不同内容中存在水平和维度上的问题,思维逻辑性不强。

**1. 几何思维发展仍受形象的局限,抽象程度不高**

六年级学生几何思维仍然处于形象到抽象的过渡发展阶段,一定程度上仍然受形象思维的局限,抽象程度不高。因而,几何推理能力测试中低思维层次的题目表现良好,思维层次越高,推理表现越差;在对思维的逻辑性有更高要求的归纳、类比、演绎推理上的表现相对较差。

在思维层次上,视觉化水平的测试题目,借助形象思维,通过直观的观察通常就能得出正确的结论,六年级学生形象思维已经得到较为充分的发展,因而表现良好。思维层次越高,题目的抽象程度也就越高,在分析水平和非形式化演绎水平的测试题目要求学生运用不同形式的推理进行抽象逻辑的分析,学生抽象思维发展程度不高,因而表现相对较差,甚至有的学生的回答仍然处于视觉化水平,未能脱离形象思维的局限。在推理类型上,除视觉推理处于视觉化水平,依赖形象思维,其他三种类型的推理都要与对应的推理逻辑相符合,在思维的逻辑性上也即思维的抽象程度上提出了更高的要求。学生思维抽象程度不高，在进行归纳、类比、演绎的推理时仍然过分依赖于直观，不擅长借助分析思维和非形式化演绎思维从前提推导出结论，前提到结论的过程是从图形的抽象概念、特征、关系出发的，导出的结论仍然是抽象的，因而整个推理过程中都对学生的抽象思维提出了较高的要求。

**2. 几何经验处于不断积累阶段，相对不足**

在进入小学阶段的学习之前，学生所获得的几何经验来自生活空间，是感性的认识。进入小学，学生开始系统学习几何知识，开始积累几何知识结构的经验，此时，几何经验处于积累阶段，学生认识相对不足。因而，所能表现出的几何知识是有限的，所表现出的几何思维是不系统、不成熟的。经历小学六个年级的几何学习，学生获得关于"图形与几何"不同领域的知识，但学习内容主要是关于图形概念、要素、特征、关系等的基本认识，未涉及基于图形性质的演绎推理，几何经验处于积累阶段，存在局限。

首先，几何经验的局限使得学生在解决几何问题时，较难快速、灵活地提取相关知识。同时，由于学生在此阶段获得的是大量来自生活和数学学习中所获得的直观的经验，图形特征、关系等较为抽象的几何经验相对较少且比较庞杂，因而，在知识提取时，学生快速联想到的是关于图形的直观经验，不擅长用抽象的经验解决几何问题。

其次，几何经验的局限使得学生在进行几何思考时，较难系统、逻辑地组织知识。学生在获得几何知识时，多是基于直观图形，通过归纳概括进行认识。因而，学生在几何思考时，如果离开直观图形，则较难联想到图形的特征、关系等，因而也难以进一步组织知识，使几何思考不断向纵深方向发展。

最后，几何经验的局限表现在学生运用几何语言进行表达时，较难使用精密、准确的语言。小学阶段的几何学习中很少使用逻辑的精密语言，如"存在""任意""有一个"等，也较少使用几何语句表达推理命题。几何语言发展的局限在小学阶段通常通过"说理"的形式来弥补，但在"说理"的过程中不仅仅是强调学生的"说"，更为重要的是"理"，要求学生说清楚"理"、说正确"理"。

学生自身因素的存在是客观的，但是学生的思维并不是按照统一的进程发展着的，而且学生的思维是可以加以训练的，从形象到抽象的思维发展，可以通过较好的教学设计加以训练。学生的几何经验始终处于不断积累的阶段，小学由于几何学习时间较短，经验可能相对不足。但学生在学校中所获得的几何经验主要来自教师课堂教学，学生几何经验积累的数量和丰富性受到教师教学的影响，教师在教学中可利用丰富的生活经验，创造生动的几何课堂，以帮助学生积累几何经验。

# 第二节 研究讨论

促进学生几何推理能力的发展要具体落实到教学实施的过程当中，而教师是教学设计的实施者。因此，本研究教学建议指向的对象是教师，即以教师为主体，根据测试问卷结果反映出的问题及可能原因，按照教学设计的思路从教材分析、学情分析、教学实施等方面提出相应的教学改进建议。

## 一、几何推理教学的教材分析建议

教材分析是教学设计的前提和基础，能够反映出教师对教学内容的把握程度。在具体教学实施过程中，教师应基于教学设计思路来展开。因而，教师对教材内容的把握是否准确且有一定深度，是影响教学实施效果的重要因素。

### （一）树立多元整合教学观念，深度分析教材内容

教材，从狭义上来讲专指教科书。教科书是教学内容基本且最为重要的载体，其内容依据"课标"制定，反映出"课标"对学生能力发展的基本要求而非最高要求。统观教科书内容，或是与教材对应练习册的问题对照，可以发现教材内容难度不大，基本处于学生自学可以接受的程度。因而，仅仅按照教材内容设计思路展开教学，在促进学生推理能力的深度发展上是远远不够的。几何推理能力测试结果也表明，学生推理水平在思维层次上处于低水平，这可能反映出教师对教材内容在深度上的把握可能存在不足。

深度分析教材内容，教师应树立多元整合的教学观念，充分利用课堂内外教师和学生使用的教学材料，比如，课本、教辅用书、学生练习册等。其中，教辅用书除了对教材编排思路进行一定程度上的深度解析，也为教师教学设计提供了可供借鉴的模板；练习册检验学生对教材内容的理解程度，在难度上有所提升。此外，还有较多的纸质资源和电子资源，能够对教师进行教材分析提供帮助。

教材内容分析可供利用的材料众多，教学资源的整合较为繁杂。因而，在资源整合的过程中，如何做到抽丝剥茧是至关重要的。首先，内容分析的中心立足点应基于狭义的"教材观"，教科书内容编排思路的分析是基础，其他资源应作为补充和拓展统整到教科书内容分析中。其次，内容分析的关键是把握教材内容结构，抓住知识之间的逻辑关联，有条理、有层次地展开教学设计。最后，出于促进学生几何推理能力发展的目的，内容分析的着力点应重点关注教材内容中所呈现的推理过程、类型及水平。其中，内容分析的关键和着力点与学生几何推理能力测试中表现出来的问题

息息相关。

## （二）整体把握教材内容结构，注重知识间的逻辑关联

几何推理是基于几何内容的有一定逻辑的思考、表达的过程，学生几何推理能力在有逻辑地展开知识讲授与学习的教学中能够得到良好的训练。但苏教版教材几何内容的编排未完全按照知识的内在逻辑展开，"图形与几何"不同领域的内容交叉分布，知识完整脉络被掩藏（这在前述原因分析中有较为详细的描述）。因而，教学设计中，就更需要教师整体把握教材内容结构，注重知识之间的逻辑关联。

整体把握教材内容结构要在纵向和横向上对内容形成结构化的认识，也即把握内容的分与合的关系。"图形与几何"分为四个领域，各领域之间和每一领域具体层级化内容之间形成纵横交错的复杂的逻辑关系，对这一逻辑关系的把握要在对教材内容的系统分析中获得。整体把握教材内容纵向和横向的结构是基于十二册单元内容整合形成的大结构的认识，这一认识的形成对教师教学设计具有方向性的引导作用。

首先，应依据"课标"和教材单元内容安排提取内容结构的枝与干。比如，在对教材几何推理内容进行分析时便可提取出四个领域内的学习对象，即"图形的认识"包含1维、2维、3维图形的认识，"图形的测量"包含长度、角度、面积、体积等。类似思维导图，在提取出大的枝干之后，再将具体的内容分支纳入其中，不断形成类目细化的知识结构。

其次，把握知识间横向的逻辑关联。内容结构枝干更倾向于形成的知识间纵向的逻辑关联，基于纵向的认识，需要更进一步考虑知识间横向的关系，比如，"图形与几何"四个内容领域的关系；同一内容领域处于同一层级的知识间的关系，比如，1维图形的认识类目下的线段、直线、射线之间的关系；不同内容领域类目下知识间的关系，比如，长方形的特征和长方形周长公式的关系）。这一关系在浅层次上主要是指知识对象的异同；在深层次上更多指知识对象的蕴含、因果等关系。

最后，知识教学还要回到具体课时当中，课时目标设定基于某一具体知识点，以及该知识点与不同的几何内容有逻辑上的关联。因而，应由此追本溯源，在大结构的知识脉络中找到与此有关的知识链条，从而能够在更高层次上深度理解课时教学设计的目标要求，并能够在课堂教学中适时展开知识纵向和横向拓展的学习。

## （三）关注教材内容中所呈现的推理过程、类型及水平

几何推理教学在教材分析中应着重关注教材中的推理，教师在明确几何推理内涵与外延、过程、类型、水平等的基础上，应重点关注教材内容中所呈现的推理过程、类型及水平，并考虑其与教材内容的适切性。在几何推理类型和水平分析中，已经发现教材呈现有四种类型和三种水平上的几何推理。与此同时，根据教材中几何推理类型及水平的分析和几何推理概述中对几何推理过程的描述，可以发现教材在新知识讲授中主要采取的是合情推理的思路，即从观察、测量、操作到归纳到猜想或从观察、测量、操作到

联想再到类比,较少经历演绎的论证。

在把握教材内容中所呈现的推理过程、类型及水平的基础上,更为重要的是如何基于内容进行几何推理教学设计,使得教学能够体现出几何推理过程的层次性和连续性,并能够在过程中促进不同推理类型能力和不同层次推理水平的发展。

首先,在分析教材内容中所体现的推理过程时,应理清手段和目的的关系,避免把手段当作目的,使得教学停留在浅层次上。在从视觉到归纳和视觉到类比的合情推理过程中,几何教学的目的是培养学生归纳猜想和联想类比的能力,观察、操作、测量是形成归纳和联想的手段。因而,教学设计中就不应过分甚至只重视让学生经历观察、操作、测量的过程,重要的是如何引导学生由不同的视觉推理手段形成猜想和类比,使学生能够体会到合情推理自然发生的逻辑过程,从而避免学生经验仅仅停留在直观的印象上。

其次,在分析教材内容中所体现的几何推理类型上,应注重体现何种类型的推理以及如何在内容编排的过程中促进学生此种类型推理能力的发展。与此同时,要注意与教材内容的适切性,教材通常是采用归纳推理的思路,但这并不意味着同一内容不能使用类比推理的思路。在具体的教学设计中,采用何种类型的推理展开教学,要注意前后知识的关联,如果所要讲授的内容与学生已有几何经验有较大的关联,且在内容上具有较大的相似性,那么采用类比推理的思路进行教学则会更为自然,且能够更好地帮助学生建立前后知识之间的联系。

最后,在分析教材内容中所体现的几何推理水平上,更为重要的是要关注教材所体现的最高推理水平上的要求。同时,教材内容设计在推理水平上是有层级体现的,这样的设计意图主要是借助低思维水平的几何经验,学生能够更快地接受未知的高思维水平的几何知识,因而还应关注教材是如何从低思维水平过渡到高思维水平的几何内容。中间知识过渡衔接是否自然也是决定学生能否接受新的几何知识的重要因素,应当引起关注。

## 二、几何推理教学的学情分析建议

学情分析是教学设计的一个重要环节,有助于教师适切性地把握教学的深度和难度。几何推理的教学设计也必须基于学生的学情分析,利用最近发展区理论促进学生能力在较高层次上获得综合的发展。几何推理展现学生的几何思维过程,考虑到学生几何思维的发展和几何经验的积累,几何推理教学的学情分析,首先应了解学生的思维特点,其次要了解学生的能力发展状况,最后教学应立足于学生已有经验来展开。

### (一)了解学生几何思维发展的特点和水平

整体来看,学生思维特点和认知发展水平会随着年龄的增长和学习经验的积累逐渐从形象到抽象而发展。但在具体年级上,学生思维表现出的特点却会有所不同,通常小学低年级学生多以形象思维为主,而小学高年级学生则开始由形象思维向抽象思维过渡。教师要了解不同年级学生的思维特点和认知发展水平，基于促进学生推理能力发展的目的，在学生的最近发展区上展开一定的学生可接受的有一定难度的教学。了解学生在某一特定学习阶段的思维特点也是为了避免出现过高或过低估计学生的推理能力的现象。

从某一具体年级来看，不同学生的思维特点和认知水平发展也会表现出不同的情况，通常呈现出正态分布的趋势，认知发展处于一般水平的学生数量居多，而认知水平发展超前或落后的学生数量较少。因而，教师在基于学生思维特点和认知发展水平展开教学时，通常以多数学生为参照，课堂教学设计对于学优生和学困生的适用性较差。对此，教师通常采用课堂集体教学和课外个别辅导相结合的教学方式以促进全体学生的发展，这是较为有效的一种方式。但教师课外教学时间、精力有限，因材施教的落实难以全面兼顾，再者考虑到学生的思维特点和水平的差异，应对不同学生提出不同的要求。因而，课堂教学面向多数学生的同时，适当考虑学优生的思维特点，设计有一定启发性的数学问题，鼓励并激发学优生的自学探究、独立思考的动机。课外教学的时间则更多留给学困生，这部分学生通常多是基础较差的学生，而帮学生补基础是一个长期的过程，需要消耗较多的时间，因而不能过多占用课堂教学的时间。

以上内容主要描述了学生思维特点和认知发展水平的一般情况，那么在了解学生思维特点和认知发展水平的过程中要了解哪些具体内容呢？这要求我们对思维要有一定的了解（前面的论述已有论及）。"几何推理能力"是一种广泛意义上的推理，是一种形成几何判断的思维过程，在推理过程中包含多种思维活动。因此，了解内容的具体分析将在结合"了解学生几何推理能力整体发展状况"中来展开。

（二）了解学生几何推理能力整体发展的状况

几何推理教学设计的学情分析，必然要求教师了解学生的几何推理能力整体发展的状况，这有利于教师更精确深入地把握学生的思维特点和认知发展水平。

首先，教师想要了解学生的几何推理能力整体发展现状，需要对几何推理有较为充分的认识，包括对几何推理的内涵、分类、过程、水平等，由此才能对学生几何推理能力发展有正确的、方向性的把握。几何推理有丰富的内涵，其本质是教会学生有逻辑地思考；不同类型的几何推理展现出不同的思维进程，蕴含不同的逻辑推理的规则并对学生推理能力提出不同水平层次的要求。本研究前面对几何推理所形成的较为系统的认识，可以为教师了解学生几何推理能力整体发展状况，提供一定的理论借鉴和内容依据。

其次，关注学生整体几何推理能力的发展，要基于内容着重了解学生在几何推理能力类型和水平上的发展现状。具体可包括，从整体上了解学生在每一能力类型和能力水平上的发展；基于具体内容了解学生在推理类型和推理水平上的发展现状；根据类型和水平的二维关系了解推理类型上的水平发展现状和推理水平上的能力类型发展现状，关注学生在几何推理能力类型上水平层次的发展。在了解过程中应将重点放在发现能力发展中所存在的问题及可能原因的分析上,以便有针对性地改进教学设计。

最后,为了更细致深入地研究学生推理能力发展状况,建议教师对学生在课堂内通过"说理"表现出的几何推理过程进行分析,对学生在问题解决中所呈现的几何推理内容进行评估,以发现学生几何推理能力发展中潜在的、隐藏的问题。问题分析的关键是关注在某一内容的学习中学生可能面临的推理学习上的困难,如分析某一内容若采用不同的推理展开教学,在理解推理上存在的困难或在促进能力水平提升的过程中遇到的阻碍。

其实,这些建议不仅适合对某一学段、某一年级的学生进行研究,也适合对某一学生对象进行研究。通常,学段、年级和单一对象的研究互为补充,对教师而言,为有效展开推理教学,学生几何推理能力现状的关注和了解应该是一个长期的、持续的过程,教师可以充分利用课堂内外的时间进行一定的系统研究。

### (三) 了解学生已有生活经验和几何经验

在了解学生思维特点、水平和几何推理能力发展现状之后,教师在分析学情时还要了解学生已有的生活经验和几何经验。对学生来说,基于学生经验展开的教学在思维水平、推理能力上应该都较为容易接受。

立足于已有几何经验的教学能够较好地自然生发出新知识,旧知识是新知识的前置知识。前置知识的分析也是教材分析的重要部分,其与学情分析的不同点在于,教材分析更侧重教材内容的呈现,学情分析更侧重于学生知识经验的内化。因而,了解学生已有的几何经验,不仅包括了解学生所学过的知识内容,还包括了解学生对已有知识的掌握程度。旧知识是推理教学展开的基础,在进行某一内容的教学设计时,教师需要了解学生对相关知识的掌握程度,包括纵向相关的知识(比如,在经历认识长方形、正方形等特殊四边形后,再认识一般四边形),也包括横向相关的知识(比如,利用"割补法"学习过平行四边形的面积推导后,再学习梯形的面积公式推导),以此确立几何教学的生发点。

日常生活空间中存在着多种多样的几何图形,也有较多的生活用品是基于几何图形的特征进行构造的,比如,利用三角形的稳定性制作的衣架等。小学阶段初步认识图形,主要是对图形形成整体轮廓和基本特征的认识,并且考虑到学生形象思维的特点,要关注学生生活经验,在教学中,将几何知识与生活经验联系起来,能够帮助学生认识到数学与生活的联系,借助日常生活经验发生的推理也是合乎情理的,对学生推理能力的训练也是有益的。

与此同时,学生在日常生活中,也常常进行着朴素的推理,这些推理在形式上也可能是归纳的、类比的或演绎的。教师不仅要了解学生在日常生活中有哪些几何经验(主要是图形认识的直观经验,也包括几何知识的生活应用经验),还要了解学生在日常生活中有哪些推理的经验(比如,学生可能使用因果关系、条件关系的语句来表达推理),这些经验可以作为教学设计中几何推理内容和推理方法教学的出发点。

### 三、几何推理教学的具体实施建议

几何推理教学目标的实现最终要落实到具体的教学实施过程当中,如何在教学过程中,训练学生的几何推理能力,教会学生推理,是教师应当思考的一个重要问题。

#### (一)合理设计几何问题以体现教学过程的层次性

几何教学通常根据教学内容设计一系列的问题情境,在问题情境中启发学生思考,由浅入深地启发学生解决问题。解决问题中的思考过程也即推理的过程,因而,意欲促使学生的深度学习,以使学生推理能力能够得到较高层次的发展,教师在教学实施中就要通过预先设计的有一定深度的问题,启发诱导学生进行推理。

在把握设计问题的深度上,首先要对教材内容和学生学习情况有深入的了解,这主要表现在教材分析和学情分析中,在此基础上才能准确把握问题深度的最低和最高标准,最低和最高标准之间区域是学生推理能力发展的广阔空间。其次,问题深度的把握还要基于促使学生几何推理能力发展的目标上,某一几何内容可能由不同的推理过程展开,体现出多种推理类型能力发展目标。在深度上,教师不仅要关注某一类型推理能力的发展,更要关注推理类型对应不同的推理水平层次,问题设计要能够体现出较高推理水平层次上的目标。最后,把握问题的深度不是一蹴而就的,设计问题的难度要渐进提高。通常,数学教学中会提出一系列问题,这些问题在难度上逐渐提高,以启发诱导学生逐步进入深层次的思考。因而,基于问题深度的变化设计一系列小问题,同时注意问题思维层次的提高,是把握问题深度的基础。

在问题深度的层次变化中,如何在教学中凸显问题的层次,循序渐进地促进学生更高层次上的能力发展,需要教师在教学过程中发挥好启发诱导作用。首先,在提出一个几何问题后,要给予学生充分的思考和探究空间,因而,设计的问题应规避是非型的封闭问题,而以开放型问题为主。其次,在问题解决的过程中,认真倾听学生的"说理",发现学生的思考方式,发现学生推理过程中在几何知识理解上存在的问题和逻辑上的漏洞。并且在学生回答后,能够给予及时的反馈,反馈的内容可以是重复学生的推理过程,帮助学生理清自己的思路;也可以是学生推理过程中的问题与不足,帮助学生澄清概念和纠正思维逻辑的错误;还可以是正面表扬的话语,指出学生回答中对关键概念、特征等理解的正确性,以此鼓励学生积极思考。在反馈之后,教师可以适机提出新的几何问题,新问题在思维层次上要有所提高,学生再次经历问题的解决。最后,在经历某一问题解决或全部问题解决后,教师要引导学生总结某节课的主要学习内容,由此形成概括的、抽象的认识,促使学生推理思维层次达到一定的高度。

#### (二)注重培养学生多种几何推理思考的能力

小学阶段几何推理教学并不是教给学生纯粹逻辑形式的推理,而是要注重培养学生的合情推理(包含视觉推理、归纳推理、类比推理)能力和非形式化的演绎推理能力

（主要表现为分析思维能力）。而几何推理的过程通常表现为学生的几何思考过程，不同的推理类型对应不同的思考方式和过程。因而，教师在几何推理教学实施中，要注重培养学生的多种推理能力，教会学生几何思考。

不同推理类型能力的培养通过不同的推理过程实现。研究设计一章已详细介绍了两种从合情到演绎的完整的几何推理过程，并基于部分几何内容进行了较为详细的描述分析，应该对教师理解有一定的借鉴意义。几何教学中，某一几何内容的学习也应该经历这一过程，因而，某一节课的教学通常不只培养一种推理能力。教师可以通过教学实施呈现完整的几何推理过程，从而培养学生的多种推理能力。考虑到教材内容和学生特点，在小学阶段几何推理过程中，视觉推理的教学通常是必要的，几何概念及其特征、关系的获得主要源于直观的观察、操作、测量等探究活动所获得的感性认识。关于几何知识感性的认识是后续推理的基础，同时，学生推理水平发展是连续的，在低水平上获得较好的发展才能逐步达到更高水平，视觉推理在思维水平上处于视觉化水平，层次较低，因而在教学中这一推理能力的培养是必要的，但不应作为教学过程的重点环节。教学重点应当是归纳、类比的推理，小学阶段重视学生合情推理能力的培养，几何知识的学习通常采用归纳、类比的方法。教师应把握归纳推理和类比推理的特点，在学生经历探究获得感性认识的基础上启发学生通过归纳、类比形成抽象的认识，归纳、类比在推理水平上对应不同的层次，教师可根据具体教学内容进行一定层次变化的教学设计。演绎推理的教学在小学阶段主要体现在问题分析与解决中，在教学实施中则体现在巩固练习环节，主要是对新知识的应用。教师在这一环节通过设计不同层次的问题巩固基础知识，同时也锻炼学生的演绎分析能力。

不同类型推理对应不同的思维方式，教师在教学中教会学生思考，也即教会学生如何进行视觉上直观的思考、归纳的思考、类比的思考、演绎的思考。学生学会并综合掌握各类推理的思考，则能够在几何学习中，在头脑中发生快速有效地几何思考。多种类型推理对应的几何思考的有效性很大程度表现在推理的逻辑上，几何思考是基于几何内容的思考，这里对推理逻辑的判断可以基于前述"几何推理内容有效性的评估"相关内容的描述。

视觉直观的几何思考主要表现在快速与已有经验建立直接表象的联系，因而教师要充分利用学生视觉的经验来展开教学，这些经验是来自日常生活空间或已获得的图形表象的几何知识。

教会学生归纳的思考，主要是让学生学会从有限的例子中抽象出无限对象的概括的认识，所举例子的数量要足够大且有代表性。如何说明数量是否充足或例子是否具有代表性，对于不同内容来说会有所不同。对于某一图形对象特征的归纳，例子数量要求较大，比如，三角形内角和是180°，这一命题的证明要建立在多个三角形的测量、操作中；对于某一类图形对象特征的归纳，通常要求例子具有连续性，在考察数量上要求较少，一般通过三四个例子即可归纳得出结论。比如，多边形内角和的计算公式，可以通过对三角形、四边形、五边形等图形内角和的计算推导。

教会学生类比的思考，重要的是教会学生发现两个或两类事物的相似性和差异性。类比可能基于直观的联想，这可能是一种直觉的判断，但类比是否可以发生则基于对事物之间的相似和差异的考察，而事物的相似和差异都表现在图形特征上。因而，教会学生类比的思考要注重学生对图形特征的深层理解。

教会学生演绎的思考，主要是锻炼学生的分析能力，即由条件导向结论的能力，演绎分析在逻辑上可以转化为三段论的形式，在推理过程中发生的错误主要是由于概念的内涵和外延理解不清。因而，教师在教学中要注重学生对图形概念的深度理解，并明晰图形概念的广泛外延，其中，概念的深度理解主要基于对图形特征的深层把握；概念外延的明晰要求通过举例多种"变式"图形，比如，正方形的外延可以通过列举有一定倾斜角度的图形例子加以明晰。

### （三）创设学生话语表达充分的教学空间

几何推理教学的对象是学生，几何教学过程中应关注学生的主体地位。在推理教学中，关注学生的主体地位不仅仅要求教师在观念上树立正确的"学生观"，也要在教学实施中体现对学生主体地位的尊重。教师对学生主体地位的尊重主要表现在给予学生充分的话语表达的空间，几何推理教学过程不应成为教师的"一言堂"。课堂教学是师生互动的活动，在互动中师生围绕学习内容展开对话，学生的话语表达贯穿在教学的全过程。

首先，理念上应给予学生话语表达充分的空间，要求教师尊重学生话语表达的权利，营造宽松的教学环境，为学生创造一个自由进行话语表达的物理空间。同时，教师还需要为学生创造一个自由进行话语表达的情感空间，允许教师的知识权威受到质疑，也即允许学生在教师知识讲授过程中表达自己的困惑或问题。并且，教师可以以学生的困惑或问题作为几何推理教学的生发点，促使推理教学向更深层次生发。

其次，在教学实施过程中，要求教师给学生提供充分"说理"表达的空间。学生几何推理能力的发展表现在"说理"中，学生"说理"是基于自身对知识的内化，通过话语表达自己推理过程的活动。由于对知识内化的程度不同，学生在进行推理时有不同的能力表现。教师可根据学生"说理"表现，了解学生的几何推理能力发展现状，由此可以有针对性地在课内外教学中进行因材施教。与此同时，学生几何推理能力在"说理"的过程中得到训练。通过"说理"，学生将内在的思维过程展现出来，又同时强化了思维的认识。如果学生"说理"话语表达准确，教师及时给予正面的评价，能够激励学生养成几何思考的习惯，同时能够较好地强化正确的认识。反之，如果学生"说理"不准确或存在错误，教师也需要及时指出，以消退学生知识理解中的误解与错误。

最后，在教学过程的各个环节，基于教学内容发生的提问数量较多，充分给予学生话语表达的空间，并不意味着每一次提问的发生都要求学生充分展开回答，以"说理"的方式展现详细的推理过程。课堂教学时间有限，教学内容也存在重点与难点，学生充分的话语表达应集中在教学设计的关键问题之中。学生"说理"集中在关键问题上，也能够给予学生"说理"充分的反馈,使问题思考逐渐向更深度方向发展。同时,在话语表达的逻辑性和准确性上可以对学生有更高的要求,锻炼学生几何推理的语言表达能力。

　　本研究只是从几何推理能力的视角,对小学生数学(几何)思维发展做了比较系统的实证研究。其实,还可以从其他视角(譬如,思维品质)来探讨小学生的数学思维发展。

# 第二部分 附录

## 附录一  六年级学生几何推理能力发展测试问卷

高斯曾指出:"数学是科学之王"。数学是一切科学的基础,数学以那简洁的符号和优美的图形进行着逻辑地推理,一步步接近真理。本问卷以小学"图形与几何"领域中内容为基础,设计了"几何推理"有关的若干问题,主要目的是了解同学们的几何推理能力水平现状。

测试结果仅做研究使用,不涉及成绩评价,也不会泄露你的个人信息,请放心作答。问卷共计 4 道大题,26 道小题,答题时间为 90 分钟,请尽量在规定时间内完成所有题目。回答问题时,请将每一个问题的答案填写在答题卡上。

非常感谢你的参与!

一、填空题

1. 下列图形中是角的有:(　　　　);它们分别是什么角:(　　　　)。

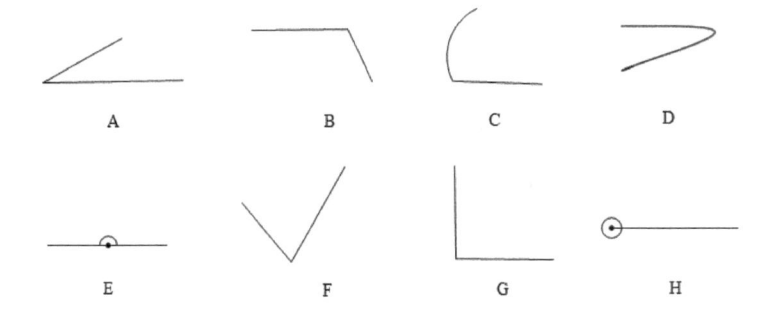

A　　　B　　　C　　　D

E　　　F　　　G　　　H

2. 识别下列图形的形状,请将相应的字母写在横线上。

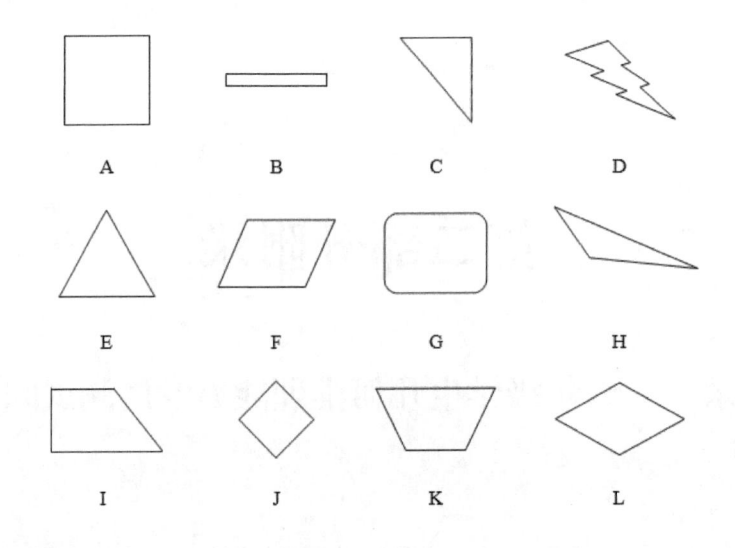

(1) 三角形:(　　　　　) (2) 长方形:(　　　　　) (3) 正方形:(　　　　　)
(4) 平行四边形:(　　　　　) (5) 梯形:(　　　　　)

3. 比较下面每组两个图形的周长，请在周长相等的一组图形对应横线上画"√"，否则画"×"。

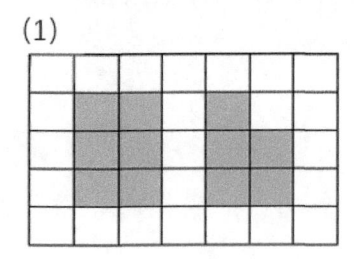

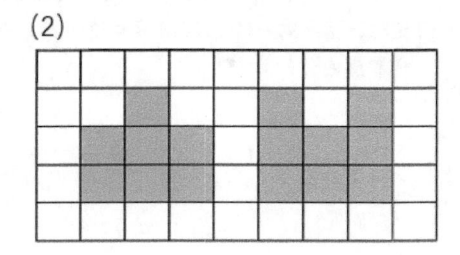

(1)　　　　　　　　　　　　(2)

　　____　　　　　　　　　　　　____

4. 观察下面三个图形，试估计图形面积大小关系：面积最大的图形是（　　　　）；面积最小的图形是（　　　　）。

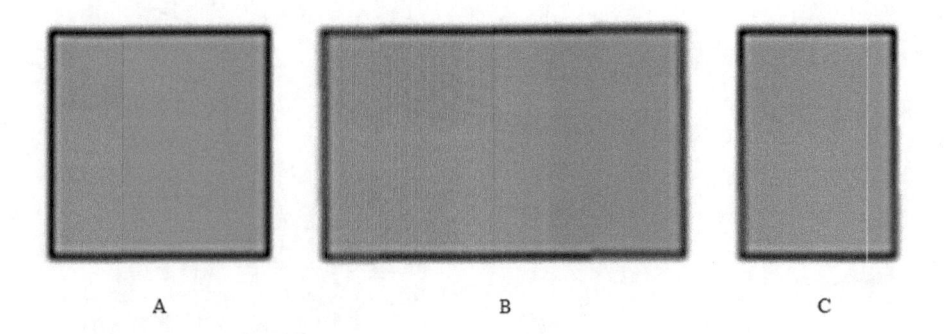

5. 观察下面三个长方体容器中的液体，试估计容器中液体容量：容量最多的图形是（　　　　）；容量最少的图形是：（　　　　）。

A　　　　　　　B　　　　　　　C

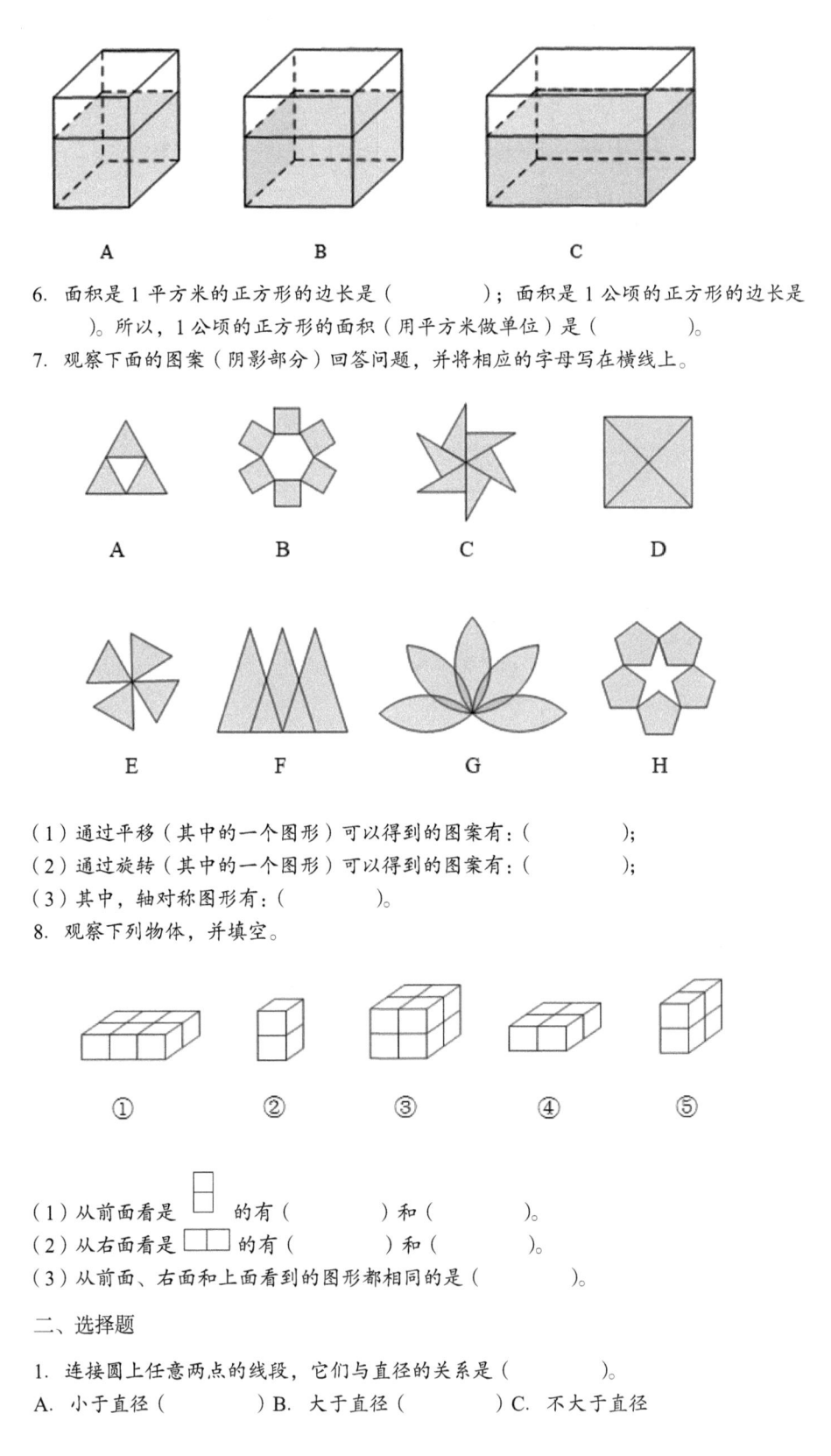

6. 面积是 1 平方米的正方形的边长是（　　　　）；面积是 1 公顷的正方形的边长是（　　　　）。所以，1 公顷的正方形的面积（用平方米做单位）是（　　　　）。

7. 观察下面的图案（阴影部分）回答问题，并将相应的字母写在横线上。

A　　　　　　B　　　　　　C　　　　　　D

E　　　　　　F　　　　　　G　　　　　　H

（1）通过平移（其中的一个图形）可以得到的图案有：（　　　　）；
（2）通过旋转（其中的一个图形）可以得到的图案有：（　　　　）；
（3）其中，轴对称图形有：（　　　　）。

8. 观察下列物体，并填空。

①　　　②　　　③　　　④　　　⑤

（1）从前面看是 ▯ 的有（　　　）和（　　　）。
（2）从右面看是 ▭ 的有（　　　）和（　　　）。
（3）从前面、右面和上面看到的图形都相同的是（　　　）。

二、选择题

1. 连接圆上任意两点的线段，它们与直径的关系是（　　　　）。
A. 小于直径（　　　）B. 大于直径（　　　）C. 不大于直径

2. 从下面的小棒中任选 3 根,能围成一个三角形的是(　　　)。

① ——— 2cm
② ——— 3cm
③ ——— 5cm
④ ——— 6cm

A. ①②③　　　B. ①②④　　　C. ②③④

3. 一块三角形土地,底是 800 米,高是 50 米,面积是(　　)。

A. 8 公顷　　　B. 4 公顷　　　C. 2 公顷

4. 由长方形①旋转到②,形成如下图形,试判断图形的旋转中心是(　　)。

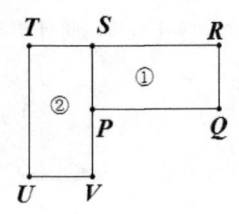

A. P　　　B. S　　　C. T

5. 用数对表示小林在班级里的座位是(3,4),那么排在他正前面的同学的座位可用下列哪一个数对表示(　　　)。

A.(3,3)　　　B.(3,4)　　　C.(4,4)

### 三、操作题

1. 根据要求,请尽可能多地写出符合要求的特殊四边形的名称并画出相应的图形。

(1)四个角都是直角的四边形。

(2)四条边都相等的四边形。

(3)只有一组对边平行的四边形。

2. 画一画。

(1)把平行四边形向上平移 2 格。

(2)把三角形绕点 B 逆时针旋转 90°。

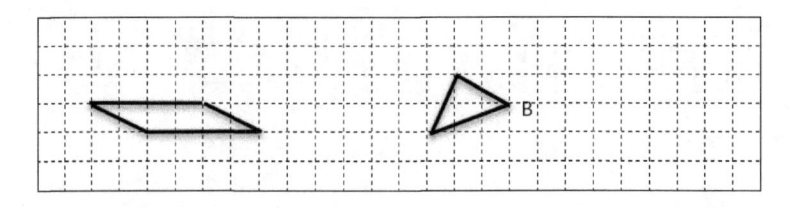

3. 在下面的正方形和长方形内画一个最大的圆(可以保留画图痕迹)。

4. 下面的方格纸上画了一个长方体展开图的前面、下面和右面（每个小方格的边长代表1厘米）。在方格纸上画出这个展开图的后面、上面和左面，并写出这个长方体的长、宽、高各是多少厘米。

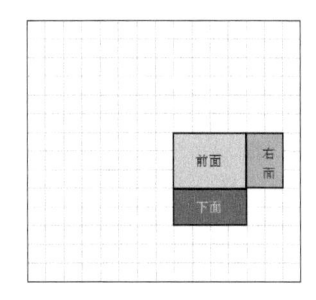

长：_____

宽：_____

高：_____

四、问答题

1. 已知线段 AB、CD，如右图所示。

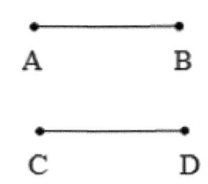

（1）请在线段 AB 上画出一条射线。
（2）请在线段 CD 上画出一条直线。
（3）观察画出的图形，并说明线段、射线、直线三者之间的关系。

2. 如右图所示，D、E 是 BC 边上的三等分点。你能比较三角形甲、乙、丙的面积大小吗？你得到的结论是（　　　　　）；你的理由是（　　　　　）。

3. 观察右图，你能得出哪些结论？解释说明。

4. 请完成下列三个问题。
（1）画出下面正多边形的对称轴。

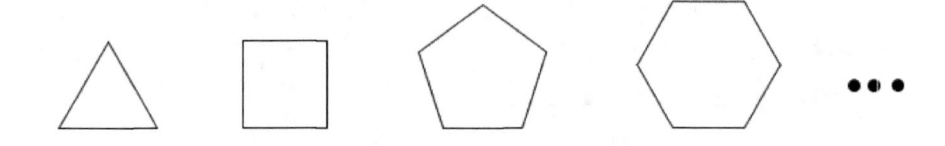

（2）观察所画出的对称轴，你有什么发现？

（3）根据你的发现，写出正 n 边形的对称轴条数，并描述正多边形对称轴的位置。

5. 回顾长方体、正方体的体积推导过程。

（1）用 1 立方厘米的小正方体木块摆下面的长方体。

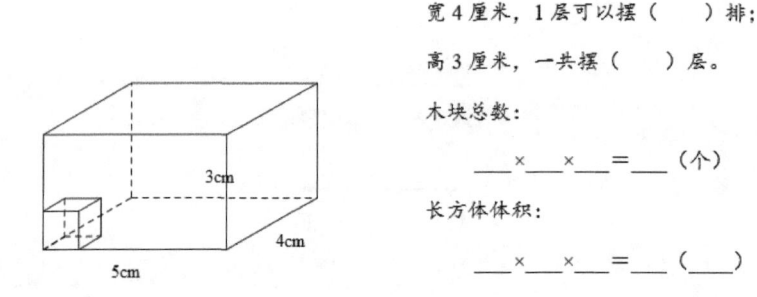

长 5 厘米，1 排可以摆（　　）个；

宽 4 厘米，1 层可以摆（　　）排；

高 3 厘米，一共摆（　　）层。

木块总数：

___×___×___＝___（个）

长方体体积：

___×___×___＝___（___）

所以，长方体的体积公式是：（　　　　　　）。

根据长方体体积公式推导方法来推导正方体的体积公式，并尝试写出推导过程。

6. 填表，根据表格中的信息回答下列问题。

（1）计算边长或棱长分别为 1cm、2cm、3cm、4cm 的正方形的面积或正方体的体积，用算式表示（参照表中示例）。

| 边长 | 面积 | 体积 |
| --- | --- | --- |
| 1cm | 1cm×1cm ＝ 1cm² | |
| 2cm | | |
| 3cm | | |
| 4cm | | |
| …… | …… | …… |

（2）观察表中所填算式，你有什么发现？

（3）所求得的面积一列所对应的算式，其结果表示的数在数学上叫作（　　　　）；所求得的体积一列所对应的算式，其结果表示的数在数学上叫作（　　　　）。

7. 观察方格中的图形。

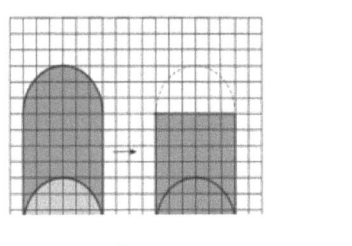

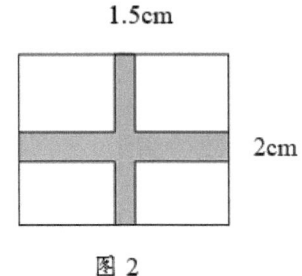

图 1

图 2

（1）图1中运用了哪种方法求不规则图形的面积？解释说明。

（2）已知图2中长方形的长为10厘米，宽为8厘米，尝试运用这一方法（在图中表示出来）求图中阴影部分的面积。

8. 在右图中描出（0，0）、（1，1）、（2，2）、（3，3）、（4，4）、（5，5）、（6，6）所表示的点，再把这些点连接起来。

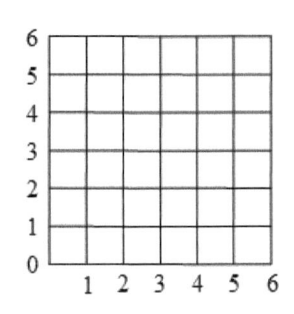

（1）观察图中点的位置，你有什么发现？

（2）请问右图中最大的正方形被分成的两个部分是什么图形，这两个图形间的关系是什么？

（3）图中每个小方格是边长为1cm的小正方形，计算出第（2）问中每个部分图形的面积。

9. 用你喜欢的方式表示长方形、正方形、菱形、平行四边形之间的关系。

# 第三部分

统计与概率篇

# 第十一章 问题提出

## 第一节 研究缘起

### 一、因应信息化时代发展的需要

随着大数据时代的悄然而至,统计数据、统计表、统计图在报纸、新闻和杂志上屡见不鲜,借助数据表达观点也成了人们习以为常的说话方式。不难想象,与数据处理有关的统计基本知识将逐渐成为未来公民的必备常识,统计世界观也逐渐成为人们思考和看待事物的方式。而不具备一定统计知识和统计判断能力的公民,则很有可能被统计数据所迷惑和误导,从而做出错误的假设或判断。因此,研究小学生统计素养的学习进阶,可以帮助教师更好地发展学生的统计素养,为学生掌握良好的统计技能打下坚实的基础。而且,未来统计思维将像读写能力一样,是每个公民所必须具备且须灵活运用的能力。[1] 所以,研究和培养小学生的统计素养成为每一位小学教师义不容辞的责任。

### 二、辅助教师进行统计素养的培养

"数据分析观念"是《义务教育数学课程标准(2011年版)》(以下简称《新课标》)中提出的十大核心概念之一。[2] 而数据分析观念的培养与发展正是统计素养形成的第一步和关键一步。在新课标中,"统计与概率"部分的学习目标安排如下:

第一学段(1—3年级):能根据标准,对事物或数据进行分类。经历简单的数据收集和整理过程,了解收集数据的简单方法,能用自己的方式(文字、图画、表格等)呈现整理数据的结果。通过对数据的简单分析,体会运用数据进行表达与交流的作用,感受数据蕴含信息。

第二学段(4—6年级):经历简单的收集、整理、描述和分析数据的过程。会根据实际问题设计简单的调查表,选择适当的方法收集数据。认识条形统计图、扇形统计图、

---

[1] WATSON J M. Assessing statistical thinking using the media [A]. GALL I, GARFIELD J B. The Assessment Challenge in Statistics Education [C]. Amsterdam: IOS Press, 1997: 107-121.

[2] 中华人民共和国教育部. 义务教育数学课程标准(2011年版)[M]. 北京:北京师范大学出版社, 2012: 16-24.

折线统计图；能用条形统计图、折线统计图直观且有效地表示数据。体会平均数的作用，能计算平均数，能用自己的语言解释其实际意义。能从报纸杂志、电视等媒体中，有意识地获得一些数据信息，并能读懂简单的统计图表。能解释统计结果，根据结果作出简单的判断和预测，并和同伴交流。

近年来，世界各国相继修改和更新了学校统计教育方案，如美国统计协会（ASA）于 2005 年和 2007 年相继出台的文件 GAISE （Guidelines for Assessment and Instruction in Statistics Education）和 GAISE Pre-K-12 （Guidelines for Assessment and Instruction in Statistics Education：A Pre-K-12 Curriculum Framework）都明确指出，要全面提升美国从幼儿园至大学的统计教育教学水平，全面发展和提高学生的统计思维。不难发现，世界各地中小学校都在逐渐加强统计教育教学和研究的力度，怎样使统计课程设计更合理化、怎样使统计教育教学更符合学生的认知发展和需要已经成为全世界都在关注的热点课题。

学习进阶是通过实证研究的方式，以学生在某一主题上的认知和实践发展为内容，描述其在较长时间内的发展变化阶段和关键节点的研究。[1]而学习进阶则展示了学生在认知某一主题上的思维发展层级，描述了每一层级上学生的思维表现，明确了学生在每一层级上能够达到的思维水平。为教师了解学生的已有水平、合理规划教育教学、制定最近发展区提供了有效依据。

因此，研究小学生统计素养的学习进阶，可以帮助教师更好地了解小学生统计素养的发展水平，制定科学的统计学习最近发展区，规划更符合学生思维发展的统计学习课程与教学。

### 三、促进小学生统计素养的养成

研究者曾拿着一组数据和统计图表去询问五、六年级的学生"这些数据或图表告诉你哪些信息"，其中一些学生直接回答出了一串数字的现象引起了我们的注意。他们没有关注题目情境和图表标题的习惯，他们习惯于直接关注数据，并且会自豪地计算出这些数的平均数是多少。这与研究者希望他们向我们解释每一个数据的具体含义或这个图表展示的是什么内容的期望相差甚远。这引发了我们的思考：能自动化地计算平均数是高统计素养的表现吗？答案是否定的。统计很大程度上是作为工具应用于生活的方方面面，也渗透在语文、数学、英语、物理等各个科目之中。能从生活情境中、问题情境中分析解释数据、做出推断才应该是高统计素养的表现，而会算平均数、会比较数据大小只能被称作统计技能。高统计技能与高统计素养之间是必要关系，两者相辅相成。那么在义务教育过程中，我们的统计教育除了教会学生熟练运用统计计算公式，还应培养他们哪些统计素养？我们的学生在学习完统计知识后，可以将相关知识灵活

---

[1] National Reseach Council. Taking science to school：learning and teaching science in grades K-8［M］. Washington, DC：The National Academies Press，2007：36.

运用于生活吗？小学生统计素养的形成与发展究竟遵循怎样的模式呢？教育研究者们对小学生统计素养的学习进阶的研究可以帮助我们解决以上问题，找到学生统计素养发展的正确模式。

## 第二节 研究问题

基于以上研究背景，本研究选取 J 市 XX 学校 3—5 年级小学生为研究对象，试图对小学生统计素养的学习现状、进阶层级、产生原因、教学策略与建议等方面进行研究。

### 一、问题一：小学生统计素养的学习进阶是什么？

通过测试问卷和访谈调查了解小学生统计素养的发展水平现状，具体包括小学生统计素养在五个维度上的认知发展水平呈现出怎样的阶段性特征。

①小学生统计问题提出能力的一般发展顺序和发展水平的现状如何？
②小学生数据收集能力的一般发展顺序和发展水平的现状如何？
③小学生数据整理与表征能力的一般发展顺序和发展水平的现状如何？
④小学生分析数据能力的一般发展顺序和发展水平的现状如何？
⑤小学生数据解释和数据推理能力的一般发展顺序和发展水平的现状如何？

### 二、问题二：小学生统计素养的学习进阶各水平的整体表现、常见错误及错误原因是什么？

借助 SOLO 分类法探究小学生统计素养在各维度下的学习水平层级，并尝试描述和评估小学生在每一水平下能够达到的认知高度，同时进一步探讨各维度下常见错误及其原因。

①小学生统计问题提出的能力在学习进阶的每一阶段各层级上的整体表现、常见错误及错误原因是什么？
②小学生数据收集的能力在学习进阶的每一阶段各层级上的整体表现、常见错误及错误原因是什么？
③小学生数据整理与表征的能力在学习进阶的每一阶段各层级上的整体表现、常见错误及错误原因是什么？
④小学生分析数据的能力在学习进阶的每一阶段各层级上的整体表现、常见错误及错误原因是什么？
⑤小学生数据解释和数据推理的能力在学习进阶的每一阶段各层级上的整体表现、常见错误及错误原因是什么？

## 三、问题三：影响小学生统计素养的不同学习进阶层级的原因是什么？

在揭示小学生统计素养的学习进阶后，通过访谈等进一步了解出现这样层级的主观原因和客观原因。

①影响小学生统计素养的不同学习进阶层级的主观原因是什么？
②影响小学生统计素养的不同学习进阶层级的客观原因是什么？

## 四、问题四：教师提高小学生统计素养的策略与建议是什么？

基于小学生统计素养的学习进阶研究的研究成果，思考教师在实践层面可以获得哪些教育教学策略和建议。

①教师知识和备课层面，教师如何准备和设计自己的教学？
②教授课时和内容层面，教师在教学统计知识时的授课方式和教学技巧策略是什么？
③作业布置和学生实践层面，教师在完成教学计划后，提高学生课后统计实践的策略是什么？

# 第三节 研究意义

米山国藏先生曾说，那些纯粹的数学知识因为在以后的生活和工作中毫无用处，所以将很快被人们遗忘，而在学习过程中逐渐掌握的数学精神、数学思想将作为能力使人们受用终身。①统计素养正是用统计方法去分析事物、解决困难的习惯和世界观，研究统计素养的学习进阶远比研究教会学生统计计算方法意义重大得多。

## 一、理论意义

数学教育的核心是培养学生的数学素养，而统计素养又是数学素养的重要组成部分之一，所以通过对小学生统计素养的一般发展顺序和发展水平现状的研究，可以更清楚了解我国小学生统计素养的表现及普遍问题，并为数学教育研究提供素材。虽然近几年来统计教学的地位在逐渐上升，但国内关于小学生统计素养的研究成果较少，小学生统计认知发展的研究成果更是少之又少。本研究亦可以加深研究者和实践者对统计素养的认识，帮助理清统计素养的内涵、构成要素和发展现状，从而进一步为统计教育研究提供有价值的参考。此外，该研究还可以促进我国公民统计素养、数学素养的

---

① 朱成杰. 数学思想方法教学研究导论［M］. 上海：文汇出版社，1998：12.

更好发展。

## 二、实践意义

对小学生统计素养学习进阶的研究有助于增加教师对学生统计素养的了解。了解目前小学生的统计素养发展现状、特点和常见困难、问题，可以帮助教师更好地安排不同年龄段学生统计学习的最近发展区，拟定更符合学生统计学习特征的教学策略，使教学内容划分和安排更加合理化。在教学的过程中，了解小学生统计素养的发展现状可以帮助教师有针对性地讲授易错点，重点帮助学生解决在统计学习中的困难，使教学在传授统计知识的同时起到促进学生统计素养和统计思维发展的作用。另外对小学生统计素养的学习进阶的研究还可以为教师的有效教学提供理论依据，将学生的统计思维特点和常见问题通过数据分析等方式展现给任课教师，可以促进一线教师探讨提升小学生统计素养学习进阶层级的教学策略，帮助教师更好地判定学生统计学习行为和统计素养是否达到了新课标的要求，帮助教师更合理地安排和实施教学内容。

# 第十二章 文献述评

随着大数据时代的悄然而至和课程与教学改革有关"统计与概率"的逐渐深化,如何准确地描述小学生统计素养的发展变化情况和在不同发展阶段上的认知表现,如何展现小学生在数据分析观念上的发展情况,如何将统计素养的发展与课程教学有机结合等一系列问题已成为国内外统计与概率研究者的研究重点。要展开对小学生统计素养的学习进阶的研究,首先要弄清楚两大问题,其一为"什么是统计素养",其二为"什么是学习进阶"。

## 第一节 统计素养的研究现状

在中国知网的关键词栏中,分别以"统计素养""统计素养"并含"小学""统计思维""统计思维"并含"小学生",选择SCI来源期刊、核心期刊、CSSCI和博、硕士论文进行检索,共有131条结果。经仔细研读,筛选出其中11篇,又从这11篇的参考文献中筛选出60篇,共计71篇文献作为对"统计素养研究现状"的考察对象。考察发现,国内对于统计素养的研究呈逐年上升趋势,但已有研究成果较少,处于起步阶段;国际上关于统计素养的研究相对较早,早期以统计素养的含义研究为主,后期逐渐转向统计素养的测量与评价。总体而言,有关"统计素养"的研究仍然处于发展阶段。已有研究中,实证研究显著少于理论研究。[1]具体而言,现有文献对统计素养的研究主要包含以下几个方面:统计素养的内涵,统计素养研究的理论框架,统计素养的构成要素,统计素养的培养或教学。

### 一、国外研究

（一）统计素养的内涵

纯粹界定统计素养内涵的研究较少,主要以李奇微（Ridgway）等人和瓦尔曼（Wallman）的研究为代表。他们将统计素养定义为能力,除了基本的统计知识的掌握能力和

---

[1] 马萍. 山东省某重点高中高一学生统计素养状况的调查研究[D]. 上海:华东师范大学,2009.

统计知识的机械运用能力以外，主要在于结合情境阅读统计数据的能力、对数据进行批判性思考的能力以及灵活运用综合的统计知识来解决生活中常见问题的能力。

杰里·莫雷诺（Jerry Moreno）在第五届统计学教学国际大会上提出，统计素养主要包涵：①能辨识出媒体文章等的标题对信息表达错误处；②能策划并设计一份调查、一个实验等；③能进行统计分析；④能分析进行统计的原因；⑤能理解统计图；⑥能理解概率和不确定性的含义和区别；⑦能理解统计并为不对事情进行证明；⑧了解一定的统计假设检验。[1]

另外，正是因为统计思维的培养是统计素养形成最为关键的因素，且更具有直观性，所以，部分学者对统计思维进行了研究。关于统计思维的内涵，学者们的理解角度各有不同，但总体可归纳为3大类统计思维流派：

其一，"要素说"。穆尔（Moore）划分的统计思维要素得到了美国统计学会的赞同，并被联合课程委员会写进了课程。他认为统计思维包括需要数据、知道数据产生的重要性、无处不在的变异、测量和模型的变异。普凡库赫（Pfannkuch）和克里斯（Chris）认为统计思维包括5种基本成分：认识到需要数据、数据转换、考虑变异、使用统计模型进行推理、将统计与背景内容整合。[2]

其二，"过程说"。这一流派主张用统计的方法和思维来解决生活情景中的实际问题，这也是目前流行的方式。以穆尼（Mooney）[3]和美国统计教育学会（American Statistical Association，ASA）[4]为代表，从解决问题的过程入手，将统计思维划分为：统计问题的形成、收集数据、描述数据、分析和简化数据、解释数据和关注变异等过程。

其三，哲学视角。这一流派主张将统计思维看作是看待事物、观察世界和思考问题的方式。如，穆尔认为统计思维是一种关于数据、变异和机会的一般、基本和独立的推理模式，他将统计定义为一门自由开放的艺术，认为统计学可以提供更广泛和灵活的推理方式，并推荐统计学采用镜像的模式来教授和学习。[5]

（二）统计素养研究的理论框架

**1. SOLO 模型**[6]

---

[1] MORENO J. Statistical Literacy: Statistics Long after School [C]. In Proceedings of the Fifth International Conference on Teaching Statistics. Singapore: International Statistics Institute, 1998: 445-450.

[2] BEN-ZVI D, GARFIELD J. The Challenge of Developing Statistical Literacy, Reasoning and Thinking [M]. New York, Boston, Dordrecht, London, Moscow: Kluwer Academic Publishers, 2004.

[3] MOONEY E S. Development of A Middle School Statistical Thinking Framework [D]. Illinois State University, 1999.

[4] ASA. Guidelines for Assessment and Instruction in Statistics Education (GAISE) Report [R]. 2005.

[5] MOORE D S. Statistics Among the Liberal Arts [J]. Journal of the American Statistical Association, 1998, 444 (93): 1 253-1 259.

[6] BIGGS J C, COLLIS K. Multimodal learning and the quality of intelligent behavior [J]. In H. Row (Ed.) Intelligence, Reconceptualization and Measurement. New Jersey. Laurence Erlbaum. 1991: 192.

SOLO，即研究者通过对学生学习结果的直观表现的观察，而定制出的认知水平结构。本研究的 SOLO 模型是学生在面对有关统计学习任务时，所展现出的思维、解决问题的能力和学习结果的认知发展模式。①

这一模式将人从出生至成年的思维发展划分为五个时期（五个基本的思维作用方式）：感觉运动方式（sensorimotor）、表象方式（ikonic）、具体符号方式（concrete symbolic）、形式方式（formal）和超形式方式（postformal）。在每个方式下又有 5 种水平的反应：前结构水平（prestructural）、单一结构水平（unistructural）、多元结构水平（multistructural）、关联水平（relational）和进一步的抽象（extended abstract）。

与此同时，比格斯（Biggs）和柯林斯（Collins）在 SOLO 模式下提出了学生思维发展的四种水平：特质的（idiosyncratic）、过渡的（transitional）、定量的（quantitative）、分析的（analytical）。

**2. 格雷厄姆斯的小学生四维度四水平的统计思维发展框架②**

格雷厄姆斯（Graham）等在比格斯（Biggs）等人 SOLO 认知发展模型研究结果的基础上，通过对 1—5 年级学生的统计思维能力进行量表检测，提出含有四个维度四个水平的学生统计思维发展框架。该研究结果证实了儿童的统计思维可以从四个维度和四个水平方向来描述，这四维度四水平的统计思维发展框架揭示了儿童统计思维从简单状态向能完全分析和推理的状态连贯的发展变化。同时，实验结果表明 80% 的 6 岁到 11 岁的儿童在至少三个维度上表现出稳定的思维。

该统计思维发展框架四个维度分别是：描述数据（D）、组织和减少数据（O）、表征数据（R）、分析和解释数据（A）；③四个水平即 SOLO 模式下的学生统计思维发展水平：特质的（I）、过渡的（T）、定量的（Q）和分析的（A）。

格雷厄姆斯的研究框架相较于比格斯等人的研究，在维度和水平上的研究点更为细致，更加具体地展现了学生的统计思维表现。比如在描述数据维度上，他不仅关注学生能否读图、能否意识到数据的存在、能否绘制图表，而且注重观察学生在习得使用数据进行描述的前后回答上的思维发展情况；在组织数据的维度上，他不仅关注到学生能否对数据进行分类、排列，而且注重观察学生能否意识到在对数据进行加工的过程中，某些信息是在减少的；在解释和分析数据维度上，他注重研究了学生对"0"概念的理解。④

---

① 夏娟. 5—7 岁儿童统计思维的发展研究 [D]. 上海：华东师范大学，2011.

② JONES G A, THORNTON C A, LANGRALL C W, et al. A Framework for Characterizing Children's Statistical Thinking [J]. Mathematical Thinking and Learning, 2000, 2 (4): 269-307.

③ JONES G A, THORNTON C A, LANGRALL C W, et al. A Framework for Characterizing Children's Statistical Thinking [J]. Mathematical Thinking and Learning, 2000, 2 (4): 269-307.

④ 夏娟. 5—7 岁儿童统计思维的发展研究 [D]. 上海：华东师范大学，2011.

**3. 简沃森单维度六层次结构框架**

简沃森（Jane Watson）对学生统计思维的研究支持单维度结构假设的观点，并提出了六个层次的理解：特质的（Idiosyncratic）、非正式的（Informal）、不一致的（Inconsistent）、一致的非关键的（Consistent noncritical）、关键的（Critical）、关键性数学统计（Critical mathematical）。①

**4. 华生（Watson）学习、应用和评估统计素养的三层次框架**

第1层：理解用于统计决策的术语。
第2层：在给出的上下文中解释术语。
第3层：有能力和信心在没有适当统计基础的情况下对所做的陈述提出质疑。②
从第3层的评估中，可以体现批判性思维的重要性。

威尔德（Wild）和普凡库赫（Pfannkuch）认为统计思维是一个复杂的活动，其中包含5个重要的因素：认识到需要数据（Recognition of the need or data）、数据分析（Transnumeration）、考虑变异（Consideration of variation）、一套独特的模型（A distinctive set of models）、将统计与实际情境相联系（Integrating the statistical and contextual）。③

此外，还有不少学者研究变异推理，并提出研究变异推理有三个关键背景：机会、数据和图表以及抽样，而且也形成了对变异推理的研究框架：

Pfannkuch 和 Wild 的变异推理研究框架：

关于变异推理的研究通常是通过对"变异的定义"的研究来进行的。对变异的考虑应包括四个方面：①能够意识到变异，且承认变异的存在；②通过测量和建模的方式，帮助预测变异的产生、解释变异的缘由或控制变异；③解释变异出现的原因，并能依据结果对变异进行处理与操作；④制定变异调查策略。

这个列表后来被扩展，又包括两个额外的组成部分⑤描述变异和⑥表示变异，这在学生早期考虑变异时尤为重要。

Reading 和 Reid 的九变异成分框架：

对"理解变异"的研究也为变异推理的研究提供了依据。Reading 和 Reid 在综合了 Garfield 和 Ben-Zvi 提出的"理解变异"的七个关键方面的理论框架后，提出了一个包含九个方面变异成分的框架。这九个方面的框架扩展了理解变异的观点，特别是在涉及预测、解释和控制的情况下处理变异。

彼得斯关于变异的三个视角：

---

① WATSON J, CALLINGHAM R. Statistical Literacy: A Complex Hierarchical Construct [J]. Statistics Education Research Journal, 2003, 2（2）: 3-46.
② WATSON, JANE M. Statistical Literacy at School [M]. New Jersey: Lawrence Erlbaum Associates, 2006.
③ 张丹. 学生数据分析观念发展水平的研究反思 [J]. 数学教育学报, 2010, 19（1）: 60-64.

在批判性地回顾了早期的层次结构之后，彼得斯提出了一个以推理为重点的层次结构，并将其标记为"对变异的深刻理解"，该结构标识了三个关于变异的视角。第一视角，设计，"在定量研究的设计中整合了对变异的认识和预期"。第二个视角，以数据为中心，"集成了在探索数据分析中表示、测量和描述变异的过程"。最后一个视角，建模，"将推理与数据和统计的可变性模式相结合，判断拟合优度，并转换数据以改进拟合"。三个视角在第一个 SOLO 周期中是分离的，但在第二个 SOLO 周期中是整合的。值得注意的是，该层次结构将早期基于具体符号模式的层次结构扩展为形式模式。

肖内西关于抽样分布的学生推理的发展概念进展：

1 级，加法推理——仅仅使用频率进行预测；2 级，过度推理——注意分布的单一方面，如形状、弱中心（模式或模态束）或扩展；3 级，比例推理——使用方法、中间值、相对频率或概率进行预测的推理；4 级，分布推理——在预测抽样分布时，确认并整合抽样分布、形状、中心和变异性的多个方面（具体可参见图 12-1）。

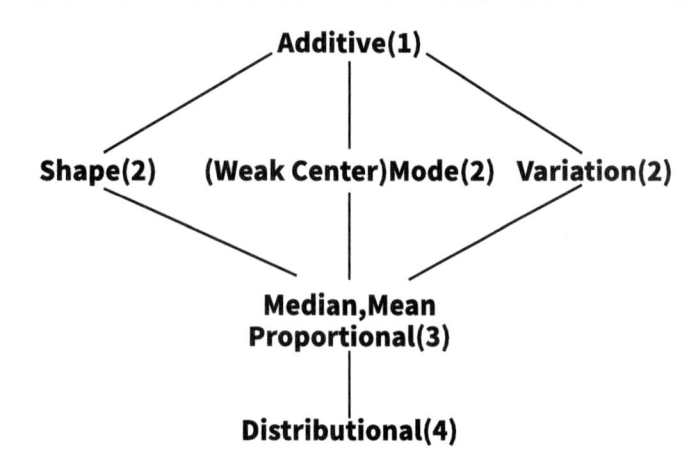

**Additive(1)**

**Shape(2)    (Weak Center)Mode(2)    Variation(2)**

**Median, Mean Proportional(3)**

**Distributional(4)**

图 12-1　肖内西关于抽样分布的学生推理的发展概念进展

（三）统计素养的构成要素

国外关于统计素养的构成要素研究成果较少，但不少学者则对数据分析的组成部分进行了研究。如理查德等人通过实验研究，得出结论：到小学五年级时，儿童的数据分析过程包括以下两个部分，即组建数据和分析数据。[①]

组建数据包括提出问题（pose questions），收集针对问题的各种答案（collecting responses），将答案转化为数据（transforming responses to data）。在实验中还进行了对数据类型进行推理和对数据输入进行推理（reasoning about data entry）两个后续步骤。

分析数据的目的在于学生使用收集到的数据来回答提出的问题。在这一过程中，学生需在教师的引导下，逐渐意识到数据可以作为单独的物体出现，学生可以通过对数据

---

① LEHRER R, ROMBERG T. Exploring Children's Data Modeling [J]. Cognition and Instruction, 1996, 14（1）: 69-108.

进行心理上的运算,使之符合问题解决的要求,教师的不断提问在学生这一思维的转变过程中起促进作用。在这以后,学生可以逐步从思考如何处理数据转变为尝试使用元表征。如学生尝试思考:我该使用哪种表示方式(图表、列举)来向他人展示信息,以使得他人更容易地明白和掌握数据。①

(四)统计素养的实证研究

国外关于统计素养的实证研究主要集中体现在学生对统计图的理解与建构、数据分析观念的发展和对变异的理解上。其实,这些研究都关乎相应统计素养的培养与教学。

**1. 统计图的理解能力的三个层次**②

初级水平:read the data(读取数据)。
中级水平:read between the data(数据间的阅读与比较)。
高级水平:read beyond the data(超出数据的阅读和推测)。

在后期的研究中,弗里尔(Friel)和布莱特(Bright)将"能辨别两种不同图形表示的有效性的能力"划入高级水平。③

**2. 6 岁前儿童图表类型认知能力的三个发展阶段**

阶段一:实物图表(object graphs):儿童使用可视化的物体来制作图表。例如儿童善于使用积木、直尺、橡皮泥来制作图表,在图表数据的比较中,他们偏向于对两种一一对应的物体进行比较。

阶段二:图画图表(picture graphs):儿童使用略微抽象的物体来制作图表。例如儿童不再使用已打乱的物体来记录数据,而选择可以粘贴的纸片来标记数据,能将纸片与物体建立一一对应的关系。同时,他们开始尝试并学会比较超过两组的数据。

阶段三:方格图表(square paper graphs):儿童使用进一步抽象的数字来制作图表。例如儿童不再使用纸片的数量来代替物品的数量,开始尝试使用方格表,在表格中使用数字记录事物的数量。在这一阶段,儿童可以独立自主地完成统计任务。

**3. 从美国早期学习标准中看学龄前儿童"数据分析"能力的发展阶段**

全美数学教师协会(NCTM)指出,学龄前儿童数据分析的目的主要在于解答不能一眼就看出的问题,同时明确了学龄前儿童在数据分析能力上应达到的水平:能自主分

---

① 夏娟. 5—7 岁儿童统计思维的发展研究[D]. 上海:华东师范大学,2011.

② FRIEL S N, CURCIO F R, BRIGHT G W. Making sense of graphs: Critical factors influencing comprehension and instruction implications [J]. Journal for Research in MathematicsEducation, 2001, 32 (2): 124-158.

③ SHAUGHNESSY J M, ZAWOJEWSKI J S. Secondary students' performance on data and chance in the 1996 NAEP [J]. The Mathematics Teachers. 1999, 92 (8): 713-718.

类、能读懂数据、能解释数据表示的含义。从美国各州的早期学习标准中也能看出，学龄前儿童在数据分析能力上的发展阶段或水平情况：

水平1：提出问题和收集数据。夏威夷州早期学习标准明确要求儿童5岁时应学会针对成人提出的问题进行简单的数据收集，如能说出"我家有几口人""车库里有几辆车"。美国俄亥俄州早期学习标准在此基础上更详细地明确了儿童对数据的处理要求，即儿童须在5岁时能够数数，并比较两个集合中数据的多少。密苏里州早期学习标准在前两者的基础上增加了儿童简单统计问题提出的能力，儿童需要在自己提出统计问题的基础上，通过收集数据得到答案，如能提问"我家有几个人喜欢红色"，随之为围绕该问题展开数据收集活动，得出正确答案。

水平2：组织、陈列和表征数据。密苏里州早期学习标准较为细致地描述了学龄前儿童在这一水平上所要达到的能力：首先，儿童能认识到收集的数据所具有的意义，明确用一种更清晰的方式来展示数据的必要性；其次，儿童能尝试对物体进行分类，形成不同的集合；接着，儿童能尝试使用图表来展示数据。俄亥俄州早期学习标准还明确指出，儿童所用来制作图表的工具可以是实物，也可以是图片。结合对其他州早期分类标准的研读，我们认为，对儿童这一水平的数据分析能力的培养，需要建立在大量真实的生活情境和自然环境上，借助于学生的主观感知，如视觉、触觉、动觉、嗅觉。

水平3：解释数据和回答相关的问题。密苏里州早期学习标准明确指出，在该水平上儿童应能够读懂统计图表，用自己的语言描述图表中的数据信息。弗吉尼亚州早期学习标准在此基础上还要求儿童能根据统计图表中的数据信息比较多少，并用自己的语言表达。值得注意的是，在各州的早期学习标准中，该维度上的数据分析能力的培养需要关注到生活情境，即学生在表达统计图表中的数据时，须密切联系该数据在生活环境或自然环境中的具体含义，如重量、红色纽扣的数量、树叶的形状等。

**4. 关于变异推理的研究**

马卡（Makar）和苯维（Benzvi）总结了在非正式统计推理情况下，学生在发展推理时，各种研究都关注背景知识的作用，并强调学习推理时背景知识的重要性。但也有一个严重的警告：背景知识能够影响学生与数据交互的方式，实际上可能导致学生超越数据，使用他们的背景知识来解释模式或从数据中得出的结论。

基于马卡（Makar）和苯维（Benzvi）的结论，罗尔夫·比勒（Rolf Biehler）等人认为：当学生对变异进行推测时，虽然认识到背景知识对这种推理是有用的，但也应注意鼓励学生根据所提供的数据进行推理，利用他们的背景知识来帮助他们理解推理。这符合让学生参与涉及更完整统计过程任务的总趋势，比如非正式推理，而不是孤立地推理变异。

## 二、国内研究

### （一）统计素养的内涵

我国对统计素养的研究比较笼统，以衡量公众统计素养现状为代表。对于统计素养的内涵，研究者提供的大多是观点和关于技能的描述。

李金昌从中国公民的统计素养出发，指出统计素养应包含基本的统计知识、研究统计的方法、会运用统计知识解决生活问题的能力以及基于统计的世界观。[1]游明伦在李金昌对统计素养定义的基础上，更强调统计观念和使用统计方法解决问题的习惯。[2]马萍的统计素养定义侧重于运用数据解释生活现象、对数据进行批判性的思考以及基于数据进行推测、判断和决策。[3]

蒋志华和刘明祥等偏向于将统计素养划分为基本统计知识和统计解决问题的能力两个维度。[4]基本统计知识主要包括在运用统计解决问题时所使用的技巧和手段，统计解决问题的能力主要包括收集数据和分析数据的意识和能从统计的角度思考问题。[5]

相较于统计素养，我国关于统计思维的研究较为深入，且维度复杂。对于统计思维的内涵，研究者持类似国外学者的观点。一部分人认为统计思维是与数据有关的思维过程或是由几种与数据有关的要素组成的；另一部分人则从哲学角度出发，认为统计思维是一种观念或思考问题的方式。

夏娟从统计思维过程出发，认为统计思维是人们围绕某一社会现象，进行数据收集、整理、计算、分析、推测和判断的总体认知过程。[6]李化侠则通过大数据视域研究的方式，沿着统计思维的由来与发展脉络进行研究，最终将统计思维的内涵表述为一种认识和理性思考方式。其中，对数据的收集主要包括通过调查、实验等方式获得一手数据和通过互联网、报纸、书籍等提取二手数据。数据的整理主要包括分类、排序、绘制统计图表等。数据分析主要包括对数据进行计算、选择集中量数描述数据特征、解释数据含义、基于数据进行判断和决策。[7]

惠琦娜则认为统计思维是"人们自觉运用数字对客观事物的数量特征和发展规律进行描述、分析、判断和推理的思维方式"。[8]他认为统计思维是具有创造性的，在数据表示上，它具有抽象性；在计算结果上，它有一定的容错率；在思维过程上，具有可逆性。

---

[1] 李金昌. 论统计素养[J]. 浙江统计, 2006（1）: 4.
[2] 游明伦. 对统计素养及其培养的理性思考[J]. 统计与决策, 2010（12）: 2.
[3] 马萍. 山东省某重点高中高一学生统计素养状况的调查研究[D]. 上海: 华东师范大学, 2009.
[4] 蒋志华, 陈晓卫, 从日玉. 中国公众统计素养现状[J]. 中国统计, 2009（4）: 26.
[5] 刘明祥. 统计观念的培养和发展[J]. 江苏教育, 2002（18）: 32-34.
[6] 夏娟. 5—7岁儿童统计思维的发展研究[D]. 上海: 华东师范大学, 2011.
[7] 李化侠, 宋乃庆, 杨涛. 大数据视域下小学统计思维的内涵与表现及其价值[J]. 数学教育学报, 2017, 26（1）: 59-63.
[8] 惠琦娜. 统计思维是创造性思维[J]. 中国统计, 2009（8）: 59-60.

在统计思维和统计素养的关系上，胡敏认为统计思维和统计素养是相辅相成的，统计思维的形成基于统计素养的培养，而统计素养的最终形成也是统计思维发展的结果。①

（二）统计素养研究的理论框架

郁锦借助弗里尔（Friel）、库里科（Curico）的研究框架，对六年级小学生的统计图的理解水平进行了细致的研究，结果划分为3个层次：读取水平、比较水平和解释水平。②

张丹对2—6年级小学生的数据分析观念进行了系统研究，他将小学生的数据分析观念划分为3维度9要素，并在每一要素下将小学生的数据分析表现划分了4个水平，③具体可参见表12-1。

**表12-1 数据分析观念的维度和要素**

| 维度 | 要素 |
| --- | --- |
| 认识到需要搜集数据 | 数据意识<br>提出问题<br>制定计划 |
| 了解数据中蕴含的信息 | 提取信息<br>数据推断<br>方法选择 |
| 体会数据的随机性 | 数据推断中的随机<br>统计问题中的随机<br>抽样中的随机 |

胡敏则将统计思维划分为：①收集数据的能力，②整理数据的能力，③用图表描述数据④用数描述数据，⑤分析和解释数据的能力。④划分的依据为苏教版小学数学教科书、新课标和莫奈的统计思维M3ST框架。

李化侠着力研究小学生统计思维的测评模型。在测评指标的构建上，他选用3维度9水平的模式，其中3维度按权重由高到低排序依次为：数据分析（40%）、数据描述与表征（35%）和数据的基本认识（25%）。基于对新课标和教学的研究，在测评中所占比重最大的是基于问题情境解释数据、知道数据的不确定性和能够解读统计图表。⑤

童莉基于SOLO分类法，将"数据分析观念"按层次归纳为3维3水平：3个维度

---

① 胡敏. 五年级学生统计思维水平的调查研究［D］. 苏州：苏州大学，2016.
② 郁锦. 六年级小学生统计图理解水平的调查研究［D］. 上海：上海师范大学，2018.
③ 张丹. 小学生数据分析观念发展过程的研究［D］. 长春：东北师范大学，2015.
④ 胡敏. 五年级学生统计思维水平的调查研究［D］. 苏州：苏州大学，2016.
⑤ 李化侠，辛涛，宋乃庆，等. 小学生统计思维测评模型构建［J］. 教育研究与实验，2018（2）：77-83.

分别为：意识和感悟数据，意识和感悟数据分析方法，意识和感悟现实现象随机性。①3个水平则包括从"不具备数据分析观念"向"全面具备数据分析观念"的纵向过渡。

### （三）统计素养的构成要素

李金昌认为统计知识、统计方法与统计观念是形成统计素养的3个基本要素。也就是说，形成统计素养最基本要素是统计知识，形成统计素养的关键要素是统计方法，形成统计素养的核心要素是统计观念。②李俊的看法与前者相似，统计素养能够用如下6个因素来概括：基本知识、基本技能、基本活动经验、基本思想观念、运用统计知识提出问题、分析问题和解决问题中涉及的诸多能力、情感和态度。③

马萍在对高一学生的统计素养状况进行研究的过程中发现，统计素养的构成要素主要应包括：统计问题提出的背景情境、学生在解决统计问题时所进行的统计活动、必备的基本统计知识、批判性地看待统计推断。④

蒋志华着力于研究中国公民的统计素养，他提出统计素养应包含统计知识和统计能力两个要素，其中统计知识是基本要素，而统计能力是核心要素。⑤陈希孺教授则在此基础上进行了补充，加入了统计的思想观念这一要素。⑥

蒋秋从义务教育阶段数学课程标准和情感态度价值观的教学目标角度出发，提出了统计素养由统计知识技能和统计情感态度两个要素构成。其中统计情感态度为学生主观层面上对统计问题的求知欲和好奇心、在统计问题解决过程中的坚韧不拔的毅力、在统计问题解决结果上力求完整的决心；统计知识为客观教学层面上，新课标对学生"统计与概率"模块的教学目标和内容。⑦

### （四）统计素养的实证研究

夏娟聚焦于5—7岁儿童自发表征数据的结果类型和特点，研究发现儿童在表征数据时常出现四种不同的类型：数字型（对分类后的物体进行记数，并记录）、图画型（用画简笔画的方式记录数量，简笔画个数与真实物体有一一对应关系）、数字图画形（在图画型的基础上对数量进行了记数）、初步表格型（形成初步的表格模型）。⑧

胡敏则使用测试卷调查的方式，从五个维度研究了五年级学生的统计思维。发现五年级学生已经能够简单读取书面数据信息，能描述统计图表中的数据含义，但是对较为

---

① 童莉，张号，张宁. 义务教育阶段学生数据分析观念的评价框架建构[J]. 数学教育学报，2014，23（2）：45-48.
② 李金昌. 论统计素养[J]. 浙江统计，2006（1）：4.
③ 李俊. 论统计素养的培养[J]. 浙江教育学院学报，2009（1）：12.
④ 马萍. 山东省某重点高中高一学生统计素养状况的调查研究[D]. 上海：华东师范大学，2009.
⑤ 蒋志华，陈晓卫，从日玉. 中国公众统计素养现状[J]. 中国统计，2009（4）：26.
⑥ 李俊. 论统计素养的培养[J]. 浙江教育学院学报，2009（1）：12.
⑦ 蒋秋. 小学生统计素养测评研究[D]. 重庆：西南大学，2015.
⑧ 夏娟. 5—7岁儿童统计思维的发展研究[D]. 上海：华东师范大学，2011.

复杂、杂乱的数据读取能力较低;学生能够具有数据分析的前意识,会定量计算平均数,但很难准确解释平均数,往往采用模糊的语言来比较两组数据的有效性。①

张丹从学生数据分析观念发展顺序的九个测评指标出发,将2—6年级分为不同阶段,分别阐述各阶段下学生统计思维发展的特点。在研究角度上,她将统计概念分为"统计图表的研究""统计量的研究"和"样本的研究"三大类。在研究结论上主要阐述了学生对相关概念的理解水平、常见错误及引起常见错误的原因。②

李秋节将数据分析素养按"知识技能""问题解决""数学思考""情感态度价值观"四个维度划分,不同维度要素采用了不同的研究方法(具体可参见表12-2),对上海市5所学校的三、四、六、八年级的631个学生进行调查研究,得出了学生在不同维度上数据分析素养的发展阶段及其特征。③

表12-2 关于数据分析素养不同维度的研究方法

| | 研究方法 |
|---|---|
| 知识技能 | 内容分析:<br>整理、归纳和分析相关课程标准,得出义务阶段的知识技能整体发展趋势 |
| 问题解决<br>数学思考<br>情感态度 | 试题测试:<br>编制预测试题和正式测试题,结合相关理论,对学生的书面回答进行水平划分,用Excel软件进行统计与分析,整合研究结果得到数据分析素养之问题解决和数学思考维度要素的形成与发展过程 |
| 价值观 | 李克特五级量表调查法:<br>采用李克特五级量表大致了解各年级的数学情感、态度、价值观的情况和变化趋势 |

巴桑卓玛制定了由"不确定性""机会大小""样本(收集数据)""数据分析"四部分构成的中小学生对统计的认知问卷,调查了从小学一年级至初中二年级的中小学生,得出如下结论:部分不确定性知识和样本知识需要教师的教授,学生才能掌握;在数据分析方面,小学生整体处于较低水平;小学三年级是小学生统计理解的快速发展期。④

孙露从"统计过程""变异""对数据需要""对数据的质疑"四个维度,分别研究了第一学段和第二学段小学生统计思维发展现状,借助SOLO理论来表征小学生统计思维的发展水平:特质的(I)、过渡的(T)、定量的(Q)和分析的(A)。由此建构出

---

① 胡敏. 五年级学生统计思维水平的调查研究[D]. 苏州:苏州大学,2016.
② 张丹. 小学生数据分析观念发展过程的研究[D]. 长春:东北师范大学,2015.
③ 李秋节. 义务阶段学生数据分析素养的形成与发展研究[D]. 上海:华东师范大学,2017.
④ 巴桑卓玛. 中小学生对统计的认知水平研究[D]. 长春:东北师范大学,2006.

小学生统计思维认知特征框架，并得出结论：小学生在"统计过程"维度上的认知发展水平相对较好，而在"变异""对数据的需要"和"对数据的质疑"三个维度上大多以特质的（Ⅰ）水平为主。①

苏连塔将弗朗西斯（Frances）等人的统计图的理解能力的第二层次"read between the data"又划分为两个层次：两点间的局部比较和数据加工、三点间及以上的局部比较和数据加工。苏连塔使用测试卷和访谈的方法调查了180名初中生，将研究目标聚焦在不同教材对学生统计图理解能力的影响上。研究发现，所有学生均能达到水平1，即"read the data"水平，但使用华师大版数学教材的学生在后三个层次上，不论是解题思路还是答题技巧上，均表现得更为突出。②同时，袁媛提出该研究方法和划分层次并不适用于对小学生统计图理解水平的研究，因为在小学课程的设计上没有涉及后两个层次。③

张少同则将研究目标放在了统计图的阅读能力上，在研究中他将青少年学生的统计图阅读能力划分为四个层次。研究结果显示，绝大部分青少年均可以达到"简单读取和解读统计图"层次，超过一半的青少年可以达到"进一步解读统计图和计算"层次，少数同学可以达到"需要练习和经验的概念"层次，几乎没有学生达到"直觉判断的统计"层次。④由此可见，张少同关于统计图阅读能力的层次划分是存在一定问题的。

吴颖康以学生的操作能力为依据，将统计图的理解能力划分为四个层次，采用问卷调查的方式，对新加坡近千名初中生进行了研究，在研究结果的呈现上，他将学生在解决不同类型统计图表时的错误回答划分为十二个类别。其中，在阅读统计图、解释统计图和评价统计图上又划分了答案分析（a）和描述、解释（r）两类习题。⑤研究发现，随着年级的增加，学生对统计图的理解呈逐步发展趋势；影响学生统计图理解能力的因素主要包括性别、学校类型和学生年级；在四个层次上，阅读解释和阅读统计图层级上的学生回答表现好于制作和评价统计图层次。

宋玉连聚焦于中学生的统计表理解水平，他将初中生的统计表理解能力划分为四个水平，从四个水平上比较了年级、普通班和重点班等因素对初中生统计表理解能力的影响。研究结果显示，中学生的统计表理解能力随年级的增加而增加，只有在全面分析数据的水平上，重点班学生的答题表现优于普通班学生。⑥

郁锦借鉴弗朗西斯（Frances）的研究框架，并将其简单表述为"读取水平""比较水平"和"解释水平"，⑦使用问卷测试和访谈的方法对某小学六年级小学生的统计图读图水平进行了调查。在研究中描述了不同维度下学生常见的回答表现。

---

① 孙露. 小学生统计思维发展及其教学研究 [D]. 南京：南京师范大学，2017.
② 苏连塔. 统计图理解能力的调查研究 [J]. 湖南科技学院学报，2005（11）：200.
③ 袁媛. 小学生数学统计图阅读理解能力的调查研究 [J]. 数学之友，2014（4）：58.
④ 袁媛. 小学生数学统计图阅读理解能力的调查研究 [J]. 数学之友，2014（4）：58.
⑤ WU Y K. Singapore Secondary School Students' Understanding of Statistical Graphs [D]. Nanyan：Nanyang Technological University，2005.
⑥ 宋玉连. 中学生对统计表的理解能力的调查研究 [J]. 数学教育学报，2006，5（2）：49.
⑦ 郁锦. 六年级小学生统计图理解水平的调查研究 [D]. 上海：上海师范大学，2018.

此外，随着科学技术的进步，统计课程中的计算将变得更加容易和准确。这就减少了老师花在教授计算程序上的时间，从而将更多的时间集中在统计概念上。由此，统计教学法也应逐渐改变原先以授课为主的方法，转向更有利于学生学习、更符合统计教育本身的方法。[①]以学生为中心的教学法是目前各国统计学家提倡的统计教学法。

主动学习法。使用主动学习法教授统计学的例子很容易找到，包括常思（Chance），翁（Wong），听特尔（Tintle）[②]，加菲尔德（Garfield）[③]，以及罗斯曼（Rossman）和常思（Chance）[④]等人在统计教学法上的努力。虽然在教学中使用主动学习法或学生发现法并不是统计课堂所独有的，但是统计教学的建议很大程度上来自心理学和教育研究等更广泛领域积累的证据。

翻转课堂法。在翻转课堂中，学生在课外自主阅读课程内容或观看相应的教学视频，在课堂上与其他学生一起探究疑难问题，拓宽知识视野。有证据表明，在采用翻转课堂法的统计学入门类课程中，大专学生的学习成绩要优于基于课堂教学的同类课程。

学生项目式学习。项目不仅可以帮助学生将统计视为解决问题和决策的调查过程中有价值的一部分（ASA）[⑤]，还可以为教师提供更真实的方式来评估学生对统计的更广泛的理解。

## 三、学习进阶的研究现状

通过中国知网，以关键词"学习进阶"，选择 SCI 来源期刊、核心期刊、CSSCI 和博、硕士论文进行检索，共 199 条结果。经仔细研读，筛选出 16 篇，又从所选文献的参考文献中筛选出 15 篇，共计 31 篇，作为考察"学习进阶研究现状"的考察对象。结果发现，国内外文献中关于物理、化学、生物等与科学教育有关的学习进阶的研究较多，且多以中学生为研究对象，而与小学数学有关的学习进阶研究则刚刚起步。

纵观已有研究，针对数学学习进阶，往往有两大类研究方式：第一类以实证研究为主，展示了学生在某一数学主题知识学习过程中的思维发展变化情况；第二类是应用性研究，主要表现为已知学生思维发展的学习进阶模型，寻求在该学习进阶的指导下，教

---

[①] ZIEFFLER A, GARFIELD J, FRY E. What Is Statistics Education? [C]. BEN-ZVI D, MAKAR K, GARFIELD J, et al. International Handbook of Research in Statistics Education, Gewerbestrasse 11, 6330 Cham, Switzerland: Springer Nature, 2018: 73-74.

[②] CHANCE B, WONG J, TINTLE N L, et al. Student Performance in Curricula Centered on Simulation-Based Inference: A Preliminary Report [J]. Journal of Statistics Education, 2016, 24 (3): 114-126.

[③] GARFIELD J, DELMAS R C, ZIEFFLER A. Developing statistical modelers and thinkers in an introductory, tertiary-level statistics course [J]. ZDM Mathematics Education, 2012, 44 (7): 883-898.

[④] ROSSMAN A J, CHANCE B L, LOCK R H. Workshop statistics: Discovery with data and minitab [M]. New York: Springer, 2012.

[⑤] ASA. Guidelines for assessment and instruction in statistics education: College report [M/OL]. [2022-12-30]. Retrieved from http://www.amstat.org/education/gaise/GaiseCollege_Full.pdf

材编写、教师教学、教学评价可以往哪个更优的方向发展。①研究学生在某一主题下的学习进阶能够帮助教师了解学生在学习过程中思维逐步深入的发展变化情况，以便制定较合理的最近发展区学习计划，促进学生更高效的学习。

（一）国外研究

**1. 学习进阶的缘起**

21 世纪前，"学习进阶"还未被作为新名词提出，但皮亚杰提出的"发生认识论"和维果斯基提出的"最近发展区"等相关理念促使着"学习进阶"概念的萌生与发展，这些理论告诉人们需要关注学生认识发展的阶段性特点，只有掌握了学生认知发展的顺序，才能促进教师的教和学生的学。②

20 世纪 70 年代末兴起了"相异构想运动"（Alternative Conceptions Movement），由此掀起了科学界关注学生认识的热潮，大量有关学生某一阶段对某概念的理解的研究相继推出、层出不穷。但到 20 世纪末，研究者逐渐开始发现现有研究的弊端，即这些研究只展示了学生在某一阶段上的认知发展特点，并没有关注到学生认知随时间或年龄变化的发展趋势。③于是德瑞弗（Driver，R.）等人开始着手于学生对某一概念认知的追踪研究，他们起初使用的名词为"概念轨迹"（conceptual trajectory）或"概念发展"（conceptual development）。在这些研究成果中可以发现，学习进阶的研究模型为：进阶起点（学生已有的科学经验）、中间节点（学生在学习过程中可能达到的中间层级）和进阶目标（教师所期望的完整的科学知识）。④

2001 年，"学习进阶"一词在"评估教育需要对学习进阶的研究成果进行整合"的倡议中被首次使用。⑤

2004 年，在美国基础教育阶段科学学业成就评价委员会向美国国家研究理事会所提交的报告中，"学习进阶"第一次在科学教育领域被正式提出。⑥"学习进阶"的提出主要针对美国科学课程的内容较为分散、相关性程度低等弊端，旨在加强课程与评价的

---

① 吴颖康，邓少博，杨洁. 数学教育中学习进阶的研究进展及启示 [J]. 数学教育学报，2017，26（6）：40-46.

② 姚建欣，郭玉英. 为学生认知发展建模：学习进阶十年研究回顾及展望 [J]. 教育学报，2014，10（5）：35-42.

③ 姚建欣，郭玉英. 为学生认知发展建模：学习进阶十年研究回顾及展望 [J]. 教育学报，2014，10（5）：35-42.

④ DRIVER R, LEACH J, SCOTT P. et al. Young people's understanding of science concepts: Implications of cross-age studies for curriculum planning [J]. Studies in Science Education. 1994（24）：75-100.

⑤ STEVENS S Y, DELGADO C, KRAJCIK J S. Developing a Hypothetical Multidimensional Learning Progression for the Nature of Matter [J]. Journal of Research in Science Teaching. 2010，47（6）：687-715.

⑥ 郭玉英，姚建欣. 基于核心素养学习进阶的科学教学设计改进 [J]. 课程·教材·教法，2016，36（11）：64-70.

联系，促进其一体化的趋势。①

2007 年，美国国家理事会又一次肯定了学习进阶在课程开发、教学和评价中的潜在作用。②《K-12 框架》中明确要求课程的编制、教学和评价需要按照"学习进阶"的理念来促进学生掌握核心概念，这一框架的颁布标志着美国新一轮教育改革的开始。美国 2013 年 5 月所颁布的《新一代科学教育标准》全面体现了有关学习进阶的研究成果，由此，学习进阶理念将逐步改变美国科学教育课程体系"广而不深"的现状，逐步加紧课程、教学与评价之间的联系。③

**2. 学习进阶的含义**

关于学习进阶，研究者们尚未对其含义进行明确界定。总体来看，关于学习进阶的含义，可以分为四类。④

其一，过程论。这一观点以松尔（Songer）⑤和马瑞特（Merrit）⑥为代表，他们认为学习进阶是学生对某一概念学习由浅入深、由低级到高级、由简单到复杂的思考、推理和探究的发展过程。

其二，假设论。这一观点以萨利纳斯（Salinas）⑦和邓肯（Duncan）⑧为代表，他们认为学习进阶是建立在实证研究基础上的，提出学生科学认知、科学实践操作、科学概念解释等发展随时间变化的模型假设，该假设具有可重复检验性。

其三，方法论。史密斯（Smith）等人将学习进阶视为一种推理探究方法，主要用于学生的学习过程，研究学习内容是如何相互联系、逐渐深入、循序渐进的。⑨

---

① 吴颖康，邓少博，杨洁. 数学教育中学习进阶的研究进展及启示 [J]. 数学教育学报，2017，26（6）：40-46.

② National Research Council. Taking Science to School：Learning and Teaching Science in Grades K-8. [M]. Washington DC：The National Academies Press，2007：213.

③ 王静，胡典顺. 学习进阶在数学教学中的应用 [J]. 教学与管理，2016（24）：82-85.

④ 吴颖康，邓少博，杨洁. 数学教育中学习进阶的研究进展及启示 [J]. 数学教育学报，2017，26（6）：40-46.

⑤ SONGER N B, KELCEY B, GOTWALS A W. How and when does complex reasoning occur? Empirically driven development of a learning progression focused on complex reasoning about biodiversity [J]. Journal of Research in Science Teaching，2009，46（6）：610-631.

⑥ MERRITT J, KRAJCIK J, SHWARTZ Y, et al. Development of a learning progression for the particle model of matter [C]. international conference of learning sciences，2008：75-81.

⑦ SALINAS I. Learning progressions in science education：two approaches for development [C]. Iowa City IA：Learning Progressions in Science Conference，2009：56-98.

⑧ DUNCAN R G, HMELO-SILVER C E. Learning progressions：aligning curriculum, instruction and assessment [J]. Journal of Research in Science Teaching，2009，46（6）：606-609.

⑨ SMITH C L, WISER M, ANDERSON C W, et al. Implication of research on children's learning for standards and assessment：a proposed learning progression for matter and the atomic molecular theory [J]. Measurement：Interdisciplinary Research and Perspectives，2006（4）：1-4.

其四，序列论。这一观点以罗斯曼（Roseman）[①]、阿隆佐（Alonzo）和斯蒂德尔（Steedle）[②]等人为代表，他们认为学习进阶是学生对某概念从小学阶段到高中阶段有序的理解或"概念序列"。

另外，安德森（Anderson）教授认为，在某一学习阶段上，合理描绘学生的某个思维品质的发展过程是学习进阶的本质。[③]由此，部分学者以此观点为依据坚持"本质说"，旨在探究学习进阶的本质和目标。

虽然界定学习进阶含义的流派很多，但最为广大学者所接受的，则是由美国国家研究理事会（NRC）[④]对学习进阶所下的定义。它明确指出学习进阶是一种过程，是学生在学习某个主题的相当长的一段时间内，思考不断丰富和发展、深入和精致的过程；同时也明确学习进阶是一种假设，是基于大量实证研究的，对学生的思考、实践和理解如何从浅显到深入、从简单到复杂、从低级到高级、从新手到专家的研究假设，这种假设源自实践，也应可以通过实践加以检验。

杜施尔（DuschlR）[⑤]等人在综述已有学习进阶研究范式基础上，总结出学习进阶的两种研究范式。其一为"验证性进阶研究"（Validation LPs），即基于课程标准中已经给定的学生学习进阶结构，通过教学、实验等方式验证其结构的合理性，并依据实验结果对原有学习进阶的结构进行修正和调整，形成新的学习进阶模型，这种研究范式是自上而下的。另一种为"演进性进阶研究"（Evolutionary LPs），即以教学作为研究的基本手段和变量，研究内容和目标与科学概念和实践活动紧密联系，通过对学生学习结果的测评来构建学习进阶模型，这是一种自下而上的研究范式。不难看出第二种研究范式更贴近学生的学和教师的教。

### 3. 学习进阶的构成要素

科瑞柴克（Krajcik）在《新一代科学教育标准》中指出，学习进阶应由以下四个要素组成有一个大概念已经被解析为多个部分；清晰界定学习过程中思维认知的中间层级；有准确测定学生思维认知的工具；有促进学生思维认知发展的干预手段，如有效的

---

[①] ROSEMAN J E, CALDWELL A, GOGOS A, et al. Mapping a coherent learning progression for the molecular basis of heredity [C]. San Francisco, CA: The annual meeting of the national association for research in science teaching, 2006: 3.

[②] ALONZO A C, STEEDLE J T. Developing and assessing a force and motion learning progression [J]. Science Education, 2009, 93 (3): 389-421.

[③] PARKER J M, DE LOS SANTOS E X, Anderson C W. What Learning Progressions on Carbon-Transforming Process tell us about How Students Learn to use the Law of Conservation of Matter and Energy [J]. Education Quimica, 2013, 24 (4): 399-406.

[④] National Reseach Council. Taking science to school: learning and teaching science in grades K-8 [M]. Washington, DC: The National Academies Press, 2007: 36.

[⑤] DUSCHL R, MAENG S, SEZEN A. Learning Progressions and Teaching Sequence: A Review and Analysis [J]. Studies in Science Education, 2011, 47 (2): 123-182.

教学方法和教学任务等。①

翟小铭等人则进一步认为，在这四个组成要素中，前三个指向学习进阶的本质要求，最后一个指向学习进阶的实践化操作手段。②

**4. 学习进阶的研究框架**

目前，使用较为广泛且研究较为成熟的学习进阶的研究框架是"结构中心设计模型"（Construct-Centered Design，CCD）和"四基石模型"（Four-Building Blocks）（伯克利评价系统）。③

使用四基石模型参与研究且研究成果较为成熟的，多以威尔逊（Wilson）的"LBC"（Living by Chemistry）学习进阶和安德森（Anderson）的"碳循环"学习进阶为代表。四基石模型的4个因素和相互关系由图12-2所示。其中结构图是假设的学习进阶，即研究者根据对学生认知情况的判断而做出的有关学生学习某一知识的理解发展假设；项目设计是研究方法的制定和设计，包括研究思路、研究工具、研究对象等；结果空间是学生在实证研究过程中所展示出的学习认知和思维发展状态、外显的学习表现；测量模型是对实验研究结果的编码与分析。④

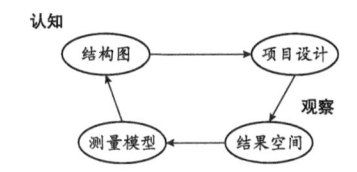

**图 12-2 四基石模型的要素及相互关系**

结构中心设计模型从教学目标出发，强调教学目标对学生思维发展的促进和推动作用，以实验研究获得证据为主体，采用评价设计的方式，对学生学习某一主题知识的思维认知发展进程进行描述，构建学习进阶框架。⑤其具体研究步骤主要包括：明确目标（确定大概念，并对大概念进行合理拆解）；展开描述（具体描述学生每一层级的表现）；提出进阶（概括预设）；收集数据（采用实验的方式收集数据，并对数据进行编码与分析）；分析与结论（展现学习进阶的关键层级和学生普遍表现出的认知发展状态）。

---

① KRAJCIK J. The Importance, Cautions and Future of Learning Progression Research[A]. Alicia C. Alonzo. Amelia Wenk Gotwals（Eds）. Learning Progressions in Science [M]. Rotterdam: Sense Publishers, 2012: 31.

② 翟小铭，郭玉英，李敏. 构建学习进阶：本质问题与教学实践策略 [J]. 教育科学，2015, 31 (2): 47-51.

③ 皇甫倩，常珊珊，王后雄. 美国学习进阶的研究进展及启示 [J]. 外国中小学教育，2015 (8): 53-59.

④ 皇甫倩，常珊珊，王后雄. 美国学习进阶的研究进展及启示 [J]. 外国中小学教育，2015 (8): 53-59.

⑤ CORCORAN T, MOSHER F A, ROGAT A. Learning Progressions in Science: An Evidence-based Approach to Reform [M]. Columbia University Press, 2009: 58.

此外，还有一些新兴的研究框架，如 ChemQuery 评价系统等[①]，但该框架尚未得到大多数研究者的实证证明，在此不赘述。

### （二）国内研究

**1. 学习进阶的内涵**

早期的学习进阶主要是描述和刻画学生关于某一核心概念的思维路径。随着学习进阶研究的不断发展，逐渐形成了经典的学习进阶的研究范式，即使用大规模教育测量的方法来构建学习进阶的研究模型。[②]具有代表性的研究成果是柳秀峰等人关于能量的学习进阶模型构建。

不难发现经典学习进阶研究范式包括以下几个步骤：首先确定研究概念（譬如，"能量"），其次对学生围绕核心概念的理解做出进阶假设，然后设计稳定且有效的测量工具，接着进行实证研究和大量实验，最后验证学习进阶假设，提出学习进阶模型。

袁媛、朱宁波从过程论和假设论出发，认为学习进阶是描述学生在较长一段时间内，对科学核心概念在理解能力和实践能力发展上可能出现的发展轨迹和关键节点的假设性研究，借助学生学习进阶的构建，可以评价教学设计成果和学生的学习成果。[③]同时，他们也强调学习进阶的构建需要建立在外显的、量化的工具手段之上，透过大数据挖掘学生思维发展的规律和模式。

王静和胡典顺从学生学习的流程视角对学习进阶的内涵进行了界定，在其他学者界定的基础上，他们强调学习进阶构建的流程是从未接受教学开始，中间经过学习过程，至完成学习结束。[④]

皇甫倩、常珊珊和王后雄在研读美国学习进阶的缘起和发展的基础上，提出了学习进阶模型（具体可参见图 12-3）。研究中，他们界定了学习进阶的起点为学生已有的生活经验和常识，学习终点为社会所期望学生可以达到的水平，中间水平的划分是需要建立在大量实证研究基础上的，用以描述学生可能达到的认知理解高度。[⑤]

姚建欣和郭玉英着眼于施尔等对学习进阶研究范式的总结，认为"演进性进阶研究"是一种理想化的研究范式，现有的学习进阶研究方法均是两种研究范式的结合体，但现有的研究成果可以不断催生该研究范式的产生和发展。[⑥]

---

[①] 王磊，黄鸣春. 科学教育的新兴研究领域：学习进阶研究[J]. 课程·教材·教法，2014，34（1）：112-118.

[②] 姚建欣，郭玉英. 学习进阶：素养的凝练与范式的演变[J]. 教育科学，2018，34（4）：30-35.

[③] 袁媛，朱宁波. 探析国外科学教育领域的"学习进阶"研究[J]. 外国中小学教育，2016（7）：59-64.

[④] 王静，胡典顺. 学习进阶在数学教学中的应用[J]. 教学与管理，2016（24）：82-85.

[⑤] 皇甫倩，常珊珊，王后雄. 美国学习进阶的研究进展及启示[J]. 外国中小学教育，2015（8）：53-59.

[⑥] 姚建欣，郭玉英. 为学生认知发展建模：学习进阶十年研究回顾及展望[J]. 教育学报，2014，10（5）：35-42.

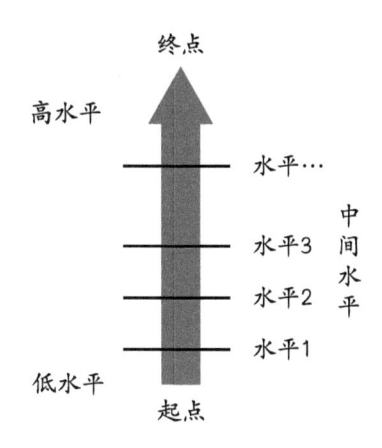

图 12-3　学习进阶模型图

**2. 学习进阶的特征**

通过对吴颖康①、王静②、乔通③、皇甫倩④等人的研究分析，可以将学习进阶的特征概括为以下几点：

第一，以实证为基础，以学生在某一主题概念下的思维发展过程为研究对象，可以重复检验的描述性假说。

第二，具有阶段性和层次性。

第三，有助于形成系统完善的知识性结构网络。

第四，研究手段和途径多样性。

第五，研究范围全面性，不仅包括学生的理解，而且涵盖学生在该主题知识下的实践。

第六，揭示的是学生发展的可能路径，而不是必然路径，学习进阶假设会受家庭、教学环境等因素的影响。

第七，学习进阶的成果具有多学科的融合性。

---

① 吴颖康，邓少博，杨洁. 数学教育中学习进阶的研究进展及启示[J]. 数学教育学报，2017，26（6）：40-46.
② 王静，胡典顺. 学习进阶在数学教学中的应用[J]. 教学与管理，2016（24）：82-85.
③ 乔通. "运动与相互作用"主题中的重要概念及其学习进阶研究[D]. 重庆：西南大学，2015.
④ 皇甫倩，常珊珊，王后雄. 美国学习进阶的研究进展及启示[J]. 外国中小学教育，2015（8）：53-59.

**3. 学习进阶的构成要素**

通过对吴颖康[①]和王静[②]等人关于学习进阶构成要素的分析，一般可以认为，学习进阶包括以下六个基本要素：

进阶起点和终点：进阶起点是学生在某个科学概念下已经掌握的知识和技能，进阶终点是学生通过学习可以达到的符合社会期望的最高水平。在某一阶段学生达到进阶终点意味着下一阶段进阶起点的形成。

进阶维度：进阶维度是相较于大概念而言的，当大概念包含多个维度时，研究者往往需要同时追踪多个维度以了解学生对大概念的认知情况。

进阶水平：进阶水平是描述学生在学习过程中可能达到的学习水平或关键节点。

学习表现：学习表现描述了学生在每一水平上具体的操作行为表现，通过对学习表现的界定，研究者可以清晰判断学生思维处于哪个水平。

测评工具：测评工具往往由问卷、测试卷、实验等构成，测评工具应根据学习进阶的不断完善而不断改进，一套学习进阶模型往往需要开发多个测评工具。

**4. 与统计有关的学习进阶研究**

王静和胡典顺对"众数、平均数和中位数"三个统计量展开了学习进阶研究。按照对课程标准中相关要求的研读、北师大版数学教材中该知识点的分布情况、分析关于统计量的文献、假设统计量学习进阶的模型和精确构建统计量学习进阶的模型共五个步骤展开研究，从而得出了学生关于统计量的六个水平的学习进阶模型（具体可参见表 12-3）。[③]

表 12-3 关于统计量的学习进阶模型

| 进阶层次 | 学生表现 |
| --- | --- |
| 水平 0 | 学生尚无任何与平均数、中位数、众数有关的概念 |
| 水平 1 | 了解平均数、中位数、众数的名称及简单计算 |
| 水平 2 | 理解平均数、中位数、众数的意义，并且能在具体事例中体会他们的含义 |
| 水平 3 | 体会平均数、中位数、众数三个统计量之间的区别与联系 |
| 水平 4 | 在具体的情境中，能合理地选择这三个统计量，对实际问题做合理的解释与分析，并做出判断 |
| 水平 5 | 能用统计的思想方法解决实际问题 |

---

[①] 吴颖康，邓少博，杨洁. 数学教育中学习进阶的研究进展及启示 [J]. 数学教育学报, 2017, 26 (6): 40-46.

[②] 王静，胡典顺. 学习进阶在数学教学中的应用 [J]. 教学与管理, 2016 (24): 82-85.

[③] 王静，胡典顺. 学习进阶在数学教学中的应用 [J]. 教学与管理, 2016 (24): 82-85.

**5. 学习进阶的教学实践指向和教学策略指向**

翟小铭、郭玉英和李敏将研究视角放在学习进阶的研究成果的教学实践和教学策略上，并强调指出，学习进阶的最终目的是教学实践和教学策略上的应用。

在教学实践上，学习进阶的研究成果应能够促进学生形成完整、系统的认知框架，加强课程标准和教材知识的联系，为教学评价提供参考，帮助监控教学的实施。

在教学策略上，学习进阶的研究成果应能够帮助教师整合教学内容，开发教学设计，制定有意义的评价方案。

## 第二节　启发与借鉴

纵观国内外学者对小学生统计素养的研究，在统计素养的内涵上，无论是要素说、过程说还是统计素养哲学视角，研究者们都承认统计素养是公民利用统计知识解决生活中实际问题的基本素养。在统计素养理论框架的建构上，大部分都借助了 SOLO 理论将小学生统计思维认知发展分为特质的（I）、过渡的（T）、定量的（Q）和分析的（A）四个水平。但在维度划分上，其划分依据有所不同。有的依据课程标准的要求进行划分，有的依据已有理论进行适当增改，有的依据在统计过程中学生所必备的统计知识和能力进行划分。总之，国内学者对统计素养的研究框架制定是二维的，甚至是三维的。在研究成果上，纯粹的小学生统计素养的实证研究较少，而对统计素养下的某一概念的思维发展情况研究较多，如统计思维、统计图的理解能力、数据分析能力等。

通过对国内外有关学习进阶文献的梳理发现，学习进阶的研究遵循着一个相对统一的研究范式：通过对文献的整理回顾，探讨假设性学习进阶框架和测评试题；通过对部分抽样学生的测试和访谈结果修正试题；再次使用试题对学生进行评估，以形成结果和修正学习进程。在验证学习进阶理想模型是否学生实际情况时，横向验证是易于上手且对学生干预较小的方式。学习进阶的构成要素也相对稳定，一般包含进阶起点、进阶终点、进阶层级、学生学业表现、测评，在对大概念进行学习进阶构建时，往往还需要对其进阶维度进行划分。

此外，学习进阶的开发具有一定主观性，每个教师对教材和课标的理解不尽相同，所以每个教师都有可能开发出不同的学习进阶模型。

综合统计素养和学习进阶的已有研究不难发现，与数学教育有关的学习进阶研究才刚刚起步，与统计素养有关的实证研究少之又少，且和统计有关的学习进阶的研究主要集中在统计量上，对小学生统计素养的学习进阶研究几乎没有，能否构建一套在教学影响下小学生在统计素养领域的发展蓝图值得期待。

# 第十三章 研究设计

## 第一节 研究对象

依据苏教版教材中关于"统计与概率"部分的内容，本研究拟定选择 1—6 年级学生进行研究，因某些不可抗力的影响，最终选择 3—5 年级共 137 名学生进行了调查，其中五年级 57 人，三年级 40 人，四年级 40 人。拟定一年级学生采用访谈的方式，二、三年级使用第一学段测试卷，四、五、六年级使用第二学段测试卷。需要说明的是，第二学段测试卷包含了第一学段测试卷的所有内容，作为公共部分，其余内容为追加试题，目的在于进一步探究学生的思维过程和思考方式。本研究回收有效问卷 137 份，并在 3—5 年级选择 10 名答案具有典型性的学生进行深度访谈。教师访谈的对象共有 3 名，其中 A 教师教龄为 20 年以上，有充足的高年级数学教学经验；B 教师教龄为 10—20 年，有较为充足的中低年级数学教学经验；C 教师教龄为 5 年，有一定低年级数学教学经验。选择有不同教龄和不同教学经验的老师，可以从不同角度提出小学生统计素养的学习进阶出现不同水平层级的原因，并对常见问题进行解读和分析，提出合理的教学建议。

## 第二节 研究思路

在借鉴已有研究方法基础上，研究设计与实施将基于研究问题，对研究设计的思路、研究方法的选择、研究对象的明确、研究工具的使用与检测、调查实施的过程进行详细说明，对研究过程中测试卷进行信度和效度检验，以确保研究手段的可信和可靠。

在采用正确的研究方法收集到学生回答和访谈信息以后，本研究将进入主要研究部分。在第十四章和第十五章，将分别从量和质的角度对小学生统计素养的学习进阶进行描述性分析。在小学生统计素养学习进阶的量化研究中，将揭示不同年级小学生统计素养学习进阶的发展水平、年级与年级之间小学生统计素养学习进阶的发展趋势，探究性别因素对小学生统计素养的学习进阶的差异影响。在小学生统计素养学习进阶的质化研究中，本论文将从质的角度描述小学生在各维度和每一水平上的答题情况；总结学生在各维度上常见的错误类型、了解错误率,并通过访谈分析错误原因;对小学生统计素养学习进阶的原因进行分析,简单概述小学生统计素养之所以出现学习进阶不同水平的原因。

在对小学生统计素养的学习进阶、每一进阶层级上的具体表现、常见错误有一定了解以后,本研究将通过访谈教师的方式,基于研究结果从教师的教和学生的学两个角度提出提高小学生统计素养学习进阶的策略。

最后,本研究将对整个研究过程进行总结并概述出研究结论,与此同时,反思本研究的不足,并展望未来研究的方向(具体可参见图 13-1)。

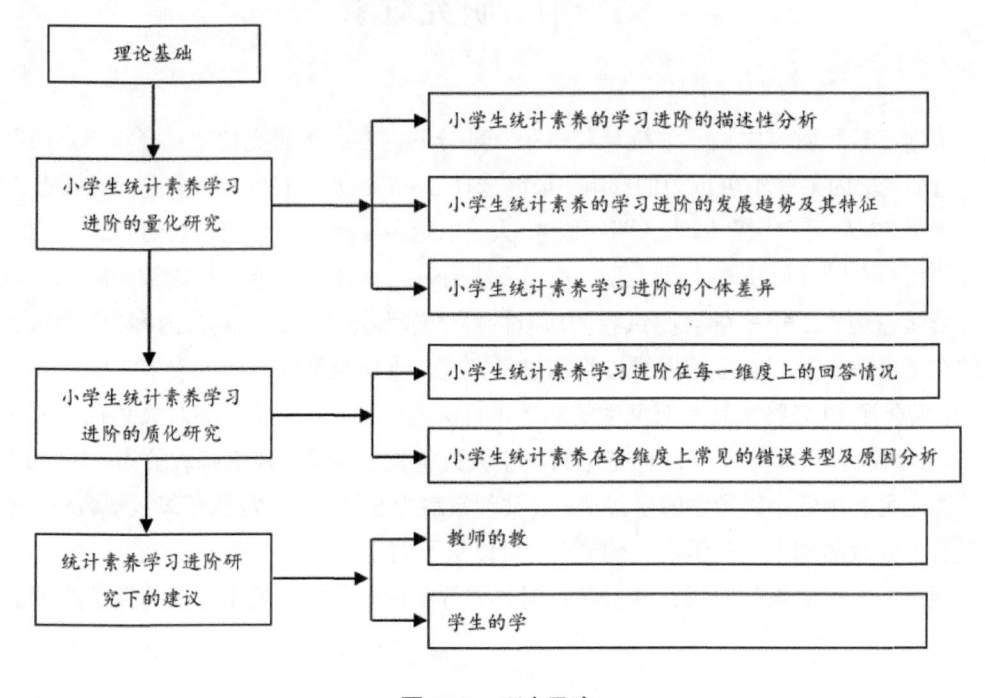

图 13-1 研究思路

# 第三节 研究工具

## 一、小学生统计素养的学习进阶假设

基于学习进阶的文献综述,学习进阶应包含进阶起点和终点、进阶维度、进阶水平、学习表现、测评工具六个基本要素。[1]要对小学生统计素养的学习进阶进行假设,首先

---

[1] 吴颖康,邓少博,杨洁. 数学教育中学习进阶的研究进展及启示 [J]. 数学教育学报,2017,26(6):40–46.

要确定核心概念（进阶变量）和进阶维度；然后确定进阶中间层级，包括进阶起点和终点、进阶水平；最后开发测量学习进阶的测评工具。

（一）小学生统计素养的进阶变量和进阶维度

进阶变量是学习进阶研究的核心主题或关键概念，进阶起点、进阶终点和进阶层级均是围绕进阶变量展开的。进阶维度是针对较大进阶变量而言的，当进阶变量由多个维度共同构成时，研究者需要考察每一个维度下的学习进阶水平。

本研究的进阶变量是与"统计素养"有关的知识，进阶维度是"统计问题提出的能力""数据收集的能力""数据整理与表征的能力""分析数据的能力"和"数据解释和数据推理能力"五个维度。

（二）小学生统计素养的进阶层级

依据数学课程标准、教材和学生认知发展水平，结合统计素养和数据分析研究的相关文献，本研究试将小学生统计素养学习进阶划分为以下四个水平层级：

水平0：进阶起点。指学生在接受统计教育教学之前所具备的前概念，主要包括学生已有的生活经验、学生自我发展出来的认知常识和学生已经内化的知识和认知思维。具体表现为：小学生在小学阶段及更早以前所积累的关于统计的模糊印象，小学生已有关于数据的初步认识，小学生已建立的图形与数的关系认识，小学生对统计问题的初步理解以及小学生对样本和抽样的初步感知。基于以上对小学生统计素养学习进阶起点的认识，水平0又可称之为"前概念"阶段。

水平1：基于对小学生统计认知思维发展的相关文献的梳理、对小学生统计素养发展的观察以及统计素养的内容分析，可以确定小学生统计素养的发展从进阶起点至进阶终点所要经历的中间过程的第一个关键节点或进阶层级。由此，在这一水平上，学生具有基本正确的统计意识。

水平2：即小学生统计素养的发展从进阶起点至进阶终点所要经历的中间过程的第二个关键节点或进阶层级。在这一水平上，学生可以依据题目或生活情境，得到解决问题所必需的信息和规则，并能依据规则进行初步判断和决策，具有一定统计制图能力。

水平3：即进阶终点，指学生在学习结束后应达到的符合课程标准要求、社会期望的学习成果。这一水平一般是该学习阶段的最高思维和操作层级，主要考察学生的思维能否从多维度、多角度辩证性思考，能否对某一概念进行全方位的解读和应用。基于新课标"统计与概率"的相关内容和小学生统计素养的思维发展过程，这一水平上的学生能够在多角度解释的基础上，进行逻辑推理，综合运用多种数据信息，以全面解释问题和多维度解决问题。

## （三）小学生统计素养学习进阶的建构

在对课程标准、教材、统计素养和数据分析相关文献分析的基础之上，本研究从"统计问题提出的能力""数据收集的能力""数据整理与表征的能力""分析数据的能力"和"数据解释和数据推理能力"五个维度将小学生统计素养学习进阶的发展过程划分为四个水平，并对每一水平加以解释说明，确定了小学生统计素养的学习进阶（具体可参见表 13-1）。

表 13-1 小学生统计素养的学习进阶

| 学习水平 | 统计问题提出的能力 | 数据收集的能力 | 数据整理与表征的能力 | 分析数据的能力 | 数据解释和数据推理的能力 |
| --- | --- | --- | --- | --- | --- |
| 0 | 不能提出生活情境中的数学问题 | 没有样本意识 | 没有初步的分类意识 | 不具备初步的读图能力，不能综合情境说出有关数据的有用信息 | 不能基于数据分析进行推断，不能对超出数据的部分进行解释 |
| 1 | 能提出生活情境中的数学问题 | 有样本意识，知道抽样，但无法或错误辨别抽样方法的优劣性 | 有分类意识，能有依据地进行分类 | 能结合题目和图表读出与情境相关的信息 | 基于数据进行简单推测和判断，并能对超出数据的部分进行预测 |
| 2 | 能提出生活情境中简单的统计问题 | 有抽样意识，正确辨别抽样方法的优劣性 | 有制图能力 | 能依据集中量数，描述数据的典型性 | 能考虑个别因素进行判断和决策 |
| 3 | 能提出生活情境中复杂的统计问题 | 能自己制定抽样方案，收集数据，并说明理由 | 能评价两种不同形式表示同一数据的有效性 | 能理解并解释平均数的意义 | 能考虑多种因素进行判断和决策 |

为了更好地说明层级水平的划分，在此以"数据收集的能力"为例，对小学生统计素养的学习进阶的水平划分做简单说明。

水平 0：学生不具备一定的样本意识。样本在学龄前阶段，甚至是小学阶段的使用频率较低。学生没有样本概念。调查时，他们往往倾向于调查全体，而无法意识到一个优质样本足以体现总体的特征，并且能大大减少人力物力资源。例如，想要调查全校 600 人的意见，位于水平 0 的学生倾向于询问每一个学生，因为这个方法既公正又全面。

水平 1：该水平上的学生已经能意识到样本特征可以在一定程度上代表总体特征，并且能节省一定程度的劳动力。所以他们开始支持用询问部分学生的意见的方法来取代询问全体学生的方法。然而对抽样的理解是主观化、不具体和简单的，例如，位于水平 1 的学生在解释抽样方法的优劣性上，偏向于从以下角度思考：没被抽到的人会感到不公平（下文简称为：公平性）、这个方法很容易做到（下文简称为：实用性）、抽出来的个体也许都持有相同的意见（下文简称为：不喜欢不确定性）、抽出的结果是否符合我的主观愿望（下文简称为：符合期望）。

水平2：学生能够深刻地看到抽样的本质，清楚为什么抽样，以及怎样抽样才是合理的。能对抽样的代表性进行合理评估。例如，他们能够考虑到分层抽样可以兼顾到不同年级和不同性别的学生也许持有不同的观点；敢于承担随机抽样中的不确定性带来的压力，且能理性地分析随机抽样中极端结果发生的可能性较低。

水平3：学生在能做出正确判断的基础上，整合知识，对事物做出批判性评价或改革性建议。例如学生能对教师提出的抽样方案提出质疑，建立新的抽样调查方案，并简单说明理由。

## 二、测试问卷的初编和设计说明

本研究考虑到学生年龄跨度较大，选择采用两套测试问卷和访谈的方式进行调查。其中4—6年级使用《小学生统计素养的学习进阶的预研究问卷（第二学段）》，调查方式采用纸笔测试形式；2—3年级采用《小学生统计素养的学习进阶的预研究问卷（2、3年级）》，调查方式采用纸笔测试形式；鉴于一年级学生读题能力和阅读理解能力较低，采用《小学生统计素养的学习进阶的预研究访谈提纲（1年级）》，调查方式为访谈（该访谈将在下文中详细介绍）。需要说明的是，第二学段的问卷包含了第一学段问卷中的所有测试题，作为公共部分。研究从小学生统计素养的学习进阶假设出发，依据不同维度上的不同水平以及知识点难易程度，筛选具有代表性、话题具有特殊性的试题。

由于所选试题部分来自国外文献，依据中国小学生学习的国情和语言表达习惯，对试题的表述和问题情境进行了改编和修饰。在对试题的初步编辑和改造以后，通过与导师、小学指导老师进行沟通，对预研究问卷进行了二次修改。最终采用二次修改的预研究问卷对一部分学生进行预测，以检验问卷编制的有效性和可信程度。

依据第十二章对统计素养的梳理和总结，研究对预测试题进行了初步的设计，主要依据小学生统计素养的五个维度选取了国内外相关研究中所使用的测试题进行改编。

（1）统计问题提出的能力

在问卷设计时，参考了张丹[①]关于小学生数据分析发展过程中的试题和情境，在"提出数学问题"的基础上加入了统计问题的概念和例子，进一步考察小学生统计问题提出的能力。

（2）数据收集的能力

主要考察学生的样本意识和对抽样方法的判断能力，在问卷设计时，参考了Jacobs[②]关于"学生如何看待教学前的统计抽样"中的研究成果，同时对研究的问题情境进行了适当的改编，以使之符合不同学段学生的阅读兴趣和阅读习惯。

---

[①] 张丹．小学生数据分析观念发展过程的研究［D］．长春：东北师范大学，2015．

[②] JACOBS V R. How Do Students Think about Statistical Sampling before Instruction［J］. Mathematics Teaching in the Middle School，1999，5（4）．

（3）数据整理与表征的能力

问卷设计时，参考了 Nisbet 等人[①]关于儿童数据表征和组织的研究试题以及 Jones 等人[②]关于评儿童统计思维的框架下描述数据、表征数据、组织和减少数据方面的研究试题，同时将研究情境统一为学生生活或教育情境。

（4）分析数据的能力

问卷设计时参考了 Jones 等人[③]关于评估儿童统计思维的框架下分析和解释数据方面的研究试题，以及 PISA（2003）、TIMSS（2003）中共有的"抢劫问题"[④]，将研究重点放在了读图和集中量数的理解上。

（5）数据解释和数据推理的能力

问卷设计时，参考了张丹[⑤]关于小学生数据分析发展过程的试题和情境，考虑到不同学段学生对大数据处理能力的水平不同，将问题情境分别设计为小树长高情境和联谊比赛情境。

最后考虑到统计素养与实际情境的联系极为重要，在设计和选择试题时，还参考了 PISA 中提出的四种情境类型：个人生活情境、教育情境、社会公共情境和科学情境。但是考虑到小学生的年龄和认知特点，所以舍弃了科学情境的相关试题，并将试题情境重点放在个人生活情境和教育情境中，辅之以必要的社会公共情景，以全面考察不同情境是否会对小学生统计素养的学习进阶的水平产生一定的影响。有关初稿试题在各维度上的分布情况可参见表 13-2。

表 13-2　测试问卷初稿试题双向细目表

| 情境 | 维度 | | | | |
| --- | --- | --- | --- | --- | --- |
| | 统计问题提出的能力（Q） | 数据收集的能力（C） | 数据整理与表征的能力（O） | 分析数据的能力（A） | 数据解释和数据推理的能力（E） |
| 个人生活情境 | 一（1）（2）（3） | | 四（8）（9） | 四（1）（2）（3）（4）（5）（6） | 四（7） |
| 教育情境 | | 二（1）（2）（3）（4）（5）（6）（7）（8） | 三（1）（2） | | 六 |

---

① NISBET S, JONES G A, Thornton C A, et al. Children's Representation and Organisation of Data [J]. Mathematics Education Research Journal, 2003, 15（1）：42-58.

② JONES G, THORNTON C, LANGRALL C W, et al. A Framework for Characterizing Children's Statistical Thinking [J]. Mathematical Thinking and Learning, 2000, 2（4）：269-307.

③ JONES G A, THORNTON C A, LANGRALL C W, et al. A Framework for Characterizing Children's Statistical Thinking [J]. Mathematical Thinking and Learning, 2000, 2（4）：269-307.

④ 徐斌艳. 数学课程改革与教学指导 [M]. 上海：华东师范大学出版社，2009：4-5.

⑤ 张丹. 小学生数据分析观念发展过程的研究 [D]. 长春：东北师范大学，2015.

表 13-2 续

| 情境 | 维度 | | | | |
|---|---|---|---|---|---|
| | 统计问题提出的能力（Q） | 数据收集的能力（C） | 数据整理与表征的能力（O） | 分析数据的能力（A） | 数据解释和数据推理的能力（E） |
| 社会公共情境 | | | | 五 | |

需要说明的是，由于本研究主要探究小学生统计素养的发展的水平进阶情况，而不是具体的统计知识。所以，在最初设计时有针对1—6年级学生采用相同试题进行预测的打算。但考虑到中低年级学生的读写速度慢和测试时间等问题，所以将每一维度下的基本考察试题作为公共考察的部分，同时为了进一步考察第二学段年段学生对统计问题的理解和抽样的理解，所以对4—6年级增加了以下8小题：一（2）、二（2）（4）（6）（7）并为每一题增加了选项、四（1）（2）（3）（具体可参见附录2、3），而一年级则采用访谈的方式。

## 三、预测试题的修订

为了检验测试题的数量、难易程度和问题表述是否合适，研究者随机选取了实习所在小学的两个班级的学生进行问卷调查，其中第二学段选择了五年级学生进行预测，第一学段选择了三年级学生进行预测，共发放预研究问卷97份，其中有效问卷为97份，有效问卷率为100%。有关预测对象的基本情况可参见表13-3。基于对个别学生的预测观察，第二学段预测时间为50分钟，第一学段预测时间为40分钟。

表 13-3 预测样本的基本情况

| 年级 | 性别 | 样本量 | 总数 |
|---|---|---|---|
| 三年级 | 男 | 22 | 40 |
| | 女 | 18 | |
| 五年级 | 男 | 27 | 57 |
| | 女 | 30 | |

预测结束后，对回收的数据进行了编码，以检测问卷的信度和效度，在参照检测结果基础上，通过对个别学生的访谈、指导老师的交流和学生答案的分析，发现《小学生统计素养的学习进阶的预研究问卷（2、3年级）》在选择试题和试题数量上存在较大问题，导致各维度水平之间的差异不显著，无法准确反映出学生的思维水平，信度较低。《小学生统计素养的学习进阶的预研究问卷（第二学段）》信度较高，但个别题目表述存在问题，导致学生的部分回答和测试的内容存在"牛头不对马嘴"的现象。

在和指导老师深刻探讨、仔细研究学生回答，并充分了解学生思维水平以后，研究者对《小学生统计素养的学习进阶的预研究问卷（2、3年级）》问卷进行了如下修改：

第一，将问卷一（2）题中的"需要做调查才能解决"的问题改为"需要做调查，收集信息才能解决"。这是鉴于很多学生常常从口感、色泽等水果固有属性的角度提问，为了更能突出提出统计问题所必要的数据意识对此题进行了修改。

第二，将问卷题目2的情境中动物形象进行了简化，去除蚂蚁的形象，并增加"草原一共有600只动物"的实际数值。这是为了消除部分学生对"蚂蚁太过弱小，不能参加运动会"的无关顾虑，并告知动物总数量，对一一调查的方法进行数量和工作量上的暗示。

第三，将问卷二（2）中的简单随机抽样法改成了分类抽样法，并再次强调了抽样的目的，最终的问题表述为"只要问一些动物就可以了，他们的意见可以代表所有动物的意见。于是老虎给狮子王、蚂蚁王、兔子王等各大王发了1份调查表，收集到了60个大王的意见。（21个动物说他们愿意参加运动会）"。这样修改目的在于降低了学生对简单随机抽样步骤的理解难度，将关注点从"制作60个动物的名字并放进帽子里"的困难度上转移到关注只调查不同物种代表是否合适，进一步正确引导学生的解题思路。

第四，将问卷二（3）中的"老虎问了60个动物朋友"改为"老虎问了60个动物朋友，朋友们的意见可以代表所有动物的意见。"又一次着重强调了抽样的目的，引导没有抽样意识的学生将关注点放在抽样目的本身，而有一定抽样意识的学生将关注点放在抽样方式的正确性上。

第五，将问卷四（2）中的"大约"去除着重号，这是鉴于部分学生在回答平均数的意义时咬文嚼字，做出"一个是大约，一个不是大约"的模糊回答。

第六，将问卷四（3）中的"和周五"去除，这是鉴于2、3年级学生读题和理解题意能力弱，无法对题目中出现的大量信息进行有效整合，抓取关键信息。去除"周五"可以减少数据，帮助学生快速且准确地找到需要关注的变量。

第七，对问卷四（7）添加条件"根据上图"，并将"大约"二字去除。这是鉴于部分学生对数据推理和超出数据部分的解释很陌生，看到题目后无从下手，添加"根据上图"旨在给学生一点解题思路。而删除"大约"二字，主要针对大部分学生思路错误，误认为本题是求21约等于多少，给出21≈20的模糊答案。

另外，鉴于《小学生统计素养的学习进阶的预研究问卷（第二学段）》问卷信度较高，效度可以的情况，仅对部分表述不清的题目稍做如下修改：

第一，将问卷三（2）中"你能用不同的方式来表示上面整理的结果吗"改为"你能用画图的方式来表示上面的整理结果吗？"。这是鉴于"不同方式"的指向性不够明确，制表、作图都属于不同的方式，而修改后的画图直接指向统计图的制作，使问题考察学生制图能力的目的更清晰明确。

第二，将问卷四（7）中"预测下一个月"改为"下一周"，这是鉴于部分学生审题不清，不知道1个月有4周，而另一部分孩子则将关注点过分放在1个月有4周上，忽略了对为什么做出这样的判断进行解释。修改后的题目还具有一定启发思维的作用，使学生可以联想到答案可以是一个范围，只要在范围之中的结果均是正确的。

第三,将问卷二(4)B选项中"这项调查无法说明与小孙不是朋友的人的想法"改为"这项调查结果不能代表所有人的想法。"这是鉴于部分没有抽样意识的学生也会选择BD选项,旨在表达应该问所有的人,而不是只问小孙的朋友们。这样修改可以避免选B项的理解和表达歧义出现。

第四,将问卷6中的提问添加"考虑前9人比赛的情况"。这是鉴于大部分学生忽略了这一题目条件,只将关注点放在数据上,不利于测出学生是否具有"考虑多种因素进行判断和决策"的能力。

## 四、正式问卷的构成

### (一)正式问卷概况

基于上面对预测问卷所进行的项目分析和预测结果反馈,研究者决定仍然从小学生统计素养的五个维度出发进行研究,但根据学生的实际反映情况,在个别维度上进行了题目的删改与完善。考虑到试题难度和学生的做题时间,《小学生统计素养的学习进阶的正式问卷(2、3年级)》共有16个小题,经与实习老师讨论,作答时间为30分钟。《小学生统计素养的学习进阶的正式问卷(第二学段)》共有24小题,经与实习老师讨论,作答时间为40分钟,其构成可参见表13-4。

表13-4 正式问卷试题双向细目表

| 情境 | 维度 | | | | |
|---|---|---|---|---|---|
| | 统计问题提出的能力(Q) | 数据收集的能力(C) | 数据整理与表征的能力(O) | 分析数据的能力(A) | 数据解释和数据推理的能力(E) |
| 个人生活情境 | 一(1)(2)(3) | | 四(8)(9) | 四(1)(2)(3)(4)(5)(6) | 四(7) |
| 教育情境 | | 二(1)(2)(3)(4)(5)(6)(7)(8) | 三(1)(2) | | 六 |
| 社会公共情境 | | | | 五 | |

其中2、3年级的问卷包括一(1)(3)、二(1)(3)(4)(8)、第三大题2个小题、四(4)(5)(6)(7)(8)(9)、第五大题、第六大题;而对于4—6年级学生正式问卷包括上述的所有24个题项。正式研究所使用的两个学段问卷具体见附录4和附录5。

### (二)信度与效度的检验与分析

信度分析:信度是综合反应一套测量标准是否具有一定稳定性和可靠性的指标。采用克隆巴赫α系数对公共部分问卷以及第二学段问卷进行信度检验(具体可参见表13-

5），其值分别为 0.745 和 0.820。根据吴明隆学者关于 SPSS 信度分析的整理结果，基于"内部一致性信度系数指标判断原则"[①]，两份问卷的信度均可达到可接受范围。

表 13-5 两份问卷的信度

|  | Cronbach's Alpha | 基于标准化项的 Cronbach's Alpha | 项数 |
| --- | --- | --- | --- |
| 公共部分 | 0.745 | 0.799 | 16 |
| 第二学段 | 0.820 | 0.880 | 24 |

本研究的核心概念是统计素养，基于文献梳理，研究者认为问卷设计需要尽可能地切实了解学生的思维路径和具体的思维方式，以减轻后期访谈的负担和工作量。又考虑到中低年级小学生的语言表达能力，所以在第二学段设置的试题数量更多，而第二学段的学生思维模式更加聚拢，所以第二学段的克隆巴赫系数高于公共部分的克隆巴赫系数是符合实际规律的。

效度分析：效度是反应一种测度能准确测量其所要测量的心理或特质的程度的指标。一份内容效度较高的问卷必须经历以下过程：首先，参考大量理论文献、教育教学案例；其次，在了解小学生智力发展水平和统计素养发展水平的基础上，进行研究框架的制定，并设计问卷试题；第三，参考国内外已有研究中所使用的问卷试题，精心挑选和适当修改；第四，和导师商讨修改后的试题是否具有科学常识性错误、语言表达不清晰、错别字、语句不通顺的情况；最后，请求一线教师审核问卷试题是否符合测试学段学生的思维水平，评估问卷试题的使用价值。此外，在问卷试题完成的过程中，需要教师全程监督，及时发现测试卷出题方面的漏洞，予以适当解释；在线上调查中要求学生限时保质保量完成，家长监督。由此足以充分证明问卷的效度比较高。

采用 SPSS 对公共部分问卷以及第二学段问卷进行 KMO 和巴特利特检验（具体可参见表 13-6），其 KMO 取样适切性量数值分别为 0.744 和 0.747，其巴特利特球形度检验的显著性值均为 0.000 < 0.010。由此，原有变量适合做因子分析，差异具有统计学意义，则两份问卷的框架结构较为合理。

表 13-6 两份问卷的效度

| 公共部分 | | | 第二学段 | | |
| --- | --- | --- | --- | --- | --- |
| KMO 取样适切性量数 | | 0.744 | KMO 取样适切性量数 | | 0.747 |
| 巴特利特球形度检验 | 近似卡方 | 703.400 | 巴特利特球形度检验 | 近似卡方 | 84.423 |
| | 自由度 | 120 | | 自由度 | 10 |
| | 显著性 | 0.000 | | 显著性 | 0.000 |

---

[①] 吴明隆. 问卷统计分析实务：SPSS 操作与应用［M］. 重庆：重庆大学出版社，2010：244.

### (三) 评分标准的研制

基于已有研究中小学生统计素养的考察都采用开放性题目，所以本研究的测试问卷公共部分均采用主观题，第二学段中加入了适量的客观题，采用可多选的形式进一步了解学生统计思维过程。在对评分标准的研制上，主要经历了以下三个阶段：首先，根据已有文献资料、个别学生的预测卷答案以及和导师的商讨草拟评分标准初稿；其次，邀请研究者所在实习学校的实习老师依据评分标准初稿对预测卷学生的回答进行打分，根据学生的回答和评分结果对评分标准初稿进行修正与细化；最后，在正式测试问卷的评分过程中，依据学生的回答，对评分标准进行微调和扩充。

本研究在评分标准的制定上参考了已有研究对学生回答所使用的共同的标记认知水平的模型——SOLO分类评价法，并将其与学习进阶的水平层级挂钩，从统计素养的五个维度及其四个水平上确定了学生统计素养的水平划分评分标准（具体可参见附录8）。SOLO理论中，对学生认知水平存在五种不同的水平划分：前结构的（prestructural）对应水平0、单一结构的（unistructura）对应水平1、多元结构的（multistructural）对应水平2、关联的（relational）对应水平3、进一步抽象（extended abstract）。由于研究的对象为小学生，已有研究显示学生的回答无法到达进一步抽象水平，所以本研究只选取前四个水平参与评分标准的制定。下面将结合学生回答的具体情况，对其回答进行评分标准的说明。

题1：妈妈带小明去逛商店，下面是甲、乙两个商店卖水果的柜台。

（3）"需要收集数据才能解决的问题"叫作统计问题。你能提出统计问题吗？越多越好。

本研究在评分指标中依据SOLO分类法和学习进阶的水平层级依次计分并编码为1分、2分、3分、4分。表13-7中给出了题1（3）的评分标准和有关回答的示例。

表13-7　题1（3）的评分标准和有关回答的示例

| 评分 | 水平 | | | |
| --- | --- | --- | --- | --- |
| | 水平0 | 水平1 | 水平2 | 水平3 |
| 评分（编码） | 1分 | 2分 | 3分 | 4分 |
| 评分指标与描述 | 不能提出生活情境中的数学问题 | 能提出生活情境中的数学问题 | 能提出生活情境中简单的统计问题 | 能提出生活情境中复杂的统计问题 |

表 13-7 续

| 评分 | 水平 | | | |
|---|---|---|---|---|
| | 水平 0 | 水平 1 | 水平 2 | 水平 3 |
| 评分（编码） | 1 分 | 2 分 | 3 分 | 4 分 |
| 相关回答示例 | （1）空白回答<br>（2）甲超市有什么水果？<br>（3）¥6.66元/份是什么意思？ | （1）在商店买6斤梨要多少钱？<br>（2）甲商店的苹果比乙商店贵多少钱？ | （1）甲商店哪一个时间段人最多？<br>（2）甲商店里喜欢苹果的有多少人？ | 甲商店老板下个季度应该进哪些水果？ |

题2：义卖现场

晨光小学五年级的同学想通过闲置物品义卖的方法为地震灾区捐款。为了确定义卖活动能否成功举办，同学们进行了不同的调查，以估计整个学校中有多少学生愿意参与本次义卖活动。晨光小学由1—6年级的600名学生组成，每个年级有100名学生。调查及其结果如下。你觉得这些同学的调查方法合理吗？请选择你认为正确的理由（可多选），如果你不同意任何选项，请在最后一个选项上写出你的想法。

（3）小钱将所有写着一年级男孩的名字的字条放在一顶帽子里，所有写着一年级女孩的名字的字条放在另一顶帽子里。他从每顶帽子中抽出了5个男孩和5个女孩的名字。对每个年级的同学，他都重复上面的活动，直到从每个年级中都抽出了5个男孩和5个女孩的名字。（18个人说他们愿意参加义卖活动）

小钱的调查（　　）

A. 小钱的调查合理，因为这样混合了不同年级的男孩和女孩。男孩和女孩可能有不同的看法，不同年级的人也会有不同的看法。

B. 小钱的调查不合理，因为被抽出来的人的想法可能都一样。

C. 小钱的调查不合理，因为他的调查中，愿意参加义卖活动的同学最少。

D. 小钱的调查不合理，因为没有被抽到的同学也想表达自己的观点，但是没有机会。

E. 小钱的调查＿＿＿＿＿＿＿＿＿＿＿＿＿＿，因为＿＿＿＿＿＿＿＿＿＿＿＿＿＿。

（8）除了上面几种调查方法，你还有其他不同的调查方法吗？请把你的想法写在下面的横线上。

此题采用半开放的形式，给予学生更多的选择和自我表达的空间，由此观察学生对于数据收集能力的思维发展水平。通过对学生的选项和E项的解释分析，将学生回答划分为水平0、水平1、水平2、水平3，并依次编码为1分、2分、3分、4分。表13-8中给出了题二（3）的评分标准和有关回答的示例。

表 13-8 题 2（3）的评分标准和有关回答的示例

| 评分 | 水平 | | | |
| --- | --- | --- | --- | --- |
| | 水平 0 | 水平 1 | 水平 2 | 水平 3 |
| 评分（编码） | 1 分 | 2 分 | 3 分 | 4 分 |
| 评分指标与描述 | 没有样本意识 | 有样本意识，知道抽样，但无法或错误辨别抽样方法的优劣性（如从公平性、实用性、不喜欢不确定性、符合期望等角度） | 有抽样意识，正确辨别抽样方法的优劣性 | 能自己制定抽样方案收集数据，并说明理由 |
| 相关回答示例 | （1）选 E：不合理，因为他没有问所有人，调查不全面。（2）选 E：不合理，因为不知道没有被抽到的人的想法。（3）只选 C 项，或只选 D 项 | （1）选 AB、AC、AD。（2）选 AE：合理，但是这样有点烦，浪费时间 | （1）选 A。（2）选 AE：合理，既问了男生又问了女生，还有不同年级，他们的意见可以代表绝大多数人的意见 | 第（8）小题：每个班抽 10 个人，因为每个班都有，方便又快捷 |

## 五、访谈提纲的设计

访谈提纲共分为三个部分，第一部分为对一年级学生的访谈。之所以设计这一访谈，是考虑到一年级学生读题识字存在困难，且阅读理解能力略有欠缺，所以采用操作性较强的访谈能及时、深刻地了解学生做出某一统计判断的思维缘起。访谈的第二部分和第三部分分别为对 3—5 年级部分学生的访谈和对部分教师的访谈。

（一）对一年级学生的访谈

研究对一年级学生采用《小学生统计素养的学习进阶的预研究访谈提纲（1 年级）》（访谈提纲详见附录 1）。访谈依然围绕小学生统计素养学习进阶的五个维度四个水平结构进行。其中五个维度分别对应五个活动主题，四个水平对应了对学生逐渐深入的操作性要求。在每一主题下，学生只有完成低水平的操作要求，且言之有理，才能进行高水平的操作。

五个活动主题分别是：

主题一：一起去水果店。（对应"统计问题提出能力"）

主题二：举办一场运动会。（对应"数据收集的能力"）

主题三：我喜欢的颜色。（对应"数据整理与表征的能力"）

主题四：糖果怎么分。（对应"分析数据的能力"）
主题五：小树有多高。（对应"数据解释和数据推理能力"）

## （二）对 3—5 年级学生的访谈

通过测试问卷调查，可以清晰地体现学生在每一维度和每一水平上的得分情况，但受制于学生语言表达能力的发展，学生的某些答案并不能真实反映出学生的统计思维过程。所以想要进一步了解学生在统计素养各维度上的思维水平，摸清学生做出答案的思考依据，研究又采用访谈的方法对问卷结果进行进一步的补充和说明（见附录6）。

纸笔测试完成后，研究者立即对测试卷的答案进行评估和数据分析，并在学生做完问卷的当天，进行有针对性的一对一访谈。共计选取 10 名学生参与访谈。访谈的学生一般具有以下三个特征中的一个：一是回答得比较好，但没有写清楚思路过程的学生；二是回答得比较差的学生；三是卷面回答有遗漏，表述不清晰的学生。

## （三）对教师的访谈

为了探讨小学生统计素养出现不同层级的原因，验证小学生统计素养的学习进阶框架与学生实际表现的吻合程度，探究有关"统计与概率"模块的教学策略。研究对 3 位数学教师进行了访谈（访谈提纲详见附录7），这 3 位教师包含了教龄较长的专家型教师和教龄较短的新手型教师。研究者首先将自己的研究框架、研究数据以及数据分析结果一一向老师介绍，接着向老师展示了不同年级学生的问卷和访谈提纲及结果，最后进行访谈。3 位教师也结合自己的教学经验，交流讨论了对本研究成果的看法和教学中常见的问题，解答了学生之所以产生典型性思维错误的原因、探讨了研究结论中存在的困惑、提出了经过实践证明有效的统计教学经验。

访谈主要从四个方面进行：
①学生为什么会存在这样的水平差异？
②在讲授统计与概率一部分内容的时候，备课时需要做哪些准备工作，有哪些建议？
③在教授统计与概率一部分内容的时候，教授课时和内容上需要注意什么？
④在教授统计与概率一部分内容的时候，在作业布置和学生实践层面，有哪些建议？

## 第四节　数据搜集

### 一、测试卷的收集与分析

本研究共向学生发放了 137 份正式问卷，共收回 137 份，回收率为 100%。其中有效测试问卷 137 份，有效率达 100%。对测试卷调查的结果主要从小学生统计素养的内涵的 5 大维度出发，对学生的具体答题情况进行量化分析和质化研究。研究首先将回收的每一份测试卷的文本答案按照评分表细则严格打分，分别将学生姓名、性别、测试题序号以及每一题的得分录入 Excel，并分别以学段、年级、公共部分为单位进行整理；接着对测试题序号、性别和每一题得分进行编码；然后把这些数据输入到数据库，通过 SPSS 软件，检测了问卷的信度和效度，分析学生对各维度不同水平上的回答情况。最后，对每个维度和水平之间进行描述性分析、双变量分析、方差齐性检验、方差分析和单因素分析法，基于 SPSS 系统计算得出的相关数据和表格，探究小学生统计素养的学习进阶在不同水平层级上的发展趋势，描述不同年级的小学生在统计素养上体现出来的显著差异，验证性别等个体差异对小学生统计素养的学习进阶的影响，最终得到一个学习进阶的水平层次，为接下来的访谈和质化研究做好充分准备。

### 二、访谈的整理与分析

在访谈教师的过程中，首先使用录音的方式，然后将教师的回答转换成文字，最后对教师访谈文本进行详细的整理与分析。除一年级学生的访谈之外，在访谈学生的过程中，首先筛选出回答具有典型性的学生，然后采用手动记录的方式，记录下学生的回答、表情、语调等等，最后结合学生的测试卷答题文本以及访谈记录内容进行综合分析，以了解学生的典型思维过程，为小学生统计素养的学习进阶提供真实、有力的依据，也为后面的研究结果提供有利的材料支持。

# 第十四章 研究结果与分析

本章将主要从量的视角对研究问题"小学生统计素养的学习进阶是什么?"及其下系列问题进行分析与探讨,一共包括四节。第一节将描述小学生统计素养学习进阶的总体状况,第二节将重点探讨小学生统计素养学习进阶的发展趋势,第三节将报告小学生统计素养学习进阶的性别差异,第四节将概述研究发现。

## 第一节 小学生统计素养学习进阶的总体状况

本节将分别就小学生统计素养的总体发展水平和小学生统计素养各维度及其水平层面上的发展进行描述性分析。

### 一、小学生统计素养的总体发展水平

在正式问卷的编制过程中,考虑到对学生的预测结果的分析、和学生的做题时间以及不同学段学生的认知特点,因而设计了针对第一学段和第二学段两份问卷。其中,第一学段题量少,在考察了小学生统计素养五大维度基础上,涵盖了公共部分所有题项;而第二学段则在包含公共部分所有题项基础上,部分维度增加了题目,以鼓励学生进一步思考和表达,便于分析学生在各个维度上的表现。下面将分别描述与分析两个学段小学生统计素养的总体发展水平。

(一)第一学段小学生统计素养总体发展水平

第一学段共有 6 大题,包括 16 小题。根据第十三章所介绍的评分标准,第一学段问卷总分值为 49 分,结合学习进阶所给出的小学生统计素养发展的四个水平,第一学段各水平的分数段依次为:16~23 分为水平 0,24~32 分为水平 1,33~43 分为水平 2,44~49 分为水平 3。需要说明的是,第一学段仅选取了三年级 1 个班(共 40 名)学生参与了正式问卷的调查,所以第一学段的分析以三年级学生为主。

总体来看,三年级学生的平均分为 34.95 分,这反映出三年级学生的统计素养发展位于水平 2 偏下位置。其中最高分为 40 分,最低分为 31 分,标准差为 1.839,由其全

距和标准差可知，三年级学生统计素养的学习进阶层级虽然有一定差距，但较为集中。表 14-1 表明，三年级没有学生回答处于水平 0，有 10% 的学生回答处于水平 1，大部分学生给出的回答处于水平 2，但没有给出处于水平 3 回答的学生。这说明三年级学生的统计素养较学龄前或低年级有了一定的发展，但未发展到最高水平，且存在一部分发展较慢的学生，需要教师的不断启迪与引导。

表 14-1  三年级学生统计素养学习进阶各水平上的人数分布

| 年级 | 水平 0 | 水平 1 | 水平 2 | 水平 3 |
| --- | --- | --- | --- | --- |
| 3 | 0（0） | 4（10） | 36（90） | 0（0） |

注：括号内为相应水平上所占人数的百分比，下同。

### （二）第二学段小学生统计素养总体发展水平

第二学段共有 6 大题，包括 24 小题。根据第十三章所介绍的评分标准，第二学段问卷总分值为 70 分，结合学习进阶所给出的小学生统计素养发展的四个水平，第二学段各水平的分数段依次为：24~35 分为水平 0，36~48 分为水平 1，49~64 分为水平 2，65~70 分为水平 3。需要说明的是，本研究仅随机选取了四年级和五年级各 1 个班（共 97 名）学生参与了正式问卷的调查，所以第二学段的分析以四年级和五年级学生为主。

总体来看，第二学段学生的平均分为 51.7062，这反映出该学段学生的统计素养发展水平位于水平 2。其中最高分为 64 分，最低分为 28 分，标准差为 5.46473，由其全距和标准差可知，第二学段的学生统计素养得分虽然普遍较高，但同时个体发展水平之间的差异也很大。研究者进一步对各水平的人数和百分比进行了统计（具体可参见表 14-2）。从小学生统计素养整体学习进阶水平来看，第二学段有 73.2% 的学生给出了水平 2 的回答，给出水平 0 和水平 3 回答的人数比例均极低，但有 25.8% 的学生回答处于水平 1。具体到各个年级，从四年级到五年级给出水平 2 回答的学生逐渐增多，给出水平 1 回答的学生逐渐减少，五年级有超过 80% 的学生回答在水平 2 上。这表明学生的统计素养水平更集中，而四年级则处于水平 1 和水平 2 的过渡期。

表 14-2  第二学段学生统计素养学习进阶各水平上的人数分布

| 年级 | 水平 0 | 水平 1 | 水平 2 | 水平 3 |
| --- | --- | --- | --- | --- |
| 四年级 | 0（0） | 16（40） | 24（60） | 0（0） |
| 五年级 | 1（1.8） | 9（15.8） | 47（82.4） | 0（0） |
| 第二学段 | 1（1.0） | 25（25.8） | 71（73.2） | 0（0） |

## （三）"公共部分"所反映出的小学生统计素养的总体发展水平

由于两份问卷测试有相同的部分，即《小学生统计素养学习进阶的正式问卷（2、3年级）》中的全部内容，为了将两个学段之间建立密切有效的联系，观测学生统计素养在纵向上的整体分布情况，研究者对所有学生的公共部分也进行了总体发展水平的描述性分析（具体可参见表14-3）。由表14-3可知，公共部分中出现了水平3的回答，虽然只在五年级出现了1例，但也暗示了随着数据量的增多，有突破的可能。另外，三个年级出现的回答90%以上位于水平2，相对聚拢。但也不难发现三、四年级处于四个水平的人数比例变化存在相对稳定的情况，这表明三、四年级学生的统计素养存在发展上的平衡和停滞。

表14-3　公共部分统计素养学习进阶各水平上的人数分布

| 年级 | 水平0 | 水平1 | 水平2 | 水平3 |
|---|---|---|---|---|
| 三年级 | 0（0） | 4（10） | 36（90） | 0（0） |
| 四年级 | 0（0） | 4（10） | 36（90） | 0（0） |
| 五年级 | 1（1.8） | 1（1.8） | 54（94.6） | 1（1.8） |

统计素养作为面对问题时所表现出来的稳定的思维倾向，基于第十二章对国内外文献的整理与分析，研究者将统计素养划分为"统计问题提出的能力""数据收集的能力""数据整理与表征的能力""分析数据的能力""数据解释和数据推理能力"等五个维度。

在统计思考过程中，五个维度相互支持又各具特色，因此，研究者将选择对各维度进行单独处理与分析。

考虑到公共部分能够对所有年级学生进行纵向比较，所以，在对各个维度及其水平的分析结果呈现时将分别从"公共部分"和"第二学段"两方面给出。

## 二、小学生统计素养各维度及其水平层面上的发展

主要包括"统计问题提出的能力""数据收集的能力""数据整理与表征的能力""分析数据的能力""数据解释和数据推理能力"等五个维度。

### （一）"统计问题提出的能力"维度上的总体发展水平

其一，公共部分"统计问题提出的能力"维度上的总体发展水平。

整体上，处于水平3的回答在五年级有了突破，但仅占为数不多的1.8%。三、四年级学生在"统计问题提出的能力"方面的回答集中于水平1，人数占比均高达80%以上。值得关注的是水平2上的人数比例变化，在四年级存在倒退倾向，但到五年级出现了突破性的进步，以致五年级处于水平2的人数高达78.9%。不难推测四、五年级是小学生"统计问题提出的能力"发展的关键期（具体可参见表14-4）。

表 14-4　公共部分"统计问题提出的能力"维度各水平上的人数分布

| 水平 | 三年级 | 四年级 | 五年级 |
| --- | --- | --- | --- |
| 0 | 0（0） | 3（7.5） | 2（3.5） |
| 1 | 34（85） | 36（90） | 9（15.8） |
| 2 | 6（15） | 1（2.5） | 45（78.9） |
| 3 | 0（0） | 0（0） | 1（1.8） |

其二，第二学段"统计问题提出的能力"维度上的总体发展水平。

第二学段处于水平 0 的人数比例均很低，呈逐年下降趋势，同时处于水平 3 的人数比例开始上升，但也仅有五年级的 1.8%。四年级学生给出的回答 90% 处于水平 1，五年级学生给出的回答 78.9% 处于水平 2，有了一个水平上的大跨度上升（具体可参见表 14-5）。

表 14-5　第二学段"统计问题提出的能力"维度各水平上的人数分布

| 水平 | 四年级 | 五年级 |
| --- | --- | --- |
| 0 | 2（5） | 2（3.5） |
| 1 | 33（82.5） | 9（15.8） |
| 2 | 5（12.5） | 45（78.9） |
| 3 | 0（0） | 1（1.8） |

（二）"数据收集的能力"维度上的总体发展水平

基于已有的研究成果，本研究确定了数据收集层面的两个关键性要素：样本意识，抽样方法优劣的判断。设计了如下不同的题目对学生数据收集能力的水平进行考察和评估：2（1）考察样本意识，2（2）考察简单随机抽样方法，2（3）考察分层抽样方法，2（4）（5）（6）（7）考察对错误抽样方法的判断与质疑，2（8）考察提出合理统计抽样方法的能力。其中，公共部分包含 2（1）（2）（4）（8）题。

其一，公共部分"数据收集的能力"维度上的总体发展水平。

样本意识方面的考察共分为两个水平，水平 0 为没有样本意识，水平 1 为有样本意识。随着年级的升高，学生的回答中处于水平 1 的人数比例逐渐增多。但是，三、四年级学生回答仍然以水平 0 为主，处于水平 0 的答案均高达 80% 以上，而到五年级，学生的样本意识逐渐发展起来，处于水平 0 和水平 1 的回答几乎各占一半。

抽样方法的判断方面的考察分为三个水平，水平 0 为没有样本意识，否定简单抽样方法，水平 1 为具有初步抽样意识，但无法正确判断抽样方法的优劣，水平 2 为能准确判断抽样方法的优劣（错误抽样方法质疑同理）。表 14-6 显示，处于水平 1 和水平 2 的回答都随着年级的增加而增多。能达到水平 2，即能准确肯定地描述简单抽样方法优劣的回答到五年级也只占小部分，仅有 10.5%。

总体来看，错误抽样方法质疑方面，处于水平 2 的回答逐渐上升，至五年级已有超过 50% 的回答能正确说明错误抽样方法的错误之处。而处于水平 1 的人数比例变化趋势则出现了负偏态分布，即稳步增长的过程中在四年级达到了最高点，但在五年级却出现了回落。值得注意的是，四年级学生在回答样本意识与抽样方法的判断、错误抽样方法质疑的过程中，处于水平 2 的回答在后两方面中显著增加，由此可以判断，学生处于样本和抽样方法的发展过渡期。

合理抽样方法的提出方面的考察分为三个水平，水平 0 为不能提出抽样方案或提出调查全体的方案，水平 1 为提出存在问题的抽样方案或不能解释自己提出的抽样方案，水平 3 为提出合理的抽样方案并做合理的解释。总体来看，随着学生年级的增加，处于水平 1 和水平 2 的回答越来越多，在五年级时分别到达 50.9% 和 10.5%。对比三个年级的样本意识方面和合理抽样方法的提出方面水平 0 人数比例，四、五年级均存在比例下降现象，由此可以推测部分没有抽样意识的学生仍可以提出抽样调查方案，那么他们提出抽样方案的出发点值得学者们关注，关于这一点，我们将在第十五章进行较为详细的分析。有关公共部分"数据收集的能力"维度各水平的人数分布可参见表 14-6。

表 14-6 公共部分"数据收集的能力"维度各水平上的人数分布

|  | 水平 | 三年级 | 四年级 | 五年级 |
| --- | --- | --- | --- | --- |
| 样本意识 | 0 | 37（92.5） | 32（80） | 29（50.9） |
|  | 1 | 3（7.5） | 8（20） | 28（49.1） |
| 抽样方法的判断 | 0 | 36（90） | 21（52.5） | 22（38.6） |
|  | 1 | 4（10） | 17（42.5） | 29（50.9） |
|  | 2 | 0（0） | 2（5） | 6（10.5） |
| 错误抽样方法质疑 | 0 | 35（87.5） | 13（32.5） | 19（33.3） |
|  | 1 | 3（7.5） | 19（47.5） | 6（10.5） |
|  | 2 | 2（5） | 8（20） | 32（56.1） |
| 合理抽样方法的提出 | 0 | 37（92.5） | 30（75） | 22（38.6） |
|  | 1 | 3（7.5） | 9（22.5） | 29（50.9） |
|  | 3 | 0（0） | 1（2.5） | 6（10.5） |

其二，第二学段"数据收集的能力"维度上的总体发展水平。

第二学段在"数据收集的能力"维度上增加了对分层抽样方法的判断 1 题和错误抽样方法的质疑 3 题，以在第一学段的基础上进一步考察学生对抽样方法的理解判断。

表 14-7 呈现了四、五年级学生在该维度上的人数分布结果。可以看出，四年级学生一半以上均处于水平 0，五年级学生有 50.8% 的回答处于水平 0，即第二学段学生仍然偏向于采用调查全体的方式进行数据收集，尤其是面对具有迷惑性的统计调查方法时，

学生很难做出正确判断。但是，也不难发现，随着年级的增长，处于水平 1 的回答在逐渐增多。

表 14-7  第二学段"数据收集的能力"维度各水平上的人数分布

| 水平 | 四年级 | 五年级 |
| --- | --- | --- |
| 0 | 28（70） | 29（50.8） |
| 1 | 11（27.5） | 28（49.2） |
| 2 | 1（2.5） | 0（0） |

（三）"数据整理与表征的能力"维度上的总体发展水平

基于已有研究成果，本研究确定了数据整理与表征层面的三个关键要素：分类意识，统计图表的绘制，评价两种不同显示数据方式的有效性。该维度所涉及的问卷试题均在公共部分出现，所以笔者将直接对所有被试的公共部分进行人数占比的描述性分析。

分类意识方面的考察共分为两个水平，水平 0 为没有分类意识，水平 1 为有分类意识。表 14-8 显示了三到五年级学生处于水平 1 的回答均高于 90%。这表明，学生在低年级甚至是学龄前已具有基本的分类思想和分类能力。但同时也表明，四、五年级处于水平 1 的答案略低于三年级，即后期随着学生学习经验的不断增加，其对学生已有的简单分类思想进行了干扰。

总的来看，三个年级有一半以上学生在图表绘制方面的回答处于水平 2，即能根据题意和数据画出统计图或线段图，且三个年级学生在水平 2 上比例变化不大。

在评价两种不同"显示"的有效性方面，三个年级均有高于 80% 的学生回答处于水平 3，即学生能正确判断两种不同形式的统计图表示相同的数据，能对两种"显示"的有效性进行比较，并给出合理完满的理由。同时也可发现，四、五年级给出属于水平 3 上的回答人数所占比例较三年级有所下降了，结合学生回答可以推测为：随着后期学生学习经验的不断扩充，知识量增加了，但知识结构却不完善，这对学生判断起到了一定的阻碍和困扰作用。

表 14-8  公共部分"数据整理与表征的能力"维度各水平上的人数分布

| | 水平 | 三年级 | 四年级 | 五年级 |
| --- | --- | --- | --- | --- |
| 分类意识 | 0 | 1（2.5） | 4（10） | 2（3.5） |
| | 1 | 39（97.5） | 36（90） | 55（96.5） |
| 图表的绘制 | 0 | 1（2.5） | 4（10） | 1（1.8） |
| | 1 | 17（42.5） | 15（37.5） | 24（42.1） |
| | 2 | 22（55） | 21（52.5） | 32（56.1） |

表 14-8 续

| | 水平 | 三年级 | 四年级 | 五年级 |
|---|---|---|---|---|
| 评价两种不同制图方式的有效性 | 2 | 5（12.5） | 8（20） | 11（19.3） |
| | 3 | 35（87.5） | 32（80） | 46（80.7） |

（四）"分析数据的能力"维度上的总体发展水平

基于已有的研究成果，本研究确定了分析数据的能力的三个关键性要素：读图能力，运用集中量数描述数据的典型性，解释平均数的意义。

其一，公共部分"读图能力"方面的总体发展水平。

在读图方面，无论是第一学段还是第二学段，学生回答处于水平 2 的人数占比均高于 60%，即大部分学生能依据情境读懂相关信息。集中量描述数据的典型性方面，学生的回答也集中于水平 2，说明学生能够根据题目指引和相关数据信息计算平均数。在解释平均数的意义方面，三年级学生给出水平 3 的比例为 72.5%，四年级学生给出水平 3 的比例为 57.5%，五年级学生给出水平 3 的比例为 68.4%，均高于一半人数。不难发现该维度上所有方面学生的答案在三个年级较高水平上人数比例均呈现 U 型趋势，而四年级是接触统计图和平均数的关键时期，这可能是因为学生焦点关注于图形样貌本身和平均数公式计算，导致四年级学生忽略了任何统计数据和制图都应建立在问题情境之下才有意义，且对平均数的意义相对模糊，而三年级学生虽未学过统计图和平均数，却能从问题情境中挖掘信息，并使用"移多少补"的方式尝试解题，至五年级部分学生对平均数的理解逐渐深入，所以出现了相应水平 2 和水平 3 比例的回升（具体可参见表 14-9）。

**表 14-9　公共部分"分析数据的能力"维度各水平上的人数分布**

| | 水平 | 三年级 | 四年级 | 五年级 |
|---|---|---|---|---|
| 读图能力 | 0 | 7（17.5） | 13（32.5） | 17（29.8） |
| | 1 | 33（82.5） | 27（67.5） | 40（70.2） |
| 集中量数 | 0 | 0（0） | 0（0） | 1（1.8） |
| | 1 | 2（5） | 5（12.5） | 1（1.8） |
| | 2 | 38（95） | 35（87.5） | 55（96.5） |
| 解释平均数 | 0 | 0（0） | 0（0） | 1（1.8） |
| | 1 | 2（5） | 6（15） | 1（1.8） |
| | 2 | 9（22.5） | 11（27.5） | 16（28.1） |
| | 3 | 49（72.5） | 23（57.5） | 39（68.4） |

其二，第二学段"读图能力"方面的总体发展水平。

相较于第一学段，第二学段的学生表达和思考能力更强，所以在试题的选用上相较公共部分试题而言，多了3小题，给学生更多的思考和表达空间，目的是从多方面了解学生读题的理解程度以及能否辨别什么是图中已有信息而什么不能从图中得出。表14-10显示出，第二学段学生的读图能力答案处于水平1的比例均高于75%，且呈现逐渐上升的趋势。和公共部分相比，相同年级处于水平1的比例也增加了，由此可见，在更多题干的相互提示下，第二学段的学生可以读全统计图中所蕴含的信息，可以分辨哪些信息是能从图中获得的，而哪些信息是无法从题目中获得的。

表14-10 第二学段"读图能力"方面各水平上的人数分布

| 水平 | 四年级 | 五年级 |
| --- | --- | --- |
| 0 | 9（22.5） | 7（12.3） |
| 1 | 31（77.5） | 50（87.7） |

（五）"数据解释和数据推理能力"维度上的总体发展水平

作为统计素养发展的最高维度，笔者选用了两道不同情境，考察了学生数据解释和数据推理能力，且两道题目均作为公共部分试题出现。所以，下面直接对公共部分各水平人数分布情况进行分析（具体可参见表14-11）。在情境1中，随着年级的增加，处于水平1的回答逐渐增加，三年级有65%人达到，至五年级有89.5%达到，即在三年级甚至是学龄前，学生已经具备一定依据数据做简单推断的能力，到五年级大部分学生可以对数据以外的推测做出合理解释。情境2的问题情境更为复杂，对学生的要求更高，但给学生自由表达想法的空间更大。由表14-11显示，已有少量学生出现了水平2的回答，即能从数据层面多个角度进行推理和决策。可惜的是没有出现水平3的人数，即学生不能从数字层面及数字以外的其他层面来进行推理和决策。值得注意的是，情境2中处于水平2的回答所占比例呈逐渐下降趋势，这是因为在四年级学习完平均数以后，学生更偏向于借助平均数来帮助自己进行数据推理和决策，这造成了一种思维定式，使学生忽视了其他可以帮助自己进行数据解释和推理的方法。

表14-11 公共部分"数据解释和数据推理能力"维度各水平上的人数分布

| | 水平 | 三年级 | 四年级 | 五年级 |
| --- | --- | --- | --- | --- |
| 情境1 | 0 | 14（35） | 6（15） | 6（10.5） |
| | 1 | 26（65） | 34（85） | 51（89.5） |
| 情境2 | 0 | 8（20） | 7（17.5） | 7（12.3） |
| | 1 | 27（67.5） | 30（75） | 48（48.2） |
| 情境2 | 2 | 5（12.5） | 3（7.5） | 2（3.5） |
| | 3 | 0（0） | 0（0） | 0（0） |

## 第二节　小学生统计素养学习进阶的发展趋势

本节将就小学生统计素养学习进阶的总体发展趋势及其特征，以及学习进阶各维度上的发展趋势及其特征，进行分析。

### 一、小学生统计素养学习进阶的总体发展趋势及其特征

本小节将描述小学生统计素养在"公共部分"上不同年级的发展趋势。总体来看，3—5年级小学生统计素养总体是在水平2上，与此同时，处于从水平2的较低水平向较高水平的逐步上升发展中，其中3—4年级上升速度平缓，4—5年级上升速度较快（见图14-1）。

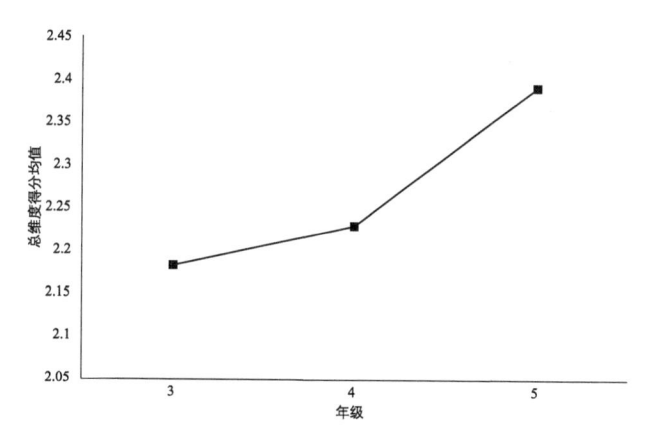

**图 14-1　"公共部分"小学生统计素养总维度上的得分均值**

以年级为控制变量，小学生统计素养的总维度得分均值为观测变量，进行单因素ANOVA分析。方差齐性检验结果的显著性值为 0.0010 < 0.05，方差不齐。方差分析结果表明，学生年级的不同对学生总水平的均值产生了显著影响（$F = 14.797$，$p < 0.001$）。再次对数据进行塔姆黑尼法事后多重比较结果显示，只有三年级和四年级之间的没有呈现显著性差异（$p \geq 0.05$），其他各组之间的显著性均表现为显著影响（见表14-12）。

**表 14-12　"公共部分"小学生统计素养总维度上得分均值的多重比较**

|  | 三年级 | 四年级 |
|---|---|---|
| 四年级 | −0.04531 |  |
| 五年级 | −0.20707* | −0.16176* |

（注：* 表示 $p < 0.05$）

由此可以看出，在公共部分小学生统计素养的学习进阶总体发展上，由于学生在3—5年级这一阶段中均处于上升状态，且各年级差异性非常显著，因而在 3—5 年级时学生的统计素养处于发展时期。而其中 3—4 年级这一阶段虽从图 14-1 中看出呈现上升趋势，但事后多重比较显示不存在显著差异，所以 3—4 年级阶段是一个平缓发展时期，而 4—5 年级则是小学生统计素养的快速发展时期。

## 二、小学生统计素养学习进阶各维度上的发展趋势及其特征

主要包括"统计问题提出的能力""数据收集的能力""数据整理与表征的能力""分析数据的能力""数据解释和数据推理能力"等五个维度。

### （一）"统计问题提出的能力"维度上学习进阶的发展趋势

图 14-2 呈现了问卷"公共部分"小学生"统计问题提出的能力"维度上发展水平的均值，三年级处于水平 1 的较低位置，五年级处于水平 1 的中间位置，而四年级处于水平 0 位置。由此不难发现，3—4 年级的学生在该维度上的发展水平呈下降趋势，4—5 年级表现出更为快速的增长。

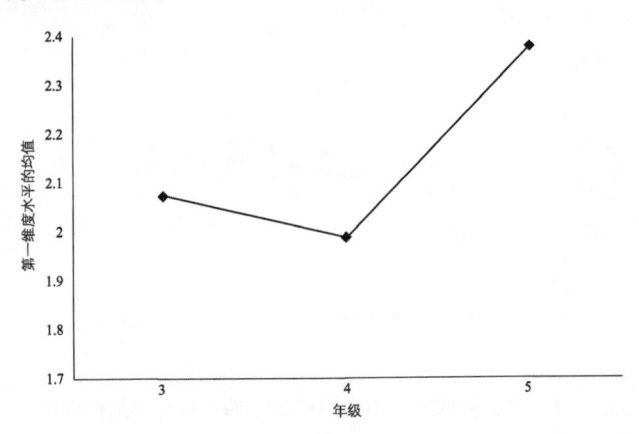

图 14-2 "统计问题提出的能力"维度上的水平均值

方差齐性检验分析结果显示，显著性值为 0.115，未达到各年级组的方差显著水平，方差齐性。方差分析结果表明：学生年级的不同对学生该维度下水平的均值产生了显著影响（$F = 26.001$，$p < 0.001$）。再次对数据进行 LSD 法事后多重比较分析，结果显示：只有三年级和四年级之间的显著性值高于 0.05，其他各组之间的显著性均表现为显著影响（具体可参见表 14-13）。

表 14-13 统计问题提出的能力"维度上水平均值的多重比较

|  | 三年级 | 四年级 |
|---|---|---|
| 四年级 | 0.08750 |  |

表 14-13 续

| | 三年级 | 四年级 |
|---|---|---|
| 五年级 | −0.30219* | −0.38969* |

（注：* 表示 $p < 0.05$）

由此可以看出，在统计问题提出的能力维度上，3—4 年级虽然为下降趋势，但事后多重比较显示不存在显著差异，所以，3—4 年级阶段学生在该维度上是缓慢下降时期，而 4—5 年级阶段是学生在该维度上的快速发展时期。

（二）"数据收集的能力"维度上学习进阶的发展趋势

图 14-3 呈现了数据收集的能力维度公共部分小学生的水平均值发展，3—5 年级均处于水平 0，但随着年级的增长，学生在该维度上的发展水平呈上升趋势，3—4 年级发展较快，4—5 年级发展略慢。

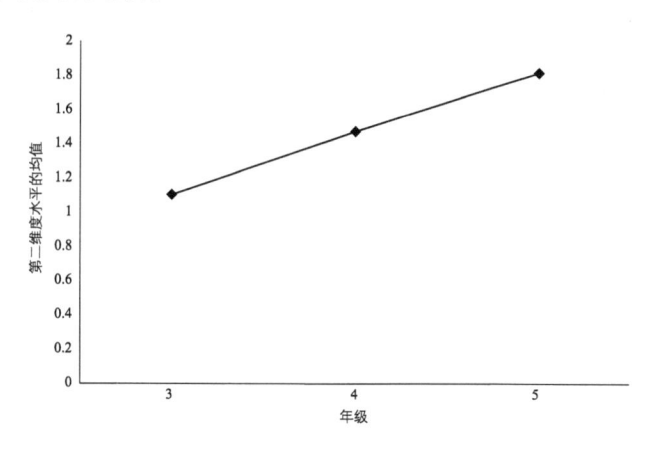

图 14-3　"数据收集的能力"维度上的水平均值

方差齐性检验分析结果显示，显著性值为 0.000，表明各年级组差异显著，方差不齐。方差分析结果表明：学生年级的不同对学生该维度下水平的均值产生了显著影响（$F = 29.228$，$p < 0.001$）。再次对数据进行塔姆黑尼法事后多重比较分析，结果显示：三、四、五年级相互之间均表现为显著差异（具体可参见表 14-14）。表 14-14 显示，在数据收集的能力维度上，3—5 年级均是学生在该维度上的快速发展时期。

表 14-14　"数据收集的能力"维度上水平均值的多重比较

| | 三年级 | 四年级 |
|---|---|---|
| 四年级 | −0.36875* | |
| 五年级 | −0.70954* | −0.34079* |

（注：* 表示 $p < 0.05$）

## （三）"数据整理与表征的能力"维度上学习进阶的发展趋势

图 14-4 呈现了数据整理与表征的能力维度上"公共部分"小学生的水平发展均值，3—5 年级均处于水平 2 的位置。不难发现，3—4 年级的学生在该维度上的发展水平呈下降趋势，4—5 年级表现出较慢速的小幅度增长。

方差齐性检验分析结果显示，显著性值为 0.581，未达到各年级组的方差显著水平，方差齐性。方差分析结果表明：学生年级的不同对学生该维度下水平的均值未产生显著影响（$F = 0.468$，$p = 0.627$）。由此可知，3—5 年级学生的读图能力较为稳定，并未出现随着年级增长而增长的情况，长期维持在水平 2 上，即在三年级以前学生已经获得能根据要求分类的能力，且持久掌握，部分学生能够画统计图或线段图来表示数据，并对两种不同"显示"表示同一数据进行批判性评价而另一部分学生未能在有关方面得到发展。

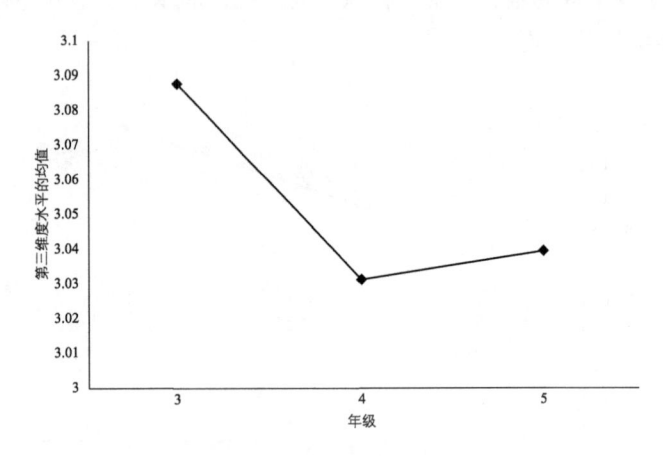

**图 14-4　"数据整理与表征的能力"维度上的水平均值**

## （四）"分析数据的能力"维度学习进阶发展的趋势

图 14-5 呈现了分析数据的能力维度上"公共部分"小学生的水平发展均值，3—5 年级均处于水平 1 的位置。不难发现，3—4 年级的学生在该维度上的发展水平呈下降趋势，4—5 年级表现出相似速度的增长。

方差齐性检验分析结果显示，显著性值为 0.108，未达到各年级组的方差显著水平，方差齐性。方差分析结果表明：学生年级的不同对学生该维度下水平的均值未产生显著影响（$F = 2.199$，$p = 0.115$）。由此可知，在分析数据的能力维度上，3—4 年级虽然为下降趋势，4—5 年级为上升趋势，但均不显著，学生在该维度上维持在水平 1 阶段，即学生在三年级之前已经掌握基本读图能力，部分学生能根据情境使用平均数来代表数据总体特征，且能结合问题情境解释平均数的含义，而部分学生在该维度上并未有实质性的发展。

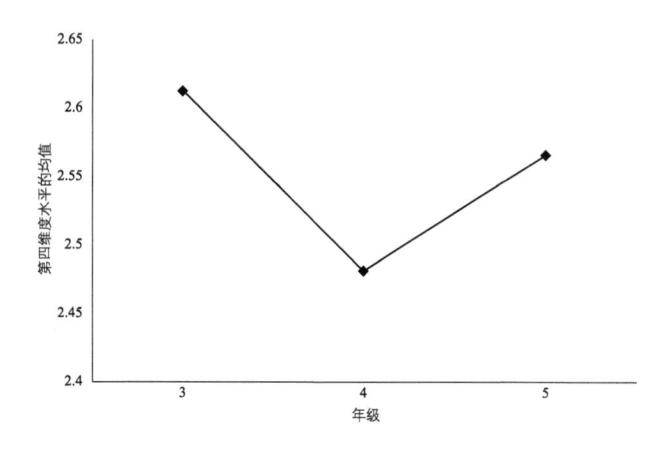

图 14-5 "分析数据的能力"维度上的水平均值

(五)"数据解释和数据推理能力"维度上学习进阶的发展趋势

图 14-6 呈现了数据解释和数据推理能力维度上"公共部分"小学生的水平发展均值,3—5 年级均处于水平 0 位置。但随着年级的增长,学生在该维度上的水平均值在不断上升。3—4 年级发展较快,4—5 年级发展较慢。

方差齐性检验分析结果显示,显著性值为 0.004,表明各年级组的差异显著,方差不齐。方差分析结果表明:学生年级的不同对学生该维度上水平的均值未产生显著影响($F = 26.001$,$p = 0.181$)。所以,在数据解释和数据推理维度上,3—5 年级学生发展呈上升趋势,但是,随年级增长而发展的趋势不显著,稳定处于水平 0 阶段,至第二学段的学生还不能依据已有数据进行对数据以外信息的推测和判断,并说出合理完满的理由。

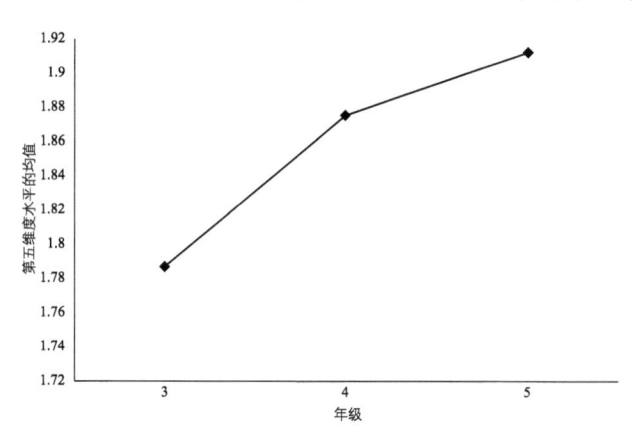

图 14-6 "数据解释和数据推理能力"维度上的水平均值

# 第三节　小学生统计素养学习进阶的性别差异

本节将从性别方面来考察影响小学生统计素养学习进阶的个体因素。运用单因素分析方法，分别考察性别与小学生统计素养学习进阶总水平均值之间的关系，以及各维度上性别与学习进阶之间的关系。

## 一、性别因素对统计素养学习进阶总水平均值的影响

采用皮尔逊相关分析法分别对第一学段和第二学段的学生性别与总水平均值进行分析（具体可参见表 14-15）。由此可见，无论是第一学段还是第二学段，学生性别与总水平均值的显著性值均大于 0.05，所以两者之间均不存在显著相关性。

表 14-15　性别与小学生统计素养学习进阶总水平均值的相关性分析

|  |  |  | 性别 | 总水平均值 |
|---|---|---|---|---|
| 第一学段 | 性别 | 皮尔逊相关性 | 1.000 | 0.127 |
|  |  | 显著性（双尾） |  | 0.138 |
|  |  | 个案数 | 137 | 137 |
|  | 总水平均值 | 皮尔逊相关性 | 0.127 | 1.000 |
|  |  | 显著性（双尾） | 0.138 |  |
|  |  | 个案数 | 137 | 137 |
| 第二学段 | 性别 | 皮尔逊相关性 | 1.000 | 0.154 |
|  |  | 显著性（双尾） |  | 0.132 |
|  |  | 个案数 | 97 | 97 |
|  | 总水平均值 | 皮尔逊相关性 | 0.154 | 1.000 |
|  |  | 显著性（双尾） | 0.132 |  |
|  |  | 个案数 | 97 | 97 |

## 二、性别因素对各维度上学习进阶水平的影响

主要包括"统计问题提出的能力""数据收集的能力""数据整理与表征的能力""分析数据的能力""数据解释和数据推理能力"等五个维度。

## (一)"统计问题提出的能力"维度上性别因素对学习进阶水平的影响

其一,第一学段学生学习进阶水平上的性别差异。第一学段被试对象共计40人,其中男生22人,女生18人。从"统计问题提出的能力"维度上来看学习进阶的水平,第一学段处于水平1的女生比例高于男生,处于水平2的男生比例高于女生。尽管从男女生人数比例上看,差距略大,但是,通过对男女生学习进阶的水平进行了卡方检验表明,对第一学段而言,$p$值为0.13 > 0.05,所以男女生在该维度上的学习进阶差异并不显著(具体可参见表14-16)。

表14-16 第一学段"统计问题提出的能力"维度上男女生学习进阶水平的卡方检验

| 年级 | 性别 | 水平 | | | | 卡方值 | $p$值 | 自由度 |
| --- | --- | --- | --- | --- | --- | --- | --- | --- |
| | | 水平0 | 水平1 | 水平2 | 水平3 | | | |
| 第一学段 | 男 | 0(0) | 17(77.3) | 5(22.7) | 0(0) | 2.290 | 0.130 | 1 |
| | 女 | 0(0) | 17(94.4) | 1(5.6) | 0(0) | | | |
| 三年级 | 男 | 0(0) | 17(77.3) | 5(22.7) | 0(0) | 2.290 | 0.130 | 1 |
| | 女 | 0(0) | 17(94.4) | 1(5.6) | 0(0) | | | |

其二,第二学段学生学习进阶水平上的性别差异。第二学段被试对象共计97人,其中男生49人,女生48人。从"统计问题提出的能力"维度上来看学习进阶的水平,第二学段处于水平0的男、女生比例相似,处于水平2的女生比例略高于男生。具体而言,四年级处于水平0的回答男女生比例相似,水平1的回答女生比例高于男生,水平3的回答男生比例高于女生;五年级处于水平0、1的男女生比例相似,水平2男生比例略高于女生,但水平3有女生达到,男生则没有。卡方检验表明,就第二学段而言,无论是总体还是各年级$p$值均高于0.05,所以男女生在该维度上的学习进阶差异也并不显著(具体可参见表14-17)。

表14-17 第二学段"统计问题提出的能力"维度上男女生学习进阶水平的卡方检验

| 年级 | 性别 | 水平 | | | | 卡方值 | $p$值 | 自由度 |
| --- | --- | --- | --- | --- | --- | --- | --- | --- |
| | | 水平0 | 水平1 | 水平2 | 水平3 | | | |
| 第二学段 | 男 | 2(4.1) | 21(42.9) | 26(53.1) | 0(0) | 1.070 | 0.784 | 3 |
| | 女 | 2(4.2) | 21(43.8) | 24(50) | 1(2) | | | |
| 四年级 | 男 | 1(4.5) | 17(77.3) | 4(18.1) | 0(0) | 1.445 | 0.486 | 2 |
| | 女 | 1(5.6) | 16(88.9) | 1(5.6) | 0(0) | | | |
| 五年级 | 男 | 1(3.7) | 4(14.9) | 22(81.5) | 0(0) | 0.978 | 0.807 | 3 |
| | 女 | 1(3.3) | 5(16.7) | 23(76.7) | 1(3.3) | | | |

## （二）"数据收集的能力"维度上性别因素对学习进阶水平的影响

其一，第一学段学生学习进阶水平上的性别差异。第一学段被试对象共计40人，其中男生22人，女生18人。从"数据收集的能力"维度上来看学习进阶水平，第一学段处于水平1的女生比例高于男生。卡方检验表明，就第一学段而言，$p$为0.579 > 0.05，所以男女生在该维度上学习进阶的差异并不显著（具体可参见表14-18）。

表14-18  第一学段"数据收集的能力"维度上男女生学习进阶水平的卡方检验

| 年级 | 性别 | 水平 | | | | 卡方值 | $p$值 | 自由度 |
| --- | --- | --- | --- | --- | --- | --- | --- | --- |
| | | 水平0 | 水平1 | 水平2 | 水平3 | | | |
| 第一学段 | 男 | 21（95.5） | 1（4.5） | 0（0） | 0（0） | 0.615 | 0.579 | 1 |
| | 女 | 16（88.9） | 2（11.1） | 0（0） | 0（0） | | | |
| 三年级 | 男 | 21（95.5） | 2（4.5） | 0（0） | 0（0） | 0.615 | 0.579 | 1 |
| | 女 | 16（88.9） | 2（11.1） | 0（0） | 0（0） | | | |

其二，第二学段学生学习进阶水平上的性别差异。第二学段被试对象共计97人，其中男生49人，女生48人。从"数据收集的能力"维度上来看学习进阶水平，第二学段处于水平1的女生比例略多于男生。具体而言，四年级处于水平1的回答女生比例高于男生，而五年级正好相反，但男女生比例差别不大。卡方检验表明，就第二学段而言，无论是总体还是各年级的 $p$ 值均高于0.05，所以男女生在该维度上学习进阶的差异也不显著（具体可参见表14-19）。

表14-19  第二学段"数据收集的能力"维度上男女生学习进阶水平的卡方检验

| 年级 | 性别 | 水平 | | | | 卡方值 | $p$值 | 自由度 |
| --- | --- | --- | --- | --- | --- | --- | --- | --- |
| | | 水平0 | 水平1 | 水平2 | 水平3 | | | |
| 第二学段 | 男 | 34（68） | 16（32） | 0（0） | 0（0） | 0.613 | 0.434 | 1 |
| | 女 | 29（60.4） | 19（39.6） | 0（0） | 0（0） | | | |
| 四年级 | 男 | 22（100） | 0（0） | 0（0） | 0（0） | 3.748 | 0.053 | 1 |
| | 女 | 16（84.2） | 3（15.8） | 0（0） | 0（0） | | | |
| 五年级 | 男 | 12（44.4） | 15（55.6） | 0（0） | 0（0） | 0.028 | 0.866 | 1 |
| | 女 | 14（46.7） | 16（53.3） | 0（0） | 0（0） | | | |

## （三）"数据整理与表征的能力"维度上性别因素对学习进阶水平的影响

其一，第一学段学生学习进阶水平上的性别差异。第一学段被试对象共计40人，其中男生22人，女生18人。从"数据整理与表征的能力"维度上来看学习进阶水平，第一学段处于水平 1 和水平 2 的男、女生比例相似。卡方检验表明，就第一学段而言，$p$ 值为 1 > 0.05，所以男女生在该维度上的学习进阶差异并不显著（具体见表 14-20）。

表 14-20　第一学段"数据整理与表征的能力"维度上男女生学习进阶水平卡方检验

| 年级 | 性别 | 水平 | | | | 卡方值 | $p$ 值 | 自由度 |
| --- | --- | --- | --- | --- | --- | --- | --- | --- |
| | | 水平 0 | 水平 1 | 水平 2 | 水平 3 | | | |
| 第一学段 | 男 | 0（0） | 2（9） | 20（90.9） | 0（0） | 0.045 | 1.000 | 1 |
| | 女 | 0（0） | 2（11.1） | 16（88.9） | 0（0） | | | |
| 三年级 | 男 | 0（0） | 2（9） | 20（90.9） | 0（0） | 0.045 | 1.000 | 1 |
| | 女 | 0（0） | 2（11.1） | 16（88.9） | 0（0） | | | |

其二，第二学段学生学习进阶水平上的性别差异。第二学段被试对象共计 97 人，其中男生 49 人，女生 48 人。从"数据整理与表征的能力"维度上来看学习进阶水平，第二学段处于水平 2 的女生比例多于男生。具体而言，四年级处于水平 0 和水平 1 的回答男、女比例相当，五年级处于水平 2 的回答的女生比例高于男生。卡方检验表明，就第二学段而言，无论是总体还是各年级其 $p$ 值均高于 0.05，所以男女生在该维度上的学习进阶差异也并不显著（具体可参见表 14-21）

表 14-21　第二学段"数据整理与表征的能力"维度上男女生学习进阶水平卡方检验

| 年级 | 性别 | 水平 | | | | 卡方值 | $p$ 值 | 自由度 |
| --- | --- | --- | --- | --- | --- | --- | --- | --- |
| | | 水平 0 | 水平 1 | 水平 2 | 水平 3 | | | |
| 第二学段 | 男 | 1（2） | 9（18.3） | 39（79.6） | 0（0） | 1.290 | 0.525 | 2 |
| | 女 | 0（0） | 7（14.6） | 41（85.4） | 0（0） | | | |
| 四年级 | 男 | 0（0） | 5（22.7） | 17（77.3） | 0（0） | 0.006 | 1.000 | 1 |
| | 女 | 0（0） | 4（22.2） | 14（77.8） | 0（0） | | | |
| 五年级 | 男 | 1（3.7） | 4（14.9） | 22（81.5） | 0（0） | 1.499 | 0.473 | 2 |
| | 女 | 0（0） | 3（10） | 27（90） | 0（0） | | | |

（四）"分析数据的能力"维度上性别因素对学习进阶水平的影响

其一，第一学段学生学习进阶水平上的性别差异。第一学段被试对象共计 40 人，其中男生 22 人，女生 18 人。从"分析数据的能力"维度上来看学习进阶水平，第一学段绝大部分学生处于水平 1，男女比例差异不显著。卡方检验亦验证了如上观点（具体可参见表 14-22）。

表 14-22　第一学段"分析数据的能力"维度上男女生学习进阶水平的卡方检验

| 年级 | 性别 | 水平 | | | | 卡方值 | $p$ 值 | 自由度 |
| --- | --- | --- | --- | --- | --- | --- | --- | --- |
| | | 水平 0 | 水平 1 | 水平 2 | 水平 3 | | | |
| 第一学段 | 男 | 0（0） | 22（100） | 0（0） | 0（0） | 1.254 | 0.450 | 1 |
| | 女 | 1（5.6） | 17（94.4） | 0（0） | 0（0） | | | |
| 三年级 | 男 | 0（0） | 22（100） | 0（0） | 0（0） | 1.254 | 0.450 | 1 |
| | 女 | 1（5.6） | 17（94.4） | 0（0） | 0（0） | | | |

其二，第二学段学生学习进阶水平上的性别差异。第二学段被试对象共计97人，其中男生49人，女生48人。从"分析数据的能力"维度上来看学习进阶水平，第二学段大部分学生处于水平1，男生比例略高于女生。具体而言，四、五年级在各水平上男女比例均相似，但四年级男生处于水平2的比例略高于女生，五年级则相反。卡方检验表明，就第二学段而言，无论是总体还是各年级其 $p$ 值均高于0.05，所以男女生在该维度上的学习进阶差异并不显著（具体可参见表14-23）。

表 14-23　第二学段"分析数据的能力"上维度男女生学习进阶水平的卡方检验

| 年级 | 性别 | 水平 | | | | 卡方值 | $p$ 值 | 自由度 |
| --- | --- | --- | --- | --- | --- | --- | --- | --- |
| | | 水平 0 | 水平 1 | 水平 2 | 水平 3 | | | |
| 第二学段 | 男 | 2（4.1） | 47（95.9） | 0（0） | 0（0） | 0.755 | 0.385 | 1 |
| | 女 | 4（8.3） | 44（91.7） | 0（00） | 0（0） | | | |
| 四年级 | 男 | 1（4.5） | 21（95.5） | 0（0） | 0（0） | 1.616 | 0.310 | 1 |
| | 女 | 3（16.7） | 15（83.3） | 0（0） | 0（0） | | | |
| 五年级 | 男 | 1（3.7） | 26（96.3） | 0（0） | 0（0） | 0.006 | 0.940 | 1 |
| | 女 | 1（3.3） | 29（96.7） | 0（0） | 0（0） | | | |

（五）"数据解释和数据推理能力"维度上性别因素对学习进阶水平的影响

其一，第一学段学生学习进阶水平上的性别差异。第一学段被试对象共计40人，其中男生22人，女生18人。从"统数据解释和数据推理能力"维度上来看学习进阶的水平，第一学段处于水平1的女生比例高于男生。卡方检验表明，就第一学段而言，$p$ 值为 $0.4823>0.05$，所以男女生在该维度上的学习进阶差异并不显著（具体见表14-24）。

表 14-24 第一学段"数据解释和数据推理能力"维度上男女生学习进阶水平的卡方检验

| 年级 | 性别 | 水平 | | | | 卡方值 | $p$ 值 | 自由度 |
| --- | --- | --- | --- | --- | --- | --- | --- | --- |
| | | 水平 0 | 水平 1 | 水平 2 | 水平 3 | | | |
| 第一学段 | 男 | 11（50） | 11（50） | 0（0） | 0（0） | 0.494 | 0.482 | 1 |
| | 女 | 7（38.9） | 11（61.1） | 0（0） | 0（0） | | | |
| 三年级 | 男 | 11（50） | 17（50） | 0（0） | 0（0） | 0.494 | 0.482 | 1 |
| | 女 | 7（38.9） | 11（61.1） | 0（0） | 0（0） | | | |

其二，第二学段学生学习进阶水平上的性别差异。第二学段被试对象共计 97 人，其中男生 49 人，女生 48 人。从"数据解释和数据推理能力"维度上来看学习进阶水平，第二学段处于水平 0 的男生比例高于女生，水平 1 的男生比例低于女生，且差距较为明显。具体而言，4—5 年级均表现为在水平 0 上的答案男生比例多于女生，在水平 1 上的答案女生比例高于男生，四年级男女生比例差距较大。卡方检验表明，就第二学段而言，整体上不存在男女生学习进阶水平的显著差异，但在四年级出现了男女生在该维度上的显著差异，女生在水平 2 上的回答显著多于男生（具体可参见表 14-25）。

表 14-25 第二学段"数据解释和数据推理能力"维度上男女生学习进阶水平的卡方检验

| 年级 | 性别 | 水平 | | | | 卡方值 | $p$ 值 | 自由度 |
| --- | --- | --- | --- | --- | --- | --- | --- | --- |
| | | 水平 0 | 水平 1 | 水平 2 | 水平 3 | | | |
| 第二学段 | 男 | 16（32.7） | 33（67.3） | 0（0） | 0（0） | 3.328 | 0.068 | 1 |
| | 女 | 8（16.7） | 40（83.3） | 0（0） | 0（0） | | | |
| 四年级 | 男 | 10（45.5） | 12（54.5） | 0（0） | 0（0） | 5.560* | 0.018 | 1 |
| | 女 | 2（11.1） | 16（88.9） | 0（0） | 0（0） | | | |
| 五年级 | 男 | 6（22.2） | 21（77.8） | 0（0） | 0（0） | 0.042 | 0.837 | 1 |
| | 女 | 6（20） | 24（80） | 0（0） | 0（0） | | | |

（注：* 表示 $p < 0.05$）

## 第四节 研究发现概述

本章围绕小学生统计素养的学习进阶水平进行了描述性分析，主要分析了三个问题：①三、四、五年级小学生统计素养所处的学习进阶层级，②小学生统计素养学习进阶水平的年级发展趋势，③性别因素对小学生统计素养学习进阶层级的影响。

## 一、三、四、五年级小学生统计素养所处的学习进阶层级

随着年级的增加，小学生统计素养所处的学习进阶层级总体上呈上升趋势。主要是从三年级的水平 1 逐步向水平 2 过渡。但发展至五年级，平均分在水平 3 上的学生人数仍然为零。不同年级学生在相同维度上存在水平不断提升的发展，同一年级学生在不同维度上存在一定的水平发展上的不平衡性。

（一）"统计问题提出的能力"维度上各年级小学生统计素养所处的学习进阶层级

该维度上，小学生所处学习进阶层级呈明显上升趋势。其中，三、四年级学生大多数处于水平 1，五年级学生大部分处于水平 2。结合前述描述性分析可知，四年级学生处在水平 1—水平 2 的过渡阶段，且表现不稳定。三年级有 25% 的学生能够给出水平 2 的回答，但当题目条件增多，问题更加深入时，四年级学生能给出水平 2 上的回答的人数比例下降为 2.5%。三、四年级学生中均未出现水平 3 上的回答，这证明中年级段学生在"统计问题提出的能力"维度上还处于中等偏下水平。而五年级学生在该维度上出现了大跨度的提升，78.9% 的学生能够给出水平 2 的回答，且在题目条件增多，问题逐渐深入的基础上，学生给出水平 2 回答的能力较为稳定。值得关注的是，在五年级已经出现了水平 3 上的回答，这是小学生统计素养在该维度上的最高层级，虽然在该水平上的人数不多，仅有 1.8%，但是，可以预测至六年级将会有更多学生可以给出水平 3 上的回答。

（二）"数据收集的能力"维度上各年级小学生统计素养所处的学习进阶层级

就"数据收集的能力"维度而言，则从样本意识、抽样方法的判断、错误抽样方法的质疑和合理抽样方法的提出等四个方面分别考察了学生所处的学习进阶的水平层级。不论哪个方面，学生学习进阶的水平随着年级的增长均呈现上升趋势，但是，学生在不同方面的水平上升幅度却是不相同的。

在样本意识方面，三年级学生 90% 以上处于水平 0，即三年级学生还不具备一定的样本概念和抽样意识，不能理解为什么要抽样，对使用样本特征代表总体特征的观点持否定态度。四年级学生有 80% 以上的回答处于水平 0，但随着题目所给出的抽样方式的不断增加，四年级部分学生能够意识到在总体数量较大的情况下，使用抽样进行调查比调查全体个案要容易得多，开始意识到样本特征在某种程度上可以代表总体特征，但意识很模糊。五年级有近一半的学生处于水平 0，人数比例较三、四年级有了一定的下降。由此可知，四、五年级是学生样本意识发展的过渡时期。

在抽样方法的判断上，三年级学生基本给出水平 0 的答案，即他们否认任何一种抽

样方式,坚定保持只有调查全体才能做出判断和决策的观念。有 42.5% 的四年级学生给出了水平 1 的回答,即他们可以意识到简单随机抽样或分层抽样具有一定的优势,采用这两种抽样方式抽取的样本可能具有代表性,但是他们不能合理解释两种抽样方式的正确性,并对其抽样方法上进行不必要甚至是错误的补充。五年级有超过一半的学生给出了水平 1 的答案,同时有 10% 的学生给出了水平 2 的答案。这表明五年级大部分学生意识到上述两种抽样方法的优势,但对其优劣的评判模棱两可,小部分学生能够清晰肯定地对上述两种抽样方法的优劣做出判断,且言之有理,这足以表明五年级学生已经开始初步具有抽样意识和抽样调查的能力,部分学生对简单随机抽样和分层抽样的判断能力已经趋于完善。

在错误抽样方法的质疑方面,三年级学生 85% 以上处于水平 1,47.5% 的四年级学生给出了水平 2 的回答,55% 以上的五年级学生给出了水平 3 的回答。但是,通过对第二学段的追问问题的分析,仅有 27.5% 的四年级学生给出了水平 2 的回答,50% 左右的五年级学生给出了水平 2 的回答,没有五年级学生给出水平 3 的回答。这说明,即使是五年级,学生还不能对不同的抽样方法进行合理有效的判断,要达到水平 3,需要教师在后续的学习中不断引导并对错误思想进行干预。

合理抽样方法的提出是"数据收集的能力"维度上最高的水平要求,即水平 3。三年级没有学生可以达到,四年级有 2.5% 的学生可以达到,五年级有 10.5% 的学生可以达到。学生在水平 3 上的回答呈现出随年级升高而增加的特点。

(三)"数据整理与表征的能力"维度上各年级小学生统计素养所处的学习进阶层级

就"数据整理与表征的能力"维度而言,则从分类意识、统计图的绘制和评价两种不同"显示"表示同一数据的有效性等方面分别考察了学生所处的学习进阶的水平层级。该维度上,任何方面学生的水平都较稳定,没有随着年级的增加产生显著的变化。

分类意识方面,3—5 年级均有 90% 以上处于水平 1,即学生具有依据要求或自定义要求进行数据分类的能力;统计图表的绘制方面,3—5 年级均有 50% 以上处于水平 2,即学生能够根据问题情境和数据做统计图或画线段图,已具有初步的数形结合思想;评价两种不同"显示"表示同一数据的有效性方面,3—5 年级均有 80% 以上的学生给出水平 3 的回答,这是"数据整理与表征的能力"维度上的最高水平,即学生已经具备成熟的比较两种统计图的优劣能力,且可以给出自信完满的解释。

(四)"分析数据的能力"维度上各年级小学生统计素养所处的学习进阶层级

就"分析数据的能力"维度而言,则从读图能力、运用集中量数描述数据的典型性和解释平均数的意义等三个方面分别考察了学生所处的学习进阶的水平层级。该维度上，学生在各方面的发展都较为稳定，且都处于中等偏上水平。

读图能力方面，3—5年级均有65%以上的学生回答处于水平1，即大部分学生可以根据问题情境和统计图读懂统计图的含义，知道从图中可以获得哪些信息，四、五年级有70%以上的学生可以正确地说出哪些与情境相关的信息是从图中得不到的。

运用集中量数描述数据的典型性方面，3—5年级均有85%以上的学生处于水平2，即大部分学生可以根据题意选择平均数来代表整组数据的平均水平。三年级学生没有学习过平均数，但是95%的学生可以采用"移多补少"的方式求出一个数来表示整组数据的平均水平，这是平均数的缘起，三年级学生可以通过自行探究得到。

在解释平均数的意义方面，3—5年级均有65%以上的学生可以给出水平4的回答，即大部分学生可以合理完满地解释平均数和某一具体记数的不同。值得关注的是，三年级有72.5%的学生给出水平4的回答，而四、五年级分别只有57.5%和68.4%的学生给出水平4的回答。由此可见，随着年级的上升，学生在水平4上的回答占比却呈下降趋势。这可能是因为在四年级学习平均数以后，学生更关注平均数的公式计算方法，而忽略了平均数的由来，而三年级学生则采用"移多补少"的方式来计算平均数，实则是对平均数本质上的了解。

（五）"数据解释和数据推理能力"维度上各年级小学生统计素养所处的学习进阶层级

为全面考察学生的"数据解释和数据推理能力"，我们选用了两个不同的问题情境。问题情境1较为简单，不仅题干的信息量少，而且数据的数值小，数据量少；问题情境2较为复杂，不仅题干信息量大，而且数据的数值适中，数据量大。问题情境1仅要求学生基于数据对超出数据的部分进行推测，而问题情境2不仅要求学生基于数据对超出数据的部分进行推测，而且还需要基于情境做出判断和决策，并说明理由。在问题情境1中，三年级有65%的学生给出了水平1的答案，四、五年级均有高于85%的学生给出了水平1的答案，即学生在简单情景中都能依据已有数据信息进行简单推测和预计。在问题情境2中，3—5年级学生绝大部分仍然给出了水平1的回答，说明学生依据数据进行推测的能力较为稳定。与此同时，三年级有12.5%的学生给出了水平2的回答，四年级有7.5%的学生给出了水平2的回答，五年级则只有3.5%的学生给出了水平2的回答，即第二学段小部分学生可以从数字层面的不同方面来举证自己做出数据推理的正确性。但是值得关注的是，至五年级为止，没有学生达到水平3，即没有学生能够综合问题情境和数据进行全面的统计推测和判断。

## 二、小学生统计素养学习进阶水平的年级发展趋势

从上述本章第二节的描述和分析可以发现以下一些年级发展趋势：

3—4年级阶段学生在"统计问题提出的能力"维度上处于水平1的缓慢下降时期，而4—5年级阶段则是学生在该维度上处于水平1至水平2的快速发展时期。

3—5年级阶段学生在"数据收集的能力"维度上处于水平0至水平1的快速发展时期。

3—4年级的学生在"数据整理与表征的能力"维度上的发展水平呈小幅度的下降趋势，4—5年级表现出慢速的小幅度增长，但3—5年级阶段学生在该维度上的发展较为稳定，并未出现随着年级上升而显著变化的情况，长期稳定在水平2上。

3—4年级的学生在"分析数据的能力"维度上的发展呈小幅度的下降趋势，4—5年级表现为上升趋势，但3—5年级阶段学生在该维度上的发展较为稳定，并未出现随着年级增长而显著变化的情况，长期稳定在水平1上。

3—5年级的学生在"数据解释和数据推理能力"维度上的发展呈小幅度的上升趋势，但3—5年级阶段学生在该维度上的发展较为稳定，并未出现随着年级增长而显著增长的情况，长期稳定在水平1上。

## 三、性别因素对小学生统计素养的学习进阶层级的影响

从上述本章第三节的描述和分析可以发现，性别因素与小学生统计素养不同维度上学习进阶水平之间有如下一些关系。

在"统计问题提出的能力"维度上，小学生不同性别在学习进阶的不同水平上不存在显著差异。学生在该维度上能达到的平均最高水平为水平2，其中第一学段处于水平2的男生比例高于女生，整个第二学段及四、五年级处于水平2的男生比例也略高于女生。

在"数据收集的能力"维度上，小学生不同性别在学习进阶的不同水平上不存在显著差异。学生在该维度上能达到的平均最高水平为水平1，其中第一学段处于水平1的女生比例高于男生，整个第二学段及四年级处于水平1的女生比例高于男生，但五年级处于水平1的男生略高于女生。

在"数据整理与表征的能力"维度上，小学生不同性别在学习进阶的不同水平上不存在显著差异。学生在该维度上能达到的平均最高水平为水平2，其中第一学段处于水平2的男生比例略高于女生，整个第二学段及五年级处于水平2的女生比例高于男生，但四年级处于水平2的男、女生比例相近。

在"分析数据的能力"维度上，小学生不同性别在学习进阶的不同水平上不存在显著差异。绝大多数学生在该维度上所达到的平均水平为水平1，所以不论是第一学段还是第二学段处于水平1的男、女生比例相近。

在"数据解释和数据推理能力"维度上，学生在该维度上能达到的平均最高水平为水平1。第一学段小学生不同性别在学习进阶的不同水平上不存在显著差异，其中处于水平1的女生比例高于男生。第二学段整体学生不同性别在学习进阶的不同水平上不存在差异，但四年级女生在水平1上的认知发展要显著高于男生。

# 第十五章　研究结论与讨论

依据研究发现，研究者与实习所在小学的 A 教师进行了交流和访谈。通过对访谈文本的梳理与分析，并结合相关研究发现提出提高小学生统计素养学习进阶的教师教学和学生学习的策略。

## 第一节　教师的教

### 一、教师应具备统计素养的大视野

教师视野的宽广程度很大程度上决定了学生可以在这一内容上走多远。A 教师在回答"纵观研究结果，您有哪些好的教学建议"时，提及"从教学层面上来说，教师教学的业务能力大小会直接影响学生的学习成果。统计从大的方向上来说，它并不属于数学学科，它是一门新的学科'统计学'。那么，这在教学上给我们教师的启示就是要有大视野，不能拘泥于统计知识，要放在更大的统计学视角上"。由此，在备课前，教师需要充分了解统计课题在数学课程中的地位、掌握统计与其他学科之间的联系和差异。

课前教师应充分了解学生的统计思维水平，制定合乎学生已有经验的教学内容。在教案设计上，教师应合理利用教材，结合生活中学生熟悉的案例，从多角度帮助学生感知统计，注意引导学生将数据与情境相联系，鼓励学生养成仔细观察情境，用心分析的习惯。教师应经常观摩优秀视频，丰富自身的统计教学经验。

当然，教师需要熟悉和把握教学重点，在需要教师干预和引导的地方着重、合理引导学生向更高层级思维发展；对于学生能够靠自然发展而逐渐深入的概念、技巧和思维上，教师不需要过度干预，静待花开即可。简言之，教师应抓住统计素养发展和教学的关键期。

在教学侧重点上，要注意将统计问题与生活情境相联系，培养学生在情景中解决统计问题的能力。在教学过程中，合理设置开放式的问题，有学生提出感兴趣的问题，或教师提出具有挑战性的问题，在解决问题的过程中帮助学生体会对数据、数据处理方法和借助数据推理的需要。

在访谈中，A 教师还列举了五年级第二单元《折线统计图》的例子："这一单元除了教会学生如何画折线统计图、如何解读单式折线统计图和复式折线统计图、折线统计图的特点以外，我们还需要告诉学生什么？我想最重要的是要他们体会到'我们每天的生活因变化而丰富多彩，而对变化的数据进行统计和分析可以提高我们的生活品质'，这里提到了统计的功效，与折线统计图无关吗？不是，折线统计图是为统计学而服务的，我们学习的统计表也好，统计图也好，都是统计学的冰山一角，这是需要学生能够体会到的。另外我们还要注重告诉学生，任何在理性基础上的推理和判断几乎都建立在统计学之上。"

## 二、创造体验统计过程和抽样调查过程的机会

对统计过程和抽样调查过程的直观体会，可以最快程度地帮助学生养成统计世界观，培养学生从数的视角感受世界、从数的整理看到规律、从数的推理推测未来。抽样是人们在生活中对事物特征进行评估的重要方式，而小学生有关抽样意识的发展较为缓慢，且停留在书本层面。由此，教师可以借助每年的运动会、开放日等大型活动，要求学生对自己感兴趣的事物进行抽样、统计和数据分析，得出结论，鼓励他们推测明年的活动会是怎样的。在这种教学活动中，教师应注意借助学生已经发展出的抽样意识，主要培养学生对抽样的理解，旨在帮助学生在实践中更正对抽样的错误认识，寻求更优的抽样方案，并不要求学生必须掌握某种格式化的抽样方式。

研究结果中不难发现，学生在"提出生活情境中的简单统计问题"方面存在一定困难，在"结合题目和图表读出与情境相关的信息"方面表达不够完整。这说明学生的统计素养很大程度上是依傍于课本而发展起来的，在生活情境中，学生并没有主动发展统计素养。由此，学生容易出现忽略问题情境的错误。所以，生活中，教师、家长应鼓励学生从报纸、杂志、漫画书中发现统计图表，用自己的语言表达图表的含义，进一步体会生活和统计的联系，明确统计在生活中的应用。让学生在自己最熟悉的场景中学会对数、图表进行解释说明。

## 三、围绕学习任务展开"真实的"统计活动

在与 A 教师的访谈中，他提出了一个建议：在教授和统计课程相关的内容时，布置学生自行收集数据，利用学生自己收集的数来进行课程的教授。本研究中，将这种教学方式定义为围绕学习任务展开"真实的"统计活动，这一活动或教学过程将统计的全过程有机串联在一起，从统计问题的提出，到数据收集，再到整理和简化数据，接着分析数据，最后做出回答和相应的推理。这一流程的不断反复不仅让学生体会到统计就在我们身边，也在实践中不断加深了学生对统计的理解。通过统计基本知识和技能的逐渐增加，学生能够深刻体会到随着数据整理和分析手段的不断深化，通过数据可以看到更多本质，不但提高了学生在学习过程中的自我效能感和成就感，而且进一步激发了学生学习统计知识的热情和动力。

另外，统计素养多以利用统计知识来解决问题所必须经历的过程为依据来划分内涵，这体现出让学生展开完整的统计全过程对学生的统计素养发展是有益的。在"真实的"统计活动过程中，学生将经历统计问题提出，数据收集的过程，对数据整理和数据表征的尝试，体会不同数据分析手段将得出不同结论的特点，最后利用数据进行推测，在这一过程中，学生不断经历着对数的体会、对变异的体会、对统计过程的体会。这些虽然在作业和考试中无法体现，但却可以帮助学生更充分了解统计，明确统计学的作用，进一步体会到统计学不是数学的一个分支，也不是单纯的数据调试技巧，而是一个帮助我们思考、帮助我们分析问题、帮助我们解决问题的手段和思维方式。需要注意的是，在统计活动中，需要有明确的学习任务，保证学生基本统计知识和技能的理解与掌握。

当然，在研究结论中不难发现，统计的学习不是一蹴而就的，而具有一定反复性、滞后性。尤其在四年级出现了在某些维度上统计素养发展缓慢和错误率增多的现象。所以，教学时，教师应结合学生的统计思维发展特点，采用螺旋上升的教授方式，注意将学生已有的前概念、已学知识和即将学习的知识有效整合。

### 四、注重统计逻辑思维和判断能力的培养

本研究中，"数据解释和推理能力"维度值得我们研究与反思，在该维度上达到水平 3 的学生寥寥无几。一部分原因可能是学生的思维发展还不足以帮助他们运用逻辑、借助数据进行全面的统计假设和推理。但同时也发现，访谈中，部分学生可以在教师的引导下尝试对问题情境的不同可能性做出假设，并在不同假设下，基于数据进行判断和推测。这给广大教师指明了方向，在日常统计教育中，很少涉及运用逻辑来帮助数据推理，而在生活中这却是常见现象，如股票的走势、天气预报、家中客人的人数和烧饭的米量等。由此，培养学生的统计逻辑思维，可以帮助学生更好地运用数据进行判断和推理，也向学生们展示了数据的复杂性不在于数据本身，而在于研究者对数据的处理方式上。教学上有关这一方面的欠缺将会使统计知识与技巧停留在书本和简单的推理上，并不能对学生在生活中遇到的复杂的统计问题的解决起到实质性的帮助。

### 五、运用现代技术辅助统计教学

大数据加速了统计学的进步与发展，在小学统计教学过程中，教师使用计算机软件、计算器等帮助学生体会大数据，有助于促进学生对统计意义的感受，有助于增强学生数据处理的能力。在新加坡的课程标准中写到"借助电子数据软件或其他软件来帮助学习数学（在此，应包括统计）"，由此，使用计算机辅助统计教学可以使数更精确、图更直观、数据处理更快速、统计推理更可信。

计算器、数据处理软件的运用将大大减轻学生在数据分析中所遇到的运算上的困难，巧妙借助软件辅助统计教学可以有效将教学侧重点从数据计算的程序转向数据分析的作用与意义。以本研究中发现的一个规律为例：通过对学生"分析数据的能力"维度

的描述性分析发现，三年级和五年级学生普遍可以正确解释平均数，而四年级学生却在解释平均数的含义方面得分率较低，这与苏教版小学生学习平均数的课程安排和新课标的要求不吻合。在与 A 教师的访谈中，他提及这与教师教学时的重点把握有所偏差息息相关，解决这一教学困难的有效方式就是使用现代化技术。计算器可以满足学生对大数据处理的快速运算的需要，在教学平均数过程中，数据软件可以形象展示数据的变化过程，帮助学生更好理解使用平均数代表一组数据的典型性的原因和价值。

此外，现代化技术可以快速搜集到诸多数据，快速且精准绘制有关图表，有利于学生比较图表特征和差异，帮助学生根据情况判定选择哪个图表能使数据表示更直观、清晰、有效。当学生面对凌乱的大数据而束手无策时，更容易体会到数据处理和分析的重要性，此时加紧其对统计图的学习、基本统计运算知识的学习则易于将基本统计知识从概念性知识转化成学生的迫切学习需要和学生解决生活问题的策略，不仅激发了学生的学习热情，而且更直观体现统计学价值。相应的，学生在大数据的处理过程中，逐渐发展了统计素养。当然，现代化技术可以有效将教师主体转换成学生主体，学生能在相关软件的支持下对事物进行分类运算，培养其分类意识；学生可以基于对数据的运算进行逻辑推测，对事物做出判断，最后通过大数据分析证实推测的正确性，促进了学生对数据解释和数据推理能力的提升。

## 第二节　学生的学

### 一、拓宽统计生活视野，加深统计生活体验

依据新课标"统计与概率"部分对小学第一学段和第二学段的要求，不难发现小学阶段对统计素养的最低要求主要包括对统计过程的体验和基本统计技能的掌握。"统计"的概念、"数据"的概念在教材中均未给出明确定义，需要学生在生活、学习的过程中不断体会，逐步加深理解。由此，小学生统计素养的学习进阶起点很大程度上依赖于小学生关于统计的早期生活经验积累，学习进阶中间层级的顺利过渡也依赖于学生能将掌握的统计技能与生活经验相联系。

以小学生统计素养在"统计问题提出的能力"维度上的常见错误：对"统计问题"理解出现偏差为例。水平 1 的学生能够就一个统计问题情境提出与统计规范相关的问题，这体现出学生对统计问题具有一定的前意识，且已明确统计问题的提出必然需要建立在自然情景之中。水平 2 的学生能够提出需要动手测量、不能一眼看出结果的数学问题，这暴露了他们对"统计"的错误理解，将一切需要测量、数一数的过程都定义为统计过程，同时发现学生在该维度上的错误率呈现随年级增长而逐渐降低的趋势。由此，随着学生对统计生活、统计过程的不断深化体验，可以加深学生对统计相关概念的理

解，促进学生统计素养从较低水平向较高水平发展。

在学习条件创设上，大数据时代的到来为学生统计学习创造了诸多优良环境。天气预报趋势图、股票走势图、报纸刊物上的数据、淘宝 app 上的销售数量等等，生活中的常见事物都给学生创造了体验数据的机会，帮助学生在体会利用数据解决统计问题的价值。正如 A 教师在访谈中推测：随着时代的发展，小学生的统计素养将会呈现出较为快速的发展趋势。

## 二、加强对多信息的阅读、整合和表达的能力

统计结论的得出很大程度上依赖于数据分析，对数据的全面了解、合理整合、有效表征、细致分析都决定了统计结论的正确性和实用价值。而在小学阶段的统计试题中，都具有数据量大、题目背景信息丰富的特点，这对学生解题时的读题、读图、理解问题等过程都造成了一定的压力和困扰。那么，在平时的作业和练习中，学生要有意识地关注自己对大信息的分类能力，并掌握一定的解题技巧。

在小学生统计素养学习进阶的个体差异中，四年级学生在"数据解释和数据推理能力"维度上，回答处于高水平的男生显著低于回答处于高水平的女生。在访谈中了解到这是由于女生对多信息和多数据的阅读能力更强，解题时更细心、更踏实，同时女生的观察能力和语言表达能力更强。由此，学生培养良好的统计做题习惯和统计阅读习惯尤为重要。首先，随着年级的增加，学生应主动尝试对大信息量、多数据文本的阅读，克服畏难情绪。其次，学生应掌握一定的统计解题技巧，如把问题情境中的重要信息划下来，以及时提醒自己将数据与情境相联系；将按照一定标准分类的能力应用到解题过程中，对信息量多、数据多的题目，首先进行分类，减少记忆组块，帮助自己更全面地了解题目信息。最后，注重培养自己用统计的世界观、借助数据帮助自己表达和论证的能力。

## 三、大胆尝试用集中量数表示一组数据的特征

在苏教版小学数学教材和新课标中，已经取消了学生对众数和中位数的学习要求，仅对平均数的意义和算法做出要求。但在本研究中不难发现，学生在三年级已经可以借助自己的理解解释和计算平均数，至四、五年级学生计算平均数的能力达到自动化阶段，同时也伴随着四、五年级学生对平均数的意义解释不清的现象增多。由此，学有余力的学生可以适当了解除平均数以外，还有哪些集中量数可以表示一组数据的特征，通过对不同集中量数的意义的了解、不同作用的比较和理解，可以帮助学生加深对平均数意义的掌握，帮助学生更合理地使用平均数。生活中，应鼓励学生大胆尝试使用不同的集中量数来表示一组数据的特征，言之有理即可，这不仅可以加深学生对统计和数据的理解，而且培养了他们对统计结论的批判性思维，促使他们更合理地使用数据。根据统计素养的学习结果可知，某种意义上来说，借助数据分析帮助学生得出统计结论，做出统计推断才是统计素养的最核心目的。

综上，本章仅从教师的教和学生的学两个角度，并结合统计素养学习进阶的研究成果和师生访谈情况，提出了一些统计教学建议和学生学习建议。在教学实践中，只有将教师的教和学生的学有机结合在一起，才能促进学生统计素养更全面地发展，帮助学生更轻松地实现统计素养学习进阶水平层级上的跨越。

其实，就小学生统计素养的培养或提升而言，除上述关于教师的教和学生的学之外，课程编制、教材开发、跨学科（跨领域）学习、任务设计等问题也是值得关注的课题。

# 第三部分 附录

## 附录一 小学生统计素养学习进阶的预研究访谈提纲（1年级）

亲爱的小朋友：

你好！我是一名即将在学校工作的准教师。我和你的这次访谈，目的是想要了解你的统计素养情况。这只是一次非常轻松的交谈，不要紧张，想说什么就说什么。非常感谢你的支持和配合！

一、一起去水果店。

甲　　　　　　　　　　　　乙

（1）妈妈带你去过水果店吗？看，是不是和图上一样？如果现在你就在水果店里，你能提出一些和数学有关的问题吗？

［若（1）回答正确，则继续问］

（2）老师有一个问题：我们班有多少人喜欢吃苹果？要解决这个问题，就要去问问大家，才能得出答案。你能提出一个像这样需要问问大家才能解决的数学问题吗？

二、举办一场运动会。

草原大王老虎想举办一年一度的运动会。但是，他不知道整个草原大约有多少动物愿意参加这次运动会。热心的小动物们帮老虎想出了各种各样的方法来调查动物们的想法。我们一起来看：

🦓 斑马说：我们可以向草原里的每个动物发送一份调查表，收集到了整个草原里所有动物的意见。（200个小动物说他们愿意参加运动会）

（1）C0: 你觉得斑马的调查 好/不好，因为 _____。

🦛 河马说：我把所有动物的名字写在纸条上，把纸条放进帽子里，从帽子里抽出了60个动物的名字，然后询问他们是否愿意参加运动会。（21个动物说他们愿意参加运动会）

（2）C1: 你觉得河马的调查 好/不好，因为 _____。

🐘 大象说：我可以问60个大象朋友。（45个说他们愿意参加运动会）

（3）C2: 你觉得大象的调查 好/不好，因为 _____。

🐯 （4）C3: 老虎想请你也帮他想想办法，你能到其他不同的调查方法吗？

三、我喜欢的颜色。

一（1）班的同学们正在讨论喜欢什么颜色。

小赵喜欢红色 ●；小钱喜欢黄色 ●；

小孙喜欢蓝色 ●；小李喜欢红色 ●；

小周喜欢紫色 ●；小吴喜欢红色 ●；

小唐喜欢黄色 ●；小王喜欢紫色 ●；

小朱喜欢红色 ●；小陈喜欢黄色 ●。

（1）你想让老师知道每一种颜色有几个人喜欢，你有没有什么方法，可以在纸上画出来，让老师一看图就知道每种颜色有几个人喜欢？（若多次提示无果，则：你能把这些颜色整理一下吗？）

［若1有所反馈，则继续问］

（2）小明也画了一张图。下面是四种颜色，左边是每种颜色的数量。你觉得小明画的和你画的意思一样吗？哪一种更好一些？为什么？

四、糖果怎么分？

老师这里有一些糖果，每种颜色的糖果有几个都记录在这个表上。

糖果有几个

```
                    ×
              ×     ×
              ×     ×
    ×    ×    ×     ×
    ×    ×    ×     ×
    ×    ×    ×     ×
    ●    ●    ●     ●
```

一个×表示一颗糖果

（1）你能说一说都有哪些糖果，每种多少个吗？（老师顺势拿出对应数量的糖和4个盘子）

[若（1）回答正确，则继续问］

（2）现在每个盘子里的糖果不是一样多，有没有什么办法让每个盘子里的糖果一样多呢？现在每个盘子里有几颗糖果？（注意观察学生如何平均分）

五、小树有多高？

3月12日植树节，小红在门前种了一棵树，每年她都会去量一量小树有多高。

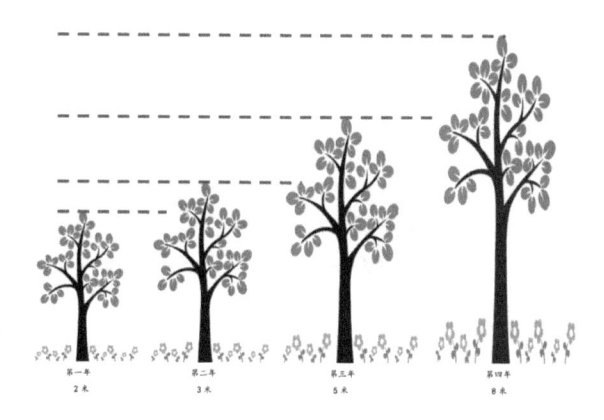

第一年 2米　第二年 3米　第三年 5米　第四年 8米

（1）请你猜一猜，第五年小树有多高？为什么？

［若（1）言之有理，则继续问］

（2）如果你想猜得更准一些，你还需要哪些信息？

# 附录二　小学生统计素养学习进阶的预研究问卷（2、3年级）

亲爱的小朋友：

现在你要做的这份试卷，目的是想要了解你的统计素养情况，整份试卷共有6大题，试卷正反两面都有题目。测验的结果仅供研究使用，不会影响你的期末成绩和老师对你的看法，希望你能独立思考，大胆作答，并在试卷上写出你的全部想法。

现在请你将下面的个人基本资料信息填写完整后，就可以开始作答了。

个人基本资料：

　　　　　　　　　　姓名：_____　性别：____男____女
　　学校名称：_____　班级：____年级____班

一、妈妈带小明去逛超市，下面是"大润发超市"和"苏果超市"卖水果的柜台。

　　　　　　大润发超市 　　　　　　　　　　苏果超市

（1）仔细观察和思考，你能提出哪些数学问题？
（2）你能提出"需要做调查才能解决"的问题吗？越多越好。

二、运动会。

草原大王老虎想举办一年一度的运动会。但是，他不知道整个草原大约有多少动物愿意参加这次运动会。蚂蚁家族帮老虎想出了各种各样的方法来调查动物们的想法。你觉得这些蚂蚁的方法好吗？请在横线上写出理由。

点点蚂蚁：点点向草原里的每个动物发送了一份调查表，收集到了整个草原里所有动物的意见。（200个小动物说他们愿意参加运动会）

（1）点点的调查_____，因为_____。

豆豆蚂蚁：豆豆将所有动物的名字写在纸条上，把纸条放进帽子里，从帽子里抽出了60个动物的名字，然后询问他们是否愿意参加运动会。（21个动物说他们愿意参加运动会）

（2）豆豆的调查_____，因为_____。

斑斑蚂蚁：斑斑问了60个蚂蚁朋友。（45个说他们愿意参加运动会）

（3）斑斑的调查_____，因为_____。

（4）除了上面几种调查方法，你还能帮老虎想到其他不同的调查方法吗？请把你的想法写在下面的横线上。

_____
_____
_____
_____

三、新学期开学第一天，二（1）班的同学在讨论他们今天是怎样上学的。

小赵说她今天是乘公交车来的。小钱说他今天是坐小汽车来的。
小孙说他今天是骑自行车来的。小李说她今天是乘公交车来的。
小周说她今天是步行来的。小吴说他今天是乘公交车来的。
小唐说他今天是坐小汽车来的。小王说他今天是步行来的。
小朱说她今天是乘公交车来的。小陈说他今天是坐小汽车来的。

（1）为了能让老师更清楚地了解各种上学方式的具体信息。你能帮忙整理一下吗？请把你的整理结果写在下方空白处。

（2）O2：你能用画图的方法来表示上面整理的结果吗？画法越多越好。

四、小明家有一块葡萄园，他经常邀请同学们来家里做客。下图是小明记录的第一周每天来小明家做客的同学人数。

**第一周每天来小明家做客的同学人数**

|  |  | × |  | × |  |  |
|---|---|---|---|---|---|---|
|  |  | × |  | × |  |  |
|  |  | × | × | × |  |  |
|  | × | × | × | × |  |  |
| × | × | × | × | × |  |  |
| × | × | × | × | × | × |  |
| 周一 | 周二 | 周三 | 周四 | 周五 | 周六 | 周日 |

一个×表示一个人

（1）哪天来小明家做客的同学最多，哪天来小明家做客的同学最少？你是怎样比较的？

（2）每天来小明家做客的同学大约有多少人？你是怎么得到的？

（3）第（2）题中得出的结论与周三和周五到小明家做客的人数是不是同一个意思，有什么区别？

（4）你能预测下一周大约有多少个同学来小明家做客吗？你是怎么想的？

下图是小明的姐姐小芳画出的统计图：

**第一周每天来小明家做客的同学人数**

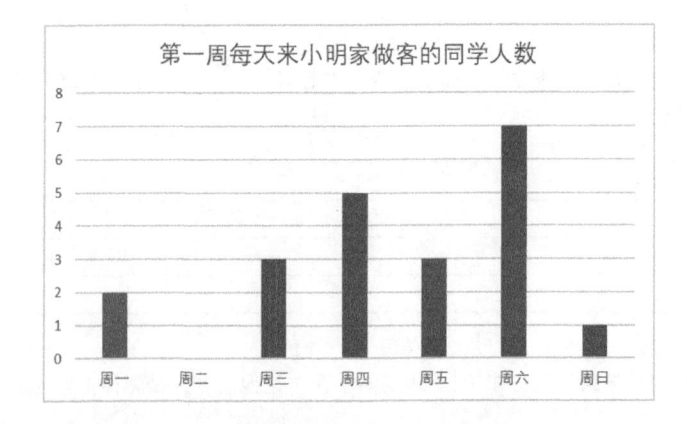

（5）小明和小芳画的两幅图表示相同的意思吗？为什么？

（6）你觉得这两幅图，哪个表示得更清楚？为什么？

五、电视栏目《新闻对对碰》的主持人向观众们展示了下面的图并报道："从图看出，相比 2014 年，2015 年交通事故数量增加了很多。"你认为这位主持人的解释是否合理？并写出理由支持你的观点。

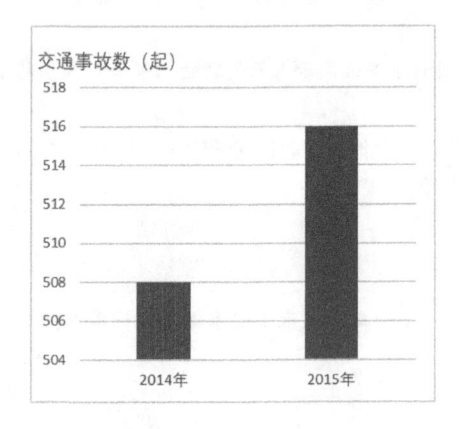

六、一名学生参加最后一组比赛，有小明和小丽两名同学可供选择，他们平时训练成绩如下：

小明：50、23、45、21、48、17

小丽：28、30、31、35、24、19

如果你是教练员，你会选择哪位同学？请写出你的全部想法和理由。

# 附录三　小学生统计素养学习进阶的预研究问卷（第二学段）

亲爱的小朋友：

现在你要做的这份试卷，目的是想要了解你的统计素养情况，整份试卷共有6大题，试卷正反两面都有题目。测验的结果仅供研究使用，不会影响你的期末成绩和老师对你的看法，希望你能独立思考，大胆作答，并在试卷上写出你的全部想法。

现在请你将下面的个人基本资料信息填写完整后，就可以开始作答了。

个人基本资料：

姓名：_____　　性别：____男____女
学校名称：_____　　班级：____年级____班

一、妈妈带小明去逛商店，下面是甲、乙两个商店卖水果的柜台。

甲　　　　　　乙

（1）仔细观察和思考，你能发现和提出哪些数学问题？从不同角度、请尽可能多地写下来。

（2）下面是小明提出的两个问题，它们有什么相同点和不同点？

问题1：一个商店有35人，另一个商店有40人，哪个商店的人多？

问题2：甲乙两个商店，哪个商店的人多？

（3）"需要收集数据才能解决的问题"叫作统计问题。你能提出统计问题吗？越多越好。

二、义卖现场

晨光小学五年级的同学想通过闲置物品义卖的方法为地震灾区捐款。为了确定义卖活动能否成功举办，同学们进行了不同的调查，以估计整个学校中有多少学生愿意参与本次义卖活动。晨光小学由1—6年级的600名学生组成，每个年级有100名学生。调查及其结果如下。你觉得这些同学的调查方法合理吗？请选择你认为正确的理由（可多选），如果你不同意任何选项，请在最后一个选项上写出你的想法。

1. 小郑向学校中的每个同学发送了一份调查表，收集到了全校所有同学的意见。（200个人说他们愿意参加义卖活动）

（1）小郑的调查（    ）

A. 小郑的调查合理，因为他问了所有的人，每个人都有机会表达自己的想法。

B. 小郑的调查不合理，因为调查全校所有的同学很难做到。

C. 小郑的调查合理，因为他的调查中，愿意参加义卖活动的同学最多。

D. 小郑的调查不合理，因为没有必要调查所有的人，调查其中一部分人就可以了。

E. 小郑的调查_____，因为_____。

2. 小赵将所有600个同学的名字写在一样大的纸条上，把纸条放进帽子里，从帽子里抽出了60个同学的名字。（21个人说他们愿意参加义卖活动）

（2）小赵的调查（    ）

A. 小赵的调查合理，因为所有人的名字都在帽子里，而且是从帽子里随便拿出了60个人的名字。

B. 小赵的调查不合理，因为被抽出来人的想法可能都一样，而没有被抽出来的人想法不一样。

C. 小赵的调查合理，因为只抽出60个人来调查比调查所有的人容易得多。

D. 小赵的调查不合理，因为没有被抽到的同学，也想表达自己的观点，但是没有机会。

E. 小赵的调查_____，因为_____。

3. 小钱将所有写着一年级男孩的名字的字条放在一顶帽子里，所有写着一年级女孩的名字的字条放在另一顶帽子里。他从每顶帽子中抽出了5个男孩和5个女孩的名字。对每个年级的同学，他都重复上面的活动，直到从每个年级中都抽出了5个男孩和5个女孩的名字。（18个人说他们愿意参加义卖活动）

（3）小钱的调查（    ）

A. 小钱的调查合理，因为这样混合了不同年级的男孩和女孩。男孩和女孩可能有不同的看法，不同年级的人也会有不同的看法。

B. 小钱的调查不合理，因为被抽出来的人的想法可能都一样。

C. 小钱的调查不合理，因为他的调查中，愿意参加义卖活动的同学最少。

D. 小钱的调查不合理，因为没有被抽到的同学，也想表达自己的观点，但是没有机会。

E. 小钱的调查_____，因为_____。

4. 小孙问了60个朋友。（45个人说他们愿意参加义卖活动）

（4）小孙的调查（    ）

A. 小孙的调查合理，因为它很容易做到。小孙只需要问他已经认识的人。

B. 小孙的调查不合理，因为他的朋友们可能和他的想法一样。所以，这项调查无法说明与小孙不是朋友的人的想法。

C. 小孙的调查合理，因为大多数同学说他们愿意参加义卖活动。

D. 小孙的调查不合理，因为他没有调查不是他朋友的同学。他们也想回答调查，但是没有机会。

E. 小孙的调查_____，因为_____。

5. 小李在志愿者社团下课期间询问了60个同学。（54个人说他们愿意参加义卖活动）

（5）小李的调查（    ）

A. 小李的调查合理，因为它很容易做到。小李只需要在这个社团的教室里放60份调查卷，然后再收集起来。

B. 小李的调查不合理，因为志愿者社团的同学们可能想法都一样。所以，这项调查无法说明不参加志愿者社团的人的想法。

C. 小李的调查合理，因为大多数同学说他们愿意参加义卖活动。

D.小李的调查不合理,因为小李没有调查不是志愿者社团的同学。他们也想表达自己的观点,但是没有机会。

E.小李的调查_____,因为_____。

6. 小周在操场上摆放了一个摊位。任何想去的人都可以过来填写她的调查表。收集到60次调查表后,她结束了调查。(57个人说他们愿意参加义卖活动)

(6)小周的调查( )

A.小周的调查合理,因为每个人都可以填表。

B.小周的调查不合理,因为愿意去填表的人可能会与不愿意去填表的人有不同的意见。

C.小周的调查合理,因为大多数同学说他们愿意参加义卖活动。

D.小周的调查不合理,因为只有前60个人的表被小周收集走了,后面还有同学想要交表,但是没有机会。

E.小周的调查_____,因为_____。

7. 小吴向学校中的每个同学发送了一份调查表,然后收集了返回给他的前60个同学的调查表。(51个人说他们愿意参加义卖活动)

(7)小吴的调查( )

A.小吴的调查合理,因为他问了所有人,而不只是一部分人。

B.小吴的调查不合理,因为努力获得不同人的意见是正确的,但收集前60个同学的调查表是不合适的。

C.小吴的调查合理,因为大多数同学说他们愿意参加义卖活动。

D.小吴的调查合理,因为这很公平,每个人可以选择他们是否愿意进行调查,如果他们不愿意,可以不把调查表还给小吴。小吴不会给任何人施加压力。

E.小吴的调查_____,因为_____。

8. 除了上面几种调查方法,你还有其他不同的调查方法吗?请把你的想法写在下面的横线上。

---

三、新学期开学第一天,五(1)班的部分同学在讨论他们今天是如何来上学的。

小赵说她今天是乘公交车来的。小钱说他今天是坐小汽车来的。

小孙说他今天是骑自行车来的。小李说她今天是乘公交车来的。

小周说她今天是步行来的。小吴说他今天是乘公交车来的。

小郑说他今天是坐小汽车来的。小王说他今天是步行来的。

小冯说她今天是乘公交车来的。小陈说他今天是坐小汽车来的。

(1)为了能让老师更清楚地了解各种上学方式的具体信息。你能帮忙整理一下吗?请把你的整理结果写在下方空白处。

(2)你能用不同的方式来表示上面整理的结果吗?方法越多越好。

四、小明家有一块葡萄园,暑假里他经常邀请同学们来家里做客。下面的统计图是小明记录的暑假第一周每天来小明家做客的同学人数。

(1)从这个图中,你读到了哪些信息?请写出你所知道全部信息。

(2)从这个图中,你不能得到那些信息?请把它们都写下来。

(3)这个星期有多少个同学来小明家做客?

(4)哪天来小明家做客的同学最多,哪天来小明家做客的同学最少?你是怎样比较的?

(5)每天来小明家做客的同学大约有多少人?你是怎么得到的?

（6）第（5）题中得出的结论与周三和周五到小明家做客的人数是不是同一个意思，有什么区别？

（7）你能预测下一个月大约有多少个同学来小明家做客吗？你是怎么想的？

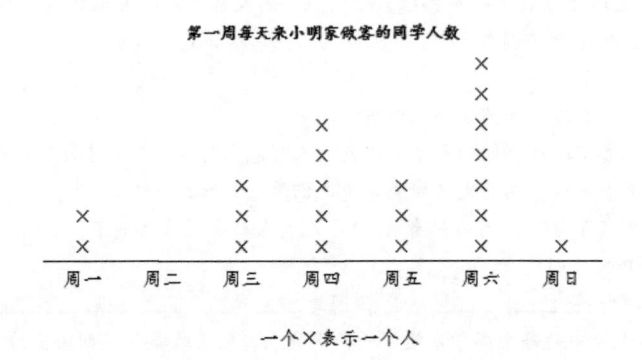

第一周来小明家做客的同学人数

（图：用×表示每天来小明家做客的人数，周一2人、周二3人、周三5人、周四3人、周五7人、周六...、周日1人）

一个×表示一个人

下图是小明的姐姐小芳画出的统计图：

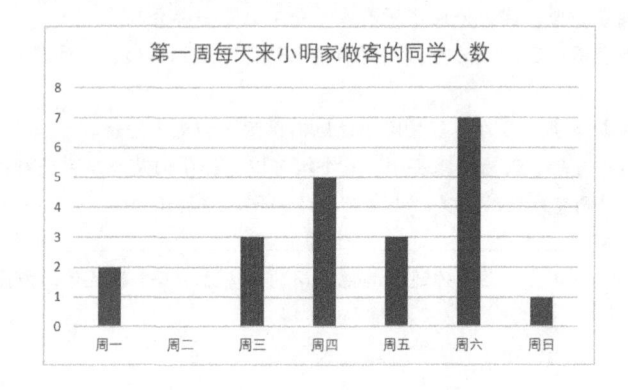

（条形统计图：第一周每天来小明家做客的同学人数，周一2、周二0、周三3、周四5、周五3、周六7、周日1）

（8）小明和小芳画的两幅图表示相同的数据吗？为什么？

（9）你觉得他们两人画的这两幅图，哪个表示得更清楚？为什么？

五、某电视栏目主持人呈现了如下统计图并报道："从图表显示，相比2014年，2015年交通事故数量有巨幅上升。"你认为这位主持人的解释是否合理？并写出一个理由支持你的观点。

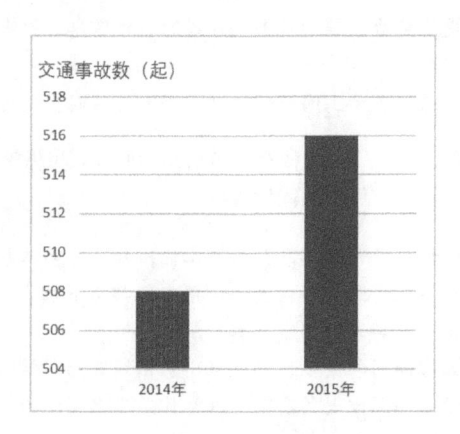

（条形统计图：交通事故数（起），2014年508起，2015年516起）

六、晨光小学和星月小学进行羽毛球联谊比赛，共比赛 10 组。前 9 组学生已经比完，晨光小学还需要选择最后一名学生参加最后一组比赛，有甲乙两名同学可供选择，他们平时训练成绩如下：

甲：50、23、45、21、48、17

乙：28、30、31、35、24、19

如果你是教练员，你会选择哪位同学？请写出你的全部想法和理由。

# 附录四　小学生统计素养学习进阶的正式问卷（2、3年级）

亲爱的小朋友：

现在你要做的这份试卷，目的是想要了解你的统计素养情况，整份试卷共有6大题，试卷正反两面都有题目。测验的结果仅供研究使用，不会影响你的期末成绩和老师对你的看法，希望你能独立思考，大胆作答，并在试卷上写出你的全部想法。

现在请你将下面的个人基本资料信息填写完整后，就可以开始作答了。

个人基本资料：

　　　　　　　　姓名：_____　　性别：____男____女

　　学校名称：_____　　班级：____年级____班

一、妈妈带小明去逛超市，下面是"大润发超市"和"苏果超市"卖水果的柜台。

　　　　大润发超市 　　　　　　　　　苏果超市

（1）仔细观察和思考，你能提出哪些数学问题？

（2）你能提出"需要做调查，收集信息才能解决"的问题吗？越多越好。

二、运动会

草原大王老虎想举办一年一度的运动会。但是，他不知道整个草原600只动物中，大约有多少动物愿意参加这次运动会。老虎想出了各种各样的方法来调查动物们的想法。你觉得这些方法好吗？请在横线上写出理由。

方法1：给草原里的所有动物发了一份调查表，收集到了整个草原里所有动物的意见。（200个动物说他们愿意参加运动会）

（1）这个方法_____，因为_____。

方法2：只要问一些动物就可以了，他们的意见可以代表所有动物的意见。于是老虎给狮子王、蚂蚁王、兔子王等各大王发了1份调查表，收集到了60个大王的意见。（21个动物说他们愿意参加运动会）

（2）这个方法_____，因为_____。

方法3：老虎问了60个动物朋友，朋友们的意见可以代表所有动物的意见。(45个说他们愿意参加运动会)

（3）这个方法_____，因为_____。

（4）除了上面几种调查方法，你还能帮老虎想到其他不同的调查方法吗？请把你的想法写在下面的横线上。

_____

三、新学期开学第一天，二（1）班的同学在讨论他们今天是怎样上学的。

小赵说她今天是乘公交车来的。小钱说他今天是坐小汽车来的。
小孙说他今天是骑自行车来的。小李说她今天是乘公交车来的。
小周说她今天是步行来的。小吴说他今天是乘公交车来的。
小唐说他今天是坐小汽车来的。小王说他今天是步行来的。
小朱说她今天是乘公交车来的。小陈说他今天是坐小汽车来的。

（1）为了能让老师更清楚地了解各种上学方式的具体信息。你能帮忙整理一下吗？请把你的整理结果写在下方空白处。

（2）你能用画图的方法来表示上面整理的结果吗？画法越多越好。

四、小明家有一块葡萄园，他经常邀请同学们来家里做客。下图是小明记录的第一周每天来小明家做客的同学人数。

**第一周每天来小明家做客的同学人数**

```
                              ×
                              ×
                    ×         ×
                    ×         ×
          ×         ×    ×    ×
×         ×         ×    ×    ×
×         ×    ×    ×    ×    ×    ×
─────────────────────────────────────
周一   周二   周三   周四   周五   周六   周日
```

一个×表示一个人

（1）哪天来小明家做客的同学最多，哪天来小明家做客的同学最少？你是怎样比较的？
（2）每天来小明家做客的同学大约有多少人？你是怎么得到的？
（3）第（2）题中得出的结论与周三到小明家做客的人数是不是同一个意思，有什么区别？
（4）根据上图，你能预测下一周有多少个同学来小明家做客吗？你是怎么想的？

下图是小明的姐姐小芳画出的统计图：

**第一周每天来小明家做客的同学人数**

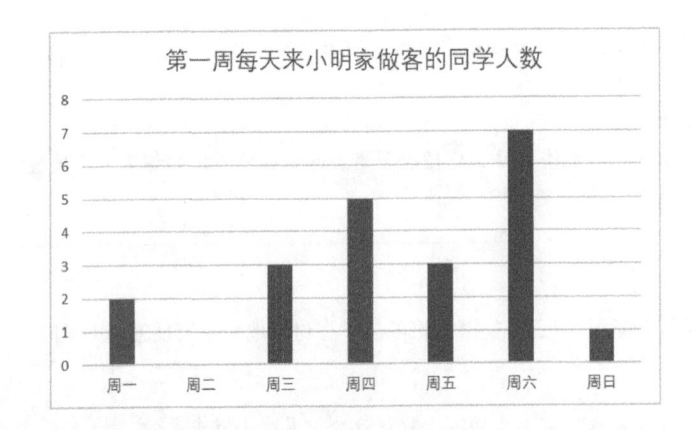

（柱状图：周一 2，周二 0，周三 3，周四 5，周五 3，周六 7，周日 1）

（5）小明和小芳画的两幅图表示相同的意思吗？为什么？

（6）你觉得这两幅图，哪个表示得更清楚？为什么？

五、电视栏目《新闻对对碰》的主持人向观众们展示了下面的图并报道："从图看出，相比 2014 年，2015 年交通事故数量增加了很多。"你认为这位主持人的解释是否合理？并写出理由支持你的观点。

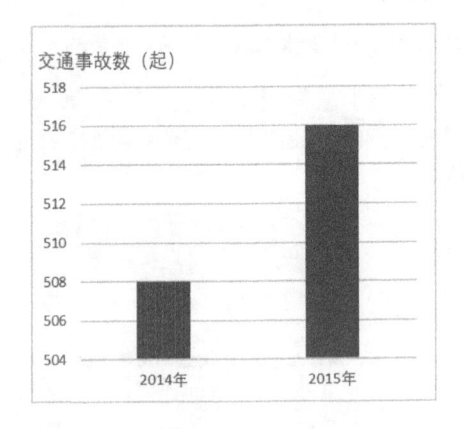

**交通事故数（起）**

（柱状图：2014 年 508，2015 年 516）

六、晨光小学和星月小学进行羽毛球比赛，共比赛 10 组。前 9 组已经比完，晨光小学还需要选择最后一名学生参加最后一组比赛，有小明和小亮两名同学可供选择，他们平时训练成绩如下：

小明：50、23、45、21、48、17

小亮：28、30、31、35、24、19

如果你是教练员，你会选择哪位同学？请写出你的全部想法和理由。

# 附录五　小学生统计素养学习进阶的正式问卷（第二学段）

亲爱的小朋友：

现在你要做的这份试卷，目的是想要了解你的统计素养情况，整份试卷共有 6 大题。测验的结果仅供研究使用，不会影响你的期末成绩和老师对你的看法，希望你能独立思考，大胆作答，并在试卷上写出你的全部想法。

现在请你将下面的个人基本资料信息填写完整后，就可以开始作答了。

个人基本资料：

　　　　　　　　姓名：＿＿＿＿　　性别：＿＿＿男　＿＿＿女
　　　　　　学校名称：＿＿＿＿＿＿＿＿＿＿　　班级：＿＿＿年级＿＿＿班

一、妈妈带小明去逛商店，下面是甲、乙两个商店卖水果的柜台。

甲　　　　　　　　　　　　乙

（1）仔细观察和思考，你能发现和提出哪些数学问题？从不同角度、请尽可能多地写下来。

（2）下面是小明提出的两个问题，它们有什么相同点和不同点？

问题1：一个商店有35人，另一个商店有40人，哪个商店的人多？

问题2：甲乙两个商店，哪个商店的人多？

（3）"需要收集数据才能解决的问题"叫作统计问题。你能提出统计问题吗？越多越好。

二、义卖现场

晨光小学五年级的同学想通过闲置物品义卖的方法为地震灾区捐款。为了确定义卖活动能否成功举办，同学们进行了不同的调查，以估计整个学校中有多少学生愿意参与本次义卖活动。晨光小学由1—6年级的600名学生组成，每个年级有100名学生。调查及其结果如下。你觉得这些同学的调查方法合理吗？请选择你认为正确的理由（可多选），如果你不同意任何选项，请在最后一个选项上写出你的想法。

1. 小郑向学校中的每个同学发送了一份调查表，收集到了全校所有同学的意见。（200个人说他们愿意参加义卖活动）

(1)小郑的调查（　　）

A. 小郑的调查合理，因为他问了所有的人，每个人都有机会表达自己的想法。

B. 小郑的调查不合理，因为调查全校所有的同学很难做到。

C. 小郑的调查合理，因为他的调查中，愿意参加义卖活动的同学最多。

D. 小郑的调查不合理，因为没有必要调查所有的人，调查其中一部分人就可以了。

E. 小郑的调查_____，因为_____。

2. 小赵将所有600个同学的名字写在一样大的纸条上，把纸条放进帽子里，从帽子里抽出了60个同学的名字。（21个人说他们愿意参加义卖活动）

(2)小赵的调查（　　）

A. 小赵的调查合理，因为所有人的名字都在帽子里，而且是从帽子里随便拿出了60个人的名字。

B. 小赵的调查不合理，因为被抽出来人的想法可能都一样，而没有被抽出来的人想法不一样。

C. 小赵的调查合理，因为只抽出60个人来调查，比调查所有的人容易得多。

D. 小赵的调查不合理，因为没有被抽到的同学，也想表达自己的观点，但是没有机会。

E. 小赵的调查_____，因为_____。

3. 小钱将所有写着一年级男孩的名字的字条放在一顶帽子里，所有写着一年级女孩的名字的字条放在另一顶帽子里。他从每项帽子中抽出了5个男孩和5个女孩的名字。对每个年级的同学，他都重复上面的活动，直到从每个年级中都抽出了5个男孩和5个女孩的名字。（18个人说他们愿意参加义卖活动）

(3)小钱的调查（　　）

A. 小钱的调查合理，因为这样混合了不同年级的男孩和女孩。男孩和女孩可能有不同的看法，不同年级的人也会有不同的看法。

B. 小钱的调查不合理，因为被抽出来的人的想法可能都一样。

C. 小钱的调查不合理，因为他的调查中，愿意参加义卖活动的同学最少。

D. 小钱的调查不合理，因为没有被抽到的同学，也想表达自己的观点，但是没有机会。

E. 小钱的调查_____，因为_____。

4. 小孙问了60个朋友。（45个人说他们愿意参加义卖活动）

(4)小孙的调查（　　）

A. 小孙的调查合理，因为它很容易做到。小孙只需要问他已经认识的人。

B. 小孙的调查不合理，因为他的朋友们可能和他的想法一样。所以，这项调查结果不能代表所有人的想法。

C. 小孙的调查合理，因为大多数同学说他们愿意参加义卖活动。

D. 小孙的调查不合理，因为他没有调查不是他朋友的同学。他们也想回答调查，但是没有机会。

E. 小孙的调查_____，因为_____。

5. 小李在志愿者社团下课期间询问了60个同学。（54个人说他们愿意参加义卖活动）

(5)小李的调查（　　）

A. 小李的调查合理，因为它很容易做到。小李只需要在这个社团的教室里放60份调查卷，然后再收集起来。

B. 小李的调查不合理，因为志愿者社团的同学们可能想法都一样。所以，这项调查无法说明不参加志愿者社团的人的想法。

C. 小李的调查合理，因为大多数同学说他们愿意参加义卖活动。

D. 小李的调查不合理，因为小李没有调查不是志愿者社团的同学。他们也想表达自己的观点，但是没有机会。

E. 小李的调查_____，因为_____。

6. 小周在操场上摆放了一个摊位。任何想去的人都可以过来填写她的调查表。收集到60次调查表后，她结束了调查。（57个人说他们愿意参加义卖活动）

（6）小周的调查（　　）

A. 小周的调查合理，因为每个人都可以填表。

B. 小周的调查不合理，因为愿意去填表的人可能会与不愿意去填表的人有不同的意见。

C. 小周的调查合理，因为大多数同学说他们愿意参加义卖活动。

D. 小周的调查不合理，因为只有前60个人的表被小周收集走了，后面还有同学想要交表，但是没有机会。

E. 小周的调查_____，因为_____。

7. 小吴向学校中的每个同学发送了一份调查表，然后收集了返回给他的前60个同学的调查表。（51个人说他们愿意参加义卖活动）

（7）小吴的调查（　　）

A. 小吴的调查合理，因为他问了所有人，而不只是一部分人。

B. 小吴的调查不合理，因为努力获得不同人的意见是正确的，但收集前60个同学的调查表是不合适的。

C. 小吴的调查合理，因为大多数同学说他们愿意参加义卖活动。

D. 小吴的调查合理，因为这很公平，每个人可以选择他们是否愿意进行调查，如果他们不愿意，可以不把调查表还给小吴。小吴不会给任何人施加压力。

E. 小吴的调_____，因为_____。

8. 除了上面几种调查方法，你还有其他不同的调查方法吗？请把你的想法写在下面的横线上。

_____

三、新学期开学第一天，五（1）班的部分同学在讨论他们今天是如何来上学的。

小赵说她今天是乘公交车来的。小钱说他今天是坐小汽车来的。

小孙说他今天是骑自行车来的。小李说她今天是乘公交车来的。

小周说她今天是步行来的。小吴说他今天是乘公交车来的。

小郑说他今天是坐小汽车来的。小王说他今天是步行来的。

小冯说她今天是乘公交车来的。小陈说他今天是坐小汽车来的。

（1）为了能让老师更清楚地了解各种上学方式的具体信息。你能帮忙整理一下吗？请把你的整理结果写在下方空白处。

（2）你能用画图的方式来表示上面的整理结果吗？画法越多越好。

四、小明家有一块葡萄园，暑假里他经常邀请同学们来家里做客。下面的统计图是小明记录的暑假第一周每天来小明家做客的同学人数。

（1）从这个图中，你读到了哪些信息？请写出你所知全部信息。

（2）从这个图中，你不能得到那些信息？请把它们都写下来。

（3）这个星期有多少个同学来小明家做客？

（4）哪天来小明家做客的同学最多，哪天来小明家做客的同学最少？你是怎样比较的？

（5）每天来小明家做客的同学大约有多少人？你是怎么得到的？

（6）第（5）题中得出的结论与周三和周五到小明家做客的人数是不是同一个意思，有什么区别？

（7）你能预测下一周大约有多少个同学来小明家做客吗？

**第一周每天来小明家做客的同学人数**

```
                              ×
                              ×
                  ×           ×
                  ×           ×
          ×       ×    ×      ×
     ×    ×       ×    ×      ×
     ×    ×    ×  ×    ×  ×   ×    ×
    ─────────────────────────────────
    周一  周二  周三 周四  周五 周六  周日
```

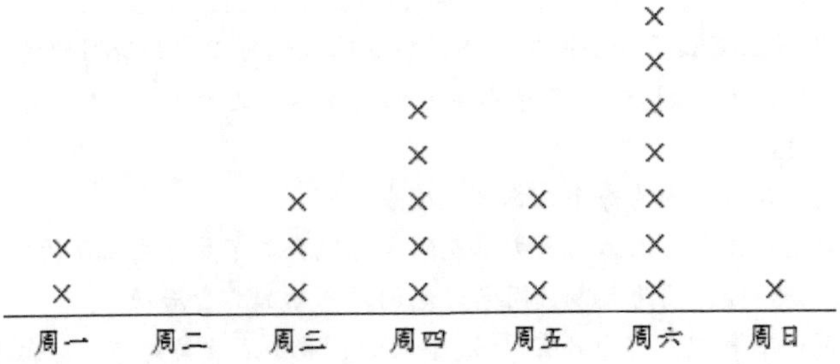

一个×表示一个人

下图是小明的姐姐小芳画出的统计图：

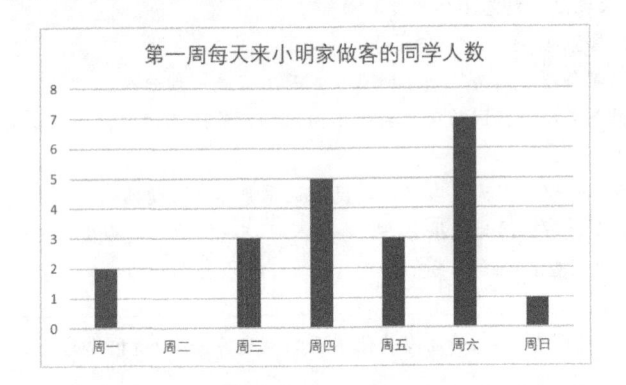

第一周每天来小明家做客的同学人数

（8）小明和小芳画的两幅图表示相同的数据吗？为什么？

（9）你觉得他们两人画的这两幅图，哪个表示得更清楚？为什么？

五、某电视栏目主持人呈现了如下统计图并报道："从图表显示，相比2014年，2015年交通事故数量有巨幅上升。"你认为这位主持人的解释是否合理？并写出一个理由支持你的观点。

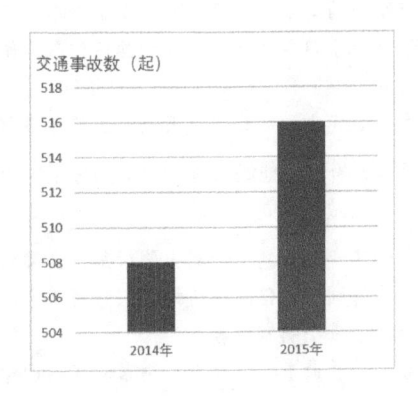

交通事故数（起）

六、晨光小学和星月小学进行羽毛球联谊比赛，共比赛10组。前9组学生已经比完，晨光小学还需要选择最后一名学生参加最后一组比赛，有甲乙两名同学可供选择，他们平时训练成绩如下：

甲：50、23、45、21、48、17

乙：28、30、31、35、24、19

如果你是教练员，考虑前9人比赛的情况，你会选择哪位同学？请写出你的全部想法和理由。

# 附录六　学生访谈提纲

对学生的访谈是根据学生在访谈过程中的反应不断更改的，因此每位学生的访谈提纲不尽相同，但大致如下：

1. 你能解释一下"……"这句话的意思吗？
2. 在总人数很多的情况下，我们调查所有人很麻烦的时候，只调查其中一部分人，用这部分的观点来推测大家的观点，你觉得这个方法可以吗？
3. 能和老师讲讲你是怎样想的吗？
4. 你认为你提出的调查方法和……小题的方法有什么不同？
5. 请看……题，你觉得你的答案完整吗？
6. 在做……题时，需要看哪些信息呢/你关注到了哪些信息呢？
7. 你能告诉老师……是什么意思吗，要我们求什么？

# 附录七　教师访谈提纲

1. 针对上面学生所表现出的学习进阶水平差异，您觉得学生为什么会存在这样的水平差异？
2. 在讲授统计与概率一部分内容的时候，备课时您都会做哪些准备工作？对于备课，您有哪些建议？
3. 在教授统计与概率一部分内容的时候，您认为在教授课时和内容上需要注意什么？
4. 在教授统计与概率一部分内容的时候，在作业布置和学生实践层面，您有哪些好的建议？

# 附录八　小学生统计素养学习进阶的正式问卷评分标准

"统计问题提出的能力"维度评分标准和有关回答的示例（题1）

| | 水平0 | 水平1 | 水平2 | 水平3 |
|---|---|---|---|---|
| 评分（编码） | 1分 | 2分 | 3分 | 4分 |
| 评分指标与描述 | 不能提出生活情境中的数学问题 | 能提出生活情境中的数学问题 | 能提出生活情境中简单的统计问题 | 能提出生活情境中复杂的统计问题 |
| 相关回答示例 | （1）空白回答。（2）甲超市有什么水果？（3）¥6.66元/份是什么意思？ | （1）在乙商店买6斤苹果要多少钱？（2）甲商店的苹果比乙商店贵多少钱（3）甲商店一天的收入是多少？ | （1）甲商店哪一个时间段人最多？（2）甲商店里喜欢苹果的有多少人？ | 甲商店老板下个季度该进哪些水果？ |

"数据收集的能力"维度评分标准和有关回答的示例（题2）

| | 水平0 | 水平1 | 水平2 | 水平3 |
|---|---|---|---|---|
| 评分（编码） | 1分 | 2分 | 3分 | 4分 |
| 评分指标与描述 | 没有样本意识 | 有样本意识，知道抽样，但无法或错误辨别抽样方法的优劣性 | 有抽样意识，正确辨别抽样方法的优劣性 | 能自己制定抽样方案收集数据，并说明理由 |
| 相关回答示例 | （1）这样调查很全面（2）这样可以找出所有愿意参加的人 | （1）这对没有被抽到的人不公平（2）这个调查好，因为愿意来的人多 | （1）男女生和不同年级的学生想法可能不同 | 每个年级随机调查50人 |

**"数据整理与表征的能力"维度评分标准和有关回答的示例[题3(1)(2)4(8)(9)]**

| | 水平0 | 水平1 | 水平2 | 水平3 |
|---|---|---|---|---|
| 评分（编码） | 1分 | 2分 | 3分 | 4分 |
| 评分指标与描述 | 没有初步的分类意识 | 有分类意识，能有依据地进行分类 | 有制图能力 | 能评价两种不同"显示"表示同一数据的有效性 |
| 相关回答示例 | （1）空白回答。<br>（2）给出按姓名分类的答案。 | 按照交通工具进行分类。 | 会画条形统计图、折线统计图、点子图、线段图。 | 两个人的图表示同一个意思，因为都反映了第一周每天来小明家的人数。小芳的图更清楚，因为可以一眼看出数据。 |

**"分析数据的能力"维度评分标准和有关回答的示例[题4(1)(5)(6)]**

| | 水平0 | 水平1 | 水平2 | 水平3 |
|---|---|---|---|---|
| 评分（编码） | 1分 | 2分 | 3分 | 4分 |
| 评分指标与描述 | 不具备初步的读图能力，不能综合情境说出有关数据的有用信息 | 能结合题目和图表读出与情境相关的信息 | 能依据集中量数，描述数据的典型性 | 能理解并解释平均数的意义 |
| 相关回答示例 | （1）空白回答。<br>（2）图中有很多个"×"<br>（3）有小明的朋友们。 | （1）周一有2人，周二没有人，周三有3人，周四有5人，周五有3人，周六有7人，周日有1人。 | $2+0+3+5+3+7+1=21$<br>$21÷7=3$ | 上一题的3表示平均每天大约有3人，周三的3表示周三当天有3人来小明家做客。 |

"数据解释和数据推理的能力"维度评分标准和有关回答的示例（题6）

| | 水平0 | 水平1 | 水平2 | 水平3 |
|---|---|---|---|---|
| 评分（编码） | 1分 | 2分 | 3分 | 4分 |
| 评分指标与描述 | 不能基于数据分析进行推断，不能对超出数据的部分进行解释 | 基于数据进行简单推测和判断，并能对超出数据的部分进行预测 | 能考虑个别因素进行判断和决策 | 能考虑多种因素进行判断和决策 |
| 相关回答示例 | （1）空白回答。（2）选择甲，因为他厉害 | 选择甲，因为甲最高分高 | $50+23+45+21+48+17 > 28+30+31+35+24+19$<br>$50 > 35$<br>所以选甲 | 如果前9人比赛成绩较好，选乙，因为他分数比较稳定；如果前9人比赛成绩不太好，选甲，因为他可能得到较高的分数。 |

# 参考文献

[1] 波利亚. 数学与猜想［M］. 北京：科学出版社，1984.

[2] 李士锜. PME：数学教育心理［M］. 上海：华东师范大学出版社，2001.

[3] 徐斌艳. 数学教育展望［M］. 上海：华东师范大学出版社，2001.

[4] 林崇德. 学习与发展：中小学生心理能力发展与培养［M］. 北京：北京师范大学出版社，2003.

[5] 彭漪涟，马钦荣. 逻辑学大辞典［M］. 上海：上海辞书出版社，2004.

[6] 全美数学理事会. 美国学校数学教育的原则和标准［M］. 蔡金法，吴放，李建华，译. 北京：人民教育出版社，2004.

[7] 朱莉娅·安吉莱瑞. 如何培养学生的数感［M］. 徐文彬，译. 北京：北京师范大学出版社，2007：44-68.

[8] 郑毓信. 数学思维与小学数学［M］. 南京：江苏教育出版社，2008.

[9] 史宁中. 数学思想概论：第1-5辑［M］. 长春：东北师范大学出版社，2008.

[10] 宋乃庆，张奠宙. 小学数学教育概论［M］. 北京：高等教育出版社，2008.

[11] 鲍建生，周超. 数学学习的心理基础与过程［M］. 上海：上海教育出版社，2009.

[12] 邵光华. 作为教育任务的数学思想与方法［M］. 上海：上海教育出版社，2009.

[13] 马云鹏，孔凡哲，张春莉. 数学教育测量与评价［M］. 北京：北京师范大学出版社，2009.

[14] 彼格斯，科利斯. 学习质量评价：SOLO分类理论（可观察的学习成果结构）［M］. 高凌飚，张洪岩，主译. 北京：人民教育出版社，2010.

[15] 张春莉. 小学生数学能力评价研究［M］. 北京：人民教育出版社，2010.

[16] 田慧生，孙智昌. 学业成就调查的原理与方法［M］北京：教育科学出版社. 2012.

[17] 杨豫晖. 义务教育课程标准（2011年版）案例式解读：小学数学［M］. 北京：教育科学出版社，2012.

[18] 中华人民共和国教育部. 义务教育数学课程标准（2011年版）［M］. 北京：北京师范大学出版社，2012.

[19] 林碧珍,等. 数学思维养成课:小学数学这样教[M]. 福州:福建教育出版社, 2013.

[20] 史宁中. 基本概念与运算法则:小学数学教学中的核心问题[M]. 北京:高等教育出版社, 2013.

[21] 马云鹏. 小学数学教学论[M]. 4版. 北京:人民教育出版社, 2013.

[22] 周阳. 数学的起源与发展[M]. 北京:现代出版社, 2013.

[23] 马云鹏. 小学数学课程标准与教材研究[M]. 北京:高等教育出版社, 2016.

[24] 曹培英. 跨越断层,走出误区:"数学课程标准"核心词的解读与实践研究[M]. 上海:上海教育出版社, 2017.

[25] 周建武. 科学推理:逻辑与科学思维方法[M]. 北京:化学工业出版社, 2017.

[26] 付开圻. 略谈在初一代数教学中加强逻辑推理能力的培养[J]. 数学教学通讯, 1990(03):2-3.

[27] 陈重穆,宋乃庆. 淡化形式,注重实质:兼论《九年义务教育全日制初级中学数学教学大纲》[J]. 数学教育学报, 1993(02):4-9.

[28] 郑毓信. 再谈"淡化形式,注重实质":《淡化形式,注重实质》读后[J]. 数学通报, 1994(08):6-7.

[29] 宋乃庆,陈重穆. 再谈"淡化形式,注重实质"[J]. 数学教育学报, 1996(02):15-18.

[30] 宁连华. 数学推理的本质和功能及其能力培养[J]. 数学教育学报, 2003(3):42-45.

[31] 徐文彬. 试论算术中的代数思维:准变量表达式[J]. 学科教育, 2003(11):6-10+24.

[32] 史炳星. 从算术到代数[J]. 数学教育学报, 2004(02):79-81.

[33] 壮惠铃,孙玲. 从算术思维到代数思维[J]. 小学教学研究, 2006(03):24-26.

[34] 张广祥,张奠宙. 代数教学中的模式直观[J]. 数学教育学报, 2006(01):1-4.

[35] 曹一鸣,王竹婷. 数学"核心思想"代数思维教学研究[J]. 数学教育学报, 2007(01):8-11.

[36] 杨彦. 小学阶段要进行代数推理教学[J]. 南方论刊, 2008(02):109-110.

[37] 张文宇,傅海伦. 新西兰小学运算能力项目的影响及启示[J]. 外国中小学教育, 2010(05):48-53.

[38] 金晶. "数与代数"教学中如何培养学生的推理能力[J]. 数学教学研究, 2011, 30(10):64-67.

[39] 吴道春. 美、英、澳初中代数推理对我国数学教学的启示 [J]. 中学数学研究, 2011（03）：9-11.

[40] 郑毓信. 算术与代数的区别与联系 [J]. 小学教学研究, 2011（19）：11-14.

[41] 章勤琼, 徐文彬, STEPHENS M. 新课程背景下中澳两国数学教师教学能力的比较研究：以加强数与代数学习之间的衔接为例 [J]. 课程·教材·教法, 2011, 31（11）：59-65.

[42] 李静, 刘志扬, 宋乃庆. 基于多元表征发展代数思维的教学模式研究 [J]. 西南师范大学学报（自然科学版）, 2011, 36（03）：268-271.

[43] 蔡金法, 江春莲, 聂必凯. 我国小学课程中代数概念的渗透、引入和发展：中美数学教材比较 [J]. 课程·教材·教法, 2013, 33（06）：57-61+122.

[44] 徐斌艳. 数学学科核心能力研究 [J]. 全球教育展望, 2013, 42（06）：67-74, 95.

[45] 徐文彬. 如何在算术教学中也教授代数思维 [J]. 江苏教育, 2013（33）：16-17.

[46] 章勤琼, 谭莉. 早期代数思维的培养：小学阶段"数与代数"教学的应有之义 [J]. 江苏教育, 2013（33）：7-9.

[47] 郑毓信. 高观点指导下的小学数学教学 [J]. 小学数学教育, 2014（12）：3-6.

[48] 刘久成, 刘久胜. 代数思维及其教学 [J]. 课程·教材·教法, 2015, 35（12）：76-81.

[49] 李兴贵, 王新民. 数学归纳推理的基本内涵及认知过程分析 [J]. 数学教育学报, 2016, 25（01）：89-93.

[50] 杨玉东, 陈敏. 情境如何撬动了学生的数学核心素养：数学课堂教学中任务设计的视角 [J]. 小学数学教师, 2016（Z1）：21-26.

[51] 李旭. 积累活动经验, 发展代数素养 [J]. 教学与管理, 2017（17）：43-45.

[52] 喻平. 数学核心素养评价的一个框架 [J]. 数学教育学报, 2017, 26（02）：19-23, 59.

[53] 丁玉成. 关于"推理"的教材理解：以"数与代数"领域为例 [J]. 中小学教学研究, 2018（07）：13-16+39.

[54] 彭亮, 徐文彬. 例析模型思想在小学数学教学中的运用 [J]. 南京晓庄学院学报, 2018, 34（04）：13-16.

[55] 蔡金法, 刘启蒙. 数学建模的内涵与意义 [J]. 小学数学教师, 2018（11）：4-9+30.

[56] 蔡金法, 刘启蒙. 数学建模的课堂教学 [J]. 小学数学教师, 2019（01）：4-11.

［57］蔡金法，刘启蒙．数学建模的评估：基于《美国州际核心数学课程标准》的评估［J］．小学数学教师，2019（02）：4-9．

［58］蔡金法，刘启蒙．数学建模的评估：基于新加坡《数学建模资源工具包》的评估［J］．小学数学教师，2019（04）：4-10．

［59］孙思雨，孔企平．早期代数：国际小学数学课程改革的新热点［J］．小学数学教师，2019（06）：84-88．

［60］周颖娴．初一学生从算术思维过渡到代数思维中的困难分析［D］．苏州：苏州大学，2009．

［61］王芬．初中学生代数入门学习困难与对策研究［D］．上海：华东师范大学，2010．

［62］李慧．初一代数思维形成的教学实践与研究［D］．苏州：苏州大学，2011．

［63］桂德怀．中学生代数素养内涵与评价研究［D］．上海：华东师范大学，2011．

［64］王瑾．小学数学课程中归纳推理的理论与实践研究［D］．东北师范大学，2011．

［65］王中慧．代数思维在六年级应用题教学中的研究［D］．上海：上海师范大学，2013．

［66］阳彦兰．七年级学生早期代数思想的发展研究［D］．成都：四川师范大学，2013．

［67］朱黎生．指向理解的小学"数与运算"内容的教材编写策略研究［D］．重庆：西南大学，2013．

［68］梁策力．六年级学生数与代数素养测量与评价研究［D］．重庆：西南大学，2015．

［69］刘晓艺．5—7年级学生用字母表示数的理解水平的调查研究［D］．长春：东北师范大学，2015．

［70］方静．SOLO理论在初一代数式教学中的应用［D］．杭州：杭州师范大学，2015．

［71］王雪晶．合情推理在小学数学教材中的呈现研究［D］．南京：南京师范大学，2015．

［72］栾慧英．八年级学生代数素养现状测评研究［D］．新乡：河南师范大学，2016．

［73］陈小燕．小学数学教学中培育中年级学生代数思维的研究［D］．南京：南京师范大学，2018．

［74］季丹辰．小学低年级学生数值推理能力发展现状的探索性研究［D］．上海：上海师范大学，2018．

［75］杨翠丽．初中生代数学习的认知建构研究［D］．上海：华东师范大学，2018．

［76］周建武．科学推理逻辑与科学思维方法［M］．北京：化学工业出版社，2017．

［77］李英世．教育梦教育情30年教育实践与思考［M］．重庆：西南师范大学出版社，2015．

［78］史宁中. 数学思想概论：第2辑图形与图形关系的抽象［M］. 长春：东北师范大学出版社，2015.

［79］史宁中. 数学思想概论：第3辑数学中的演绎推理［M］. 长春：东北师范大学出版社，2015.

［80］史宁中. 数学思想概论：第4辑数学中的归纳推理［M］. 长春：东北师范大学出版社，2015.

［81］马云鹏. 小学数学教学论［M］. 3版. 北京：人民教育出版社，2012.01.

［82］中华人民共和国教育部. 义务教育数学课程标准（2011年版）［M］. 北京：北京师范大学出版社，2012.

［83］欧几里得. 几何原本［M］. 西安：陕西人民出版社，2010.

［84］鲍建生，周超. 数学学习的心理基础与过程［M］. 上海：上海教育出版社，2009.

［85］埃尔德. 批判性思维：思维、沟通、写作、应变、解决问题的根本技巧［M］. 乔苒，徐笑春，译. 北京：新星出版社，2006.

［86］笛卡尔. 探求真理的指导原则［M］. 管震湖，译. 北京：商务印书馆，1991.

［87］李俊秀. 数学中的推理和论证［M］. 西安：陕西科学技术出版社，1984.

［88］周尚荣. 大众逻辑学［M］. 兰州：甘肃人民出版社，1983.

［89］周尚荣. 演绎推理［M］. 石家庄：河北人民出版社，1962.

［90］康德. 纯粹理性批判［M］. 蓝公武，译. 北京：商务印书馆，1960.

［91］闫龙敏. 小学生数学合情推理的教育价值及其内涵剖析［J］. 现代教育科学，2018（04）：75-79.

［92］马迎秋，曹一鸣. 初中数学教科书几何内容分布的国际比较研究［J］. 数学教育学报，2018，27（04）：12-17，75.

［93］林晓峰. 发展合情推理能力培育数学核心素养：小学数学"合情推理"能力培养的实践与反思［J］. 科学大众（科学教育），2018（10）：61+28.

［94］王红兵. 针对初中毕业阶段学生范希尔几何思维水平的调查及其分析［J］. 数学教育学报，2018，27（03）：52-56.

［95］吕世虎，吴振英. 数学核心素养的内涵及其体系构建［J］. 课程·教材·教法，2017，37（09）：12-17.

［96］罗红梅. 范希尔几何思维水平在教育教学中的应用［J］. 亚太教育，2015（16）：83-84.

［97］马复. 数学推理的内涵与价值［J］. 小学数学教育，2015（06）：3-6.

［98］曹培英. 跨越断层，走出误区："数学课程标准"核心词的实践解读之七：推理能力（上）［J］. 小学数学教师，2014（Z1）：87-94.

[99] 官红严,周超. 针对数学教师的范希尔几何思维水平测试[J]. 数学教育学报,2014,23(02):83-85.

[100] 巩子坤等. 9~14岁儿童演绎推理认知与概率认知的相关性研究[J]. 杭州师范大学学报(自然科学版),2013(3).

[101] 王宽明. 八年级学生几何推理能力与几何思维水平相关性研究[J]. 教学与管理,2013(27):101-103.

[102] 徐斌艳. 数学学科核心能力研究[J]. 全球教育展望,2013,42(06):67-74+95.

[103] 綦春霞,王瑞霖. 中英学生数学推理能力的差异分析:八年级学生的比较研究[J]. 上海教育科研,2012(06):93-96.

[104] 王瑾,史宁中,史亮,孔凡哲. 中小学数学中的归纳推理:教育价值、教材设计与教学实施:数学教育热点问题系列访谈之六[J]. 课程·教材·教法,2011,31(02):58-63.

[105] 李红婷. 初中生几何推理能力发展研究[J] 教育研究与实验,2009(06):81-85.

[106] 孔凡哲,史亮. 几何课程设计方式的比较分析:直观几何、实验几何与综合几何课程设计的国际比较[J]. 数学通报,2006(10):7-11.

[107] 宁连华. 新课程实施中数学推理能力培养的几点思考[J]. 数学通报,2006(04):7-9.

[108] 黄敏. 八年级学生几何推理能力现状调查及对策研究[D]. 桂林:广西师范大学,2018.

[109] 施婧青. 中学数学"图形与几何"领域教材与课程评析[D]. 上海:上海师范大学,2018.

[110] 邢玉琢. 基于范希尔理论七、八年级学生几何思维水平的调查研究[D]. 哈尔滨:哈尔滨师范大学,2016.

[111] 李娜. 几何推理与代数推理的关系研究[D]. 武汉:华中师范大学,2015.

[112] 刘小翠. 初三学生几何思维水平的调查研究[D]. 长沙:湖南师范大学,2015.

[113] 祁明衡. 范希尔理论下的初中生几何思维水平现状研究[D]. 北京:首都师范大学,2013.

[114] 袁柳芳. 八年级学生几何推理能力的调查研究[D]. 上海:华东师范大学,2012.

[115] 李红婷. 7—9年级学生几何推理能力发展及其教学研究[D]. 重庆:西南大学,2007.

[116] 田甜. 新课程背景下初中几何学习困难的研究[D]. 昆明:云南师范大学,2006.

[117] 徐洁绮. 数学探究教学中全面培养学生数学推理能力的构想[D]. 上海:上海师范大学,2006.

[118] 中华人民共和国教育部. 义务教育数学课程标准：2011年版 [M]. 北京：北京师范大学出版社，2012.

[119] 朱成杰. 数学思想方法教学研究导论 [M]. 上海：文汇出版社，1998.

[120] 徐斌艳. 数学课程改革与教学指导 [M]. 上海：华东师范大学出版社，2009.

[121] 吴明隆. 问卷统计分析实务：SPSS操作与应用 [M]. 重庆：重庆大学出版社，2010.

[122] 张丹. 学生数据分析观念发展水平的研究反思 [J]. 数学教育学报，2010，19（01）：60-64.

[123] 李金昌. 论统计素养 [J]. 浙江统计. 2006. 1：4.

[124] 游明伦. 对统计素养及其培养的理性思考 [J]. 统计与决策. 2010（12）：2-5.

[125] 蒋志华，陈晓卫，从日玉. 中国公众统计素养现状 [J]. 中国统计. 2009. 4：26.

[126] 刘明祥. 统计观念的培养和发展 [J]. 江苏教育. 2002.（18）：32-34.

[127] 李化侠，宋乃庆，杨涛. 大数据视域下小学统计思维的内涵与表现及其价值[J]. 数学教育学报，2017，26（01）：59-63.

[128] 惠琦娜. 统计思维是创造性思维 [J]. 中国统计，2009.（8）：59-60.

[129] 李化侠，辛涛，宋乃庆，等. 小学生统计思维测评模型构建 [J]. 教育研究与实验，2018（02）：77-83.

[130] 童莉，张号，张宁. 义务教育阶段学生数据分析观念的评价框架建构 [J]. 数学教育学报，2014，23（02）：45-48.

[131] 李俊. 论统计素养的培养 [J]. 浙江教育学院学报. 2009.（1）：12.

[132] 苏连塔. 统计图理解能力的调查研究 [J]. 湖南科技学院学报. 2005. 11：200.

[133] 袁媛. 小学生数学统计图阅读理解能力的调查研究 [J]. 数学之友. 2014. 8：58.

[134] 宋玉连. 中学生对统计表的理解能力的调查研究 [J]. 数学教育学报. 2006. 5（2）：49.

[135] 吴颖康，邓少博，杨洁. 数学教育中学习进阶的研究进展及启示 [J]. 数学教育学报，2017，26（06）：40-46.

[136] 姚建欣，郭玉英. 为学生认知发展建模：学习进阶十年研究回顾及展望 [J]. 教育学报，2014，10（05）：35-42.

[137] 郭玉英. 姚建欣. 基于核心素养学习进阶的科学教学设计改进 [J]. 课程·教材·教法，2016，36（11）：64-70.

[138] 王静，胡典顺. 学习进阶在数学教学中的应用 [J]. 教学与管理，2016（24）：82-85.

[139] 王磊, 黄鸣春. 科学教育的新兴研究领域: 学习进阶研究 [J]. 课程·教材·教法. 2014. 34 (1): 112-118.

[140] 姚建欣, 郭玉英. 学习进阶: 素养的凝练与范式的演变 [J]. 教育科学, 2018, 34 (04): 30-35.

[141] 袁媛, 朱宁波. 探析国外科学教育领域的"学习进阶"研究 [J]. 外国中小学教育, 2016 (07): 59-64.

[142] 皇甫倩, 常珊珊, 王后雄. 美国学习进阶的研究进展及启示 [J]. 外国中小学教育, 2015 (08): 53-59.

[143] 翟小铭, 郭玉英, 李敏. 构建学习进阶: 本质问题与教学实践策略 [J]. 教育科学, 2015, 31 (02): 47-51.

[144] 胡敏. 五年级学生统计思维水平的调查研究 [D]. 苏州: 苏州大学, 2016.

[145] 马萍. 山东省某重点高中高一学生统计素养状况的调查研究 [D]. 上海: 华东师范大学, 2009.

[146] 夏娟. 5—7岁儿童统计思维的发展研究 [D]. 上海: 华东师范大学, 2011.

[147] 马萍. 山东省某重点高中高一学生统计素养状况的调查研究 [D]. 上海: 华东师范大学. 2009: 12.

[148] 郁锦. 六年级小学生统计图理解水平的调查研究 [D]. 上海: 上海师范大学, 2018.

[149] 张丹. 小学生数据分析观念发展过程的研究 [D]. 长春: 东北师范大学, 2015.

[150] 蒋秋. 小学生统计素养测评研究 [D]. 重庆: 西南大学, 2015.

[151] 孙露. 小学生统计思维发展及其教学研究 [D]. 南京: 南京师范大学. 2017.

[152] 乔通. "运动与相互作用"主题中的重要概念及其学习进阶研究 [D]. 重庆: 西南大学, 2015.

[153] HARPER E. Ghosts of diophantus [J]. Educational Studies in Mathematics, 1987, 18 (1): 75-90.

[154] KIERAN C. Learning and Teaching Mathematics [J]. Psychology Press Lid, 1997, (3): 136-137.

[155] KAPUT J J. Transforming Algebra from an Engine of Inequity to an Engine of Mathematical Power by "Algebrafying" the K-12 Curriculum [A]. In: National Council of Teachers of Mathematics & Mathematical Sciences Education Board, 2000. The Nature and role of algebra in the K-14 curriculum: Proceedings of a National Symposium [C]. Washington, DC: National Research Council, National Academy Press, 1998: 25-26.

[156] CARPENTER T P, LEVI L. Developing Conceptions of Algebraic Reasoning in the Primary Grades [C]. Paper presented at the Annual Meeting of American Educational Association, Montreal, Canada, 2000.

[157] CHOIKE J R. Journal of Teaching Strategies for "Algebra for All" [J]. Mathematics Teacher Education, 2000, 93 (7): 556-560.

[158] NATHAN M J, KOEDINGER K R. Teachers' and Researchers' Beliefs about the Development of Algebraic Reasoning [J]. Journal for Research in Mathematics Education, 2000, 31 (2): 168-190.

[159] STEELE D F, JOHANNING D I. A schematic – Theoretic view of problem solving and development of algebraic thinking [J]. Educational Studies in Mathematics, 2004, 57 (1): 65-90.

[160] KRAMARSKI B. Promoting teachers' algebraic reasoning and self-regulation with metacognitive guidance [J]. Metacognition & Learning, 2008, 3 (2): 83-99.

[161] KAPUT J J. What is algebra? What is algebraic reasoning? [A]. In: Kaput J, Carraher D W, Blanton M L. Algebra in the Early Grades [C]. New York: Lawrence Erlbaum Associates/National Council of Teachers of Mathematics, 2008: 5-17.

[162] TUNKS J, WELLER K. Changing practice, changing minds, from arithmetical to algebraic thinking: an application of the concerns-based adoption model (CBAM) [J]. Educational Studies in Mathematics, 2009, 72 (2): 161-183.

[163] BAIR S L, RICH B S. Characterizing the Development of Specialized Mathematical Content Knowledge for Teaching in Algebraic Reasoning and Number Theory [J]. Mathematical Thinking & Learning, 2011, 13 (4): 292-321.

[164] ORMOND C. Two key ways to establish some early algebraic ideas in primary classroom [J]. APMC, 2012, (17): 13-18.

[165] GODINO J D, CASTRO W F, AKE L P, et al. The Nature of Elementary Algebraic Reasoning [J]. Bolema – Mathematics Education Bulletin – boletim De Educacao Matematica, 2012, 26 (42B): 483-511.

[166] WALKINGTON C, PETROSINO A, SHERMAN M. Supporting Algebraic Reasoning through Personalized Story Scenarios: How Situational Understanding Mediates Performance [J]. Mathematical Thinking and Learning, 2013, 15 (2): 89-120.

[167] ANA S, ANDREJA B, ANDRIJA V, et al. Development of abstract mathematical reasoning: the case of algebra [J]. Frontiers in Human Neuroscience, 2014, 8, 679.

[168] POWELL S R, FUCHS L S. Does Early Algebraic Reasoning Differ as a Function of Students' Difficulty with Calculations versus Word Problems? [J]. Learning Disabilities Research & Practice, 2014, 29 (3): 106-116.

[169] FONGER N L, STEPHENS A, BLANTON M, et al. A Learning Progressions Approach to Early Algebra Research and Practice [C]. 37th annual meeting of the North American Chapter of the International Group for the Psychology of Mathematics Education, 2015.

[170] HUNTER J. Teacher Actions to Facilitate Early Algebraic Reasoning [J]. Mathematics Education Research Group of Australasia, 2015.

[171] CHIMONI M, PITTA-PANTAZI D, CHRISTOU C. Examining early algebraic thinking: insights from empirical data [J]. Educational Studies in Mathematics, 2018, (98): 57-76.

[172] INDRASWARI N F, BUDAYASA I K, EKAWATI R. Algebraic reasoning in solving mathematical problem based on learning style [J]. Journal of Physics: Conference Series, 2018, 947: 012061.

[173] LEPAK J R, WERNET J L W, AYIEKO R A. Capturing and characterizing students' strategic algebraic reasoning through cognitively demanding tasks with focus on representations [J]. The Journal of Mathematical Behavior, 2018, 50: 57-73.

[174] ROSITA N T. Analysis of algebraic reasoning ability of cognitive style perspectives on field dependent field independent and gender [J]. Journal of Physics: Conference Series, 2018, 983: 012153.

[175] AIDA M, AYUB A F, HOCK T T. Geometric Thinking of Malaysian Elementary School Students [J]. International Journal of Instruction, 2019, 12 (1): 1095-1112.

[176] HONG D S, CHOI K M. Reasoning and Proving Opportunities in Textbooks: A Comparative Analysis [J]. International Journal of Research in Education and Science, 2018, 4 (1): 82-97.

[177] LIVY S, DOWNTON A. Exploring experiences for assisting primary pre-service teachers to extend their knowledge of student strategies and reasoning [J]. Journal Of Mathematical Behavior, 2018, 51: 150-160.

[178] JÄDER J, SIDENVALL J, SUMPTER L. Students' Mathematical Reasoning and Beliefs in Non-routine Task Solving [J]. International Journal of Science and Mathematics Education, 2017, 15 (4): 759-776.

[179] DEBRENTI E. Some Components of Geometric Knowledge of Future Elementary School Teachers [J]. Acta Didactica Napocensia, 2016, 9.

[180] SUWITO A, YUWONO I, PARTA I N, et al. Solving Geometric Problems by Using Algebraic Representation for Junior High School Level 3 in Van Hiele at Geometric Thinking Level [J]. International Education Studies, 2016, 9 (10): 27.

［181］ LORENAT J. Figures real, imagined, and missing in Poncelet, Plücker, and Gergonne ［J］. Historia Mathematica, 2015, 42（2）: 155-192.

［182］ Škrbec M, Cadež T H. Identifying and Fostering Higher Levels of Geometric Thinking ［J］. Eurasia Journal of Mathematics, Science and Technology Education, 2015, 11（3）: 601-617.

［183］ ADEFOPE, OLUFUNKE. Geometry: A Medium to Facilitate Geometric Reasoning Among Sixth Grade African-American Males ［J］. Georgia Educational Researcher, 2014, 11（1）: 86-121.

［184］ GUTIERREZ A, PEGG J, LAWRIE C. Characterization of Students' Reasoning and Proof Abilities in 3 - Dimensional Geometry ［J］. International Group for the Psychology of Mathematics Education, 2004: 8.

［185］ JAIME A, GUTIERREZ A. Guidelines for Teaching Plane Isometries in Secondary School ［J］. The Mathematics Teacher, 1995, 88（7）: 591-597.

［186］ MATSUYAMA T, NITTA T. Geometric theorem proving by integrated logical and algebraic reasoning ［J］. Artificial Intelligence, 1995, 75（1）: 93-113.

［187］ BERENGER A. Changes in Students' Mathematical Discourse When Describing a Square ［C］. the 41st Mathematics Education Research Group of Australasia, New Zealand, 2018, 170-177.

［188］ ERSEN Z B, EZENTAS R, ALTUN M. Evaluation of the Teaching Environment for Improve the Geometric Habits of Mind of Tenth Grade Students ［C］. European Journal of Education Studies, 2018, 4（6）: 47-65.

［189］ HART Y, DILLON M R, MARANTAN A, et al. The statistical shape of geometric reasoning ［C］. Scientific Reports, 2018, 8.

［190］ JUPRI A. Using the Van Hiele theory to analyze primary school teachers' written work on geometrical proof problems ［C］. The 4th International Seminar of Mathematics, Science and Computer Science Education, Indonesia Univ Educ, Fac Math & Sci Educ, Bandung, INDONESIA, 2018, 1013: 1-5.

［191］ MUJIASIH, WALUYA S B, KARTONO, et al. Growing geometric reasoning in solving problems of analytical geometry through the mathematical communication problems to state Islamic university students ［C］. International Conference on Mathematics, Science and Education, Indonesia, SEP 18-19, 2017, 983.

［192］ RIZKI H T N, FRENTIKA D, WIJAYA A. Exploring students' adaptive reasoning skills and van Hiele levels of geometric thinking: a case study in geometry ［C］. International Conference on Mathematics, Science and Education, Indonesia, SEP 18-19, 2017.

[193] SEAH R, HORNE M, BERENGER A. High school students' knowledge of a square as a basis for developing a geometric learning progression [C]. the 39th Mathematics Education Research Group of Australasia, South Australia, 2016, 584-591.

[194] HAVIGER J, VOJKUVKOVA I. The van Hiele Levels at Czech Secondary Schools [C]. The 5th International Conference on Education& Educational Psychology, Kyrenia, CYPRUS, 2015, 171: 912-918.

[195] PAVLOVICOVA G, SVECOVA V. The Development of Spatial Skills through Discovering in the Geometrical Education at Primary School [C]. The 5th World Conference on Learning, Teaching and Educational Leadership, 2015, 186: 990-997.

[196] ABDULLAH, ABDUL H, ZAKARIA E. The Effects of Van Hiele's Phases of Learning Geometry on Students' Degree of Acquisition of Van Hiele's Levels [C]. The 6th International Forum on Engineering Education, Kuala Lumpur, MALAYSIA, NOV 20-22, 2012, 102: 251-266.

[197] ERDOGAN T, DURMUS S. The effect of the instruction based on Van Hiele model on the geometrical thinking levels of preservice elementary school teachers [C]. The World Conference on Educational Sciences, Nicosia, CYPRUS, FEB 04-07, 2009, 1: 154-159.

[198] PIERRE L, SHARON D. Issues of Gender in Spatial Reasoning. [C]. Paper presented at the Annual Conference of the National Art Education Association, Chicago, 1993.

[199] CLEMENTS D H, BATTISTA M T. Geometry and Spatial Reasoning. In: Grouws D. Handbook of Research on Mathematics Teaching and Learning [C]. Reston, VA: National Council of Teachers of Mathematics, 1992.

[200] WU Y K. Singapore Secondary School Students' Understanding of Statistical Graphs [D]. Nanyang Technological University, 2005.

[201] WATSON J M. Assessing statistical thinking using the media [A]. Gall I, Garfield J B. The Assessment Challenge in Statistics Education [M]. Amsterdam: IOS Press, 1997.

[202] National Research Council. Taking science to school: learning and teaching science in grades K-8 [M]. Washington, DC: The National Academies Press, 2007.

[203] MORENO J. Statistical Literacy: Statistics Long after School [C]. In L. Pereira-Mendoza. Proceedings of the Fifth International Conference on Teaching Statistics. Singapore: International Statistics Institute, 1998: 445-450.

[204] MORENO J. Statistical Literacy: Statistics Long after School [C]. In Proceedings of the Fifth International Conference on Teaching Statistics. Singapore: International Statistics Institute, 1998: 445-450.

[205] BEN-ZVI D, GARFIELD J. The Challenge of Developing Statistical Literacy, Reasoning and Thinking [M]. New York, Boston, Dordrecht, London, Moscow: Kluwer Academic Publishers, 2004.

[206] MOONEY E S. Development of A Middle School Statistical Thinking Framework [D]. Illinois State University, 1999.

[207] ASA. Guidelines for Assessment and Instruction in Statistics Education (GAISE) Report [R]. 2005.

[208] MOORE D S. Statistics Among the Liberal Arts [J]. Journal of the American Statistical Association, 1998, 444 (93): 1253-1259.

[209] BIGGS J, COLLIS K. Multimodal learning and the quality of intelligent behavior [J]. In H. Row (Ed.) Intelligence, Reconceptualization and Measurement. New Jersey. Laurence Erlbaum. 1991, 192.

[210] JONES G A, THORNTON C A, LANGRALL C W, et al. A Framework for Characterizing Children's Statistical Thinking [J]. Mathematical Thinking and Learning, 2000, 2 (4): 269-307.

[211] WATSON J, CALLINGHAM R. Statistical literacy: A complex hierarchical construct [J]. Statistics Education Research Journal, 2003, 2 (2), 3-46.

[212] WATSON J M. Statistical Literacy at School [M]. Mahwah, New Jersey 07430: Lawrence Erlbaum Associates, 2006.

[213] LEHRER R, ROMBERG T. Exploring Children's Data Modeling [J]. Cognition and Instruction, 1996, 14 (1): 69-108.

[214] FRIEL S N, CURCIO F R, BRIGHT G W. Making sense of graphs: Critical factors influencing comprehension and instruction implications [J]. Journal for Research in MathematicsEducation, 2001, 32 (2): 124 158.

[215] SHAUGHNESSY J M, ZAWOJEWSKI J S. Secondary student's performance on data and chance in the 1996 NAEP [J]. The Mathematics Teachers. 1999, Vol. 92, No. 8. November.

[216] ZIEFFLER A, GARFIELD J, FRY E. What Is Statistics Education? [C]. Dani Ben-Zvi • Katie Makar • Joan Garfield Editors. International Handbook of Research in Statistics Education, Gewerbestrasse 11, 6330 Cham, Switzerland: Springer Nature, 2018: 73-74.

[217] CHANCE B, WONG J, TINTLE N L, et al. Student Performance in Curricula Centered on Simulation-Based Inference: A Preliminary Report [J]. Journal of Statistics Education, 2016, 24 (3): 114-126.

[218] GARFIELD J, DELMAS R C, ZIEFFLER A, et al. Developing statistical modelers and thinkers in an introductory, tertiary-level statistics course [J]. Zdm, 2012, 44 (7): 883-898.

[219] ROSSMAN A, CHANCE B. Workshop statistics: Discovery with data and minitab [M]. New York: Springer.

[220] ASA. Guidelines for assessment and instruction in statistics education: College report. Alexandria [M], VA: Author. Retrieved from http://www.amstat.org/education/gaise/

[221] DRIVER R. LEACH J. et. al. Young people's understanding of science concepts: Implications of cross-age studies for curriculum planning [J]. Studies in Science Education. 1994, (24): 75-100.

[222] STEVENS S Y, DELGADO C, KRAJCIK J S. Developing a Hypothetical Multidimensional Learning Progression for the Nature of Matter [J]. Journal of Research in Science Teaching. 2010, vol. 6: 672-688.

[223] DUSCHL R A, SCHWEINGRUBER H A, SHOUSE A W. Committee on Science Learning. Kindergarten Through Eighth Grade [M]. National Research Council. Taking science to school: Learning and teaching science in grades K-8. Washington DC: National Academies Press. 2007: 213.

[224] SONGER N B, KELCEY B, GOTWALS A W. How and when does complex reasoning occur? Empirically driven development of a learning progression focused on complex reasoning about biodiversity [J]. Journal of Research in Science Teaching, 2009, 46 (6): 610-631.

[225] MERRITT J, KRAJCIK J, SHWARTZ Y, et al. Development of a learning progression for the particle model of matter [C]. international conference of learning sciences, 2008: 75-81.

[226] SALINAS I. Learning progressions in science education: two approaches for development [C]. Iowa City IA: Learning Progressions in Science Conference, 2009: 56-98.

[227] DUNCAN R G, HMELO-SILVER C E. Learning progressions: aligning curriculum, instruction and assessment [J]. Journal of Research in Science Teaching, 2009, 46 (6): 606-609.

[228] SMITH C L, WISER M, ANDERSON C W, et al. Implication of research on children's learning for standards and assessment: a proposed learning progression for matter and the atomic molecular theory [J]. Measurement: Interdisciplinary Research and Perspectives, 2006 (4): 1-4.

[229] ROSEMAN J E, CALDWELL A, GOGOS A, et al. Mapping a coherent learning progression for the molecular basis of heredity [C]. San Francisco, CA: The annual meeting of the national association for research in science teaching, 2006: 3.

[230] ALONZO A, STEEDLE J. Developing and assessing a force and motion learning progression [J]. Science Education, 2009, 93 (3): 389-421.

[231] PARKER J M, DE LOS SANTOS E X, ANDERSON C W. What Learning Progressions on Carbon-Transforming Process tell us about How Students Learn to use the Law of Conservation of Matter and Energy [J]. Education Quimica, 2013, 24 (4): 399-406.

[232] National Research Council. Taking science to school: learning and teaching science in grades K-8 [M]. Washington, DC: The National Academies Press, 2007: 36.

[233] DVSCHL R, MAENG S, SEZEN A. Learning Progressions and Teaching Sequence: A Review and Analysis [J]. Studies in Science Education. 2011. 47 (2): 123-182.

[234] KRAJCIK J. The Importance, Cautions and Future of Learning Progression Research [A]. Alicia C. Alonzo. Amelia Wenk Gotwals (Eds). Learning Progressions in Science [M]. Rotterdam: Sense Publishers. 2012: 31.

[235] CORCORAN T, MOSHER F A, ROGAT A. Learning Progressions in Science: An Evidence-based Approach to Reform [M]. Columbia University Press, 2009.

[236] BATTISTA M T. Conceptualizations and Issues related to Learning Progressions, Learning Trajectories, and Levels of Sophistication [J]. The Mathematics Enthusiast, 2011, 8 (3): 507-570.

[237] JACOBS V R. How Do Students Think about Statistical Sampling before Instruction [J]. Mathematics Teaching in the Middle School, 1999, 5 (4).

[238] NISBET S, JONES G, THORNTON C, et al. Children's Representation and Organisation of Data [J]. Mathematics Education Research Journal, 2003, 15 (1): 42-58.

[239] JONES G A, THORNTON C A, LANGRALL C W, et al. A Framework for Characterizing Children's Statistical Thinking [J]. Mathematical Thinking and Learning, 2000, 2 (4): 269-307.

# 后　　记

　　小学生数学思维发展值得更多的研究者去探究和思考。我们在书中仅仅呈现了小学生较具代表性的代数思维、几何思维和统计思维发展的情况。一方面，限于时间和研究者自身的因素，三种思维都没能探索整个小学阶段学生数学思维发展的全貌，这无疑是一种遗憾，也是我们后续努力的方向。另一方面，整体的探究无疑会遗漏诸多细节，譬如，就统计思维的研究而言，小学生在"问题提出""数据搜集""数据整理""数据分析""判断与决策"的每一个环节都值得研究者进行深入的探究。如此，可能会让我们更为清晰地认识小学生数学思维发展的情况，从而为小学数学课堂教学提供更多的实据参考。

　　言及至此，我们体会到深入了解和理解小学生数学思维发展的重要性和必要性。通过"代数思维""几何推理"以及"统计思维"的研究，我们看到了小学生在不同思维发展上的共性和差异性。共性是指小学生在不同思维发展上所展现的共同特点，譬如，在"统计思维"中，小学生在提出统计问题上都存在一定的困难。差异性是指小学生在同一思维发展的不同层面上所表现的不同，譬如，在"统计思维"中，可能数据整理和分析与提出统计问题有较大的差异。这些共性和差异性能够促使教师深入思考现实的教学可以如何深化和改进，譬如，就"统计思维"中的"提出统计问题"而言，教师可能需要思考在"统计与概率"的教学中，如何引发学生提出统计问题，而不是在"统计与概率"的相关内容学习中，直接给予小学生相关的统计问题。这是我们开展小学生数学思维发展研究的收获之一。

　　其次，在小学生思维发展的实证研究中，我们感受到小学生数学思维发展的空间和可能。这可以从小学生在相关测试卷的回答中可以看出。譬如，在"统计思维"的研究中，我们认为学生在"判断与决策"上可能会存在较多问题，毕竟这一层面对小学生而言具有一定的难度，但从最终的分析结果可以看出，小学生依然具备解决这一问题的可能，且人数占据一定的比例。这一结果也从另一个侧面在告诉我们，相信学生仍然可以做得更深入一些。时至今日，发挥学生在数学学习中的主动性和独立性已然不是很新奇，但教师依然可以给予学生更多的空间和可能。教师可能在多年的教学过程中，担心甚至害怕这一想法，但实证研究的结果却给予我们一定的支持。这是我们开展小学生数学思维发展研究的收获，更是我们开展小学生数学思维发展的旨归，即试图通过证据的方式为深化课堂教学改革提供支撑，从而确保课堂教学的变革走得更加扎实和有效。

最后，在本书的写作中，三位学生在框架拟定、问卷编制、搜集资料和数据分析上花费了很多时间，有时为了问卷编制中某个问题的合适性反复推敲和修改，直至能够获得更为有效的数据，从而真实地反映小学生数学思维发展的情况。在此，特别感谢三位学生为这一课题所做出的努力和付出。此外，在本课题研究中，需要特别说明的是，徐文彬教授为每一领域的数学思维的发展的维度和框架倾注了大量的心血，某种程度上，我们所理解的小学生数学思维是徐文彬教授多年思考的结晶，正因有他的指导，我们课题组才能在理论上有所突破和创新。感谢为了提供数据搜集而付出努力和劳动的各所小学的负责人和学生们，正因为有你们的积极参与才使得我们有可以分析的真实数据，而我们研究所得的结果和结论都是你们实实在在工作和学习的成果。

小学生数学思维发展研究课题组
2020 年 12 月 13 日